Richard Krautheimer
Die Kirchen
der Bettelorden
in Deutschland

EDITION

ΛΟΓΟΣ

LOGOS

Gebr. Mann Verlag

Richard Krautheimer

Die Kirchen der Bettelorden in Deutschland

Mit einem Nachwort zur Neuausgabe
von Matthias Untermann

Gebr. Mann Verlag · Berlin

Die Deutsche Bibliothek – CIP-Einheitsaufnahme

Ein Titeldatensatz für diese Publikation ist bei der Deutschen Bibliothek erhältlich

Gedruckt auf säurefreiem Papier, das die US-AINSI-NORM über Haltbarkeit erfüllt.

Umschlagentwurf: Wieland Schütz
Gesamtherstellung: druckhaus köthen GmbH, Köthen

Printed in Germany · ISBN 3-7861-2326-8

VORWORT

Daß diese Arbeit ohne die grundlegenden Gedankengänge meines Lehrers *Paul Frankl* niemals hätte geschrieben werden können, ist für den Kundigen deutlich: zum Überfluß bringt die Einleitung einen kurzen Überblick über die Ausführungen, die von spezieller Wichtigkeit gerade für das behandelte Gebiet geworden sind.

Die erste Anregung zur Bearbeitung dieser Gruppe von Kirchen hat mir eine Notiz *Dehios* (Handbuch III, S. 133) gegeben, der meines Wissens als erster auf die „schon M. 13. gelegentlich auftauchenden spätgotischen Formen" in der Bettelordensarchitektur hingewiesen hat. Hier lag das für mich entscheidende Problem: die Unterströmungen herauszuholen, die neben der hochgotischen Architektur herlaufen und dann die Führung übernehmen, um die Spätgotik zu schaffen.

Damit möchte ich gleich einem Vorwurf begegnen, der dieser Arbeit gemacht werden könnte. Der zweite Teil, der das Material bringt, macht auf Vollständigkeit eben dieses Materials keinen Anspruch. Er sollte kein Kompendium der Bettelordenskirchen in Deutschland werden. Es war mir nur darum zu tun, den Gang der Entwicklung auch in den einzelnen Landschaften aufzuzeigen. Baubeschreibungen und Untersuchungen sind grundsätzlich nur bei Objekten gegeben, die als Gelenke der Entwicklung angesprochen werden können, wo ein Neues sich entscheidend herausstellt. Die Dutzende kleiner und kleinster Saalkirchen sind durchaus summarisch behandelt.

Auch so wird es verzeihlich erscheinen, wenn bei der Fülle des Materials im einzelnen Irrtümer unterlaufen sein sollten.

Berechtigter mußte mir ein zweiter Vorwurf erscheinen: das Schlußkapitel versucht die Bewegung der Bettelorden zu zeichnen und aus ihr die Architektur verständlich zu machen. Hier sind die Gedanken freilich nur skizzenhaft angedeutet — eine Lösung nicht gefunden. Das Problem der Bewegung wirklich zu klären, wäre nur einem Menschen möglich, der eingehendste Kenntnisse der gesamten Kultur der Zeit besäße.

Zeitlich habe ich die Mitte des 14. Jahrhunderts deshalb als untere Grenze gewählt, weil nur bis dahin die Bettelordenskirchen als architektonischer Sonderfall sich herausheben. —

Ich möchte, außer Prof. *Frankl,* noch einigen anderen Herren danken: Für wertvollste Anregung auf dem Gebiet kunstgeschichtlicher Forschung bin ich Prof. *Hamann*-Marburg verpflichtet. Dr. *Herbert Kunze* hat mir für die Ausarbeitung eines Teiles der Arbeit wesentliche Winke gegeben. Die beiden Karten zu zeichnen hat freundlicherweise Herr cand. phil. *Skraup*-Leipzig übernommen.

*

INHALT

EINLEITUNG

SYSTEMATISCHER TEIL

HISTORISCHER TEIL

SCHLUSS

*

EINLEITUNG

DIE ENTWICKLUNG DER MITTELALTERLICHEN ARCHITEKTUR

Diese Arbeit geht von Gedankengängen aus, die *Paul Frankl* in dem von ihm bearbeiteten Bande des Handbuchs der Kunstgeschichte (*Die Baukunst des Mittelalters, Lieferg.* 1—4 *ersch.*) und in verschiedenen Vorlesungen, insbesondere im Wintersemester 1921/22 über die Entwicklung der mittelalterlichen Architektur angedeutet hat. Auch seine Ausführungen in der Wölfflin-Festschrift sind heranzuziehen.

Die Grundzüge seines Systems hat *Frankl* in den „*Entwicklungsphasen der neueren Baukunst*" dargelegt. Ihre Kenntnis ist unerläßliche Voraussetzung für das Verständnis des Folgenden.

Die am Beispiele der nach-mittelalterlichen Architektur gefundene Phasenfolge ist auf das Mittelalter übertragen worden. Sie sei in Kürze dargelegt. Am Anfang steht die Vorromanik, als deren wesentliches Merkmal die Unklarheit und Unbestimmtheit des Baus genannt wird: der Bau flutet haltlos, nichts ist notwendig gefügt. Klärung bringt die Einschaltung des Querhauses: an der Stelle, wo es mit dem Langhaus sich kreuzt, entsteht die Vierung als Zusammenfassung aller im Bau lebendigen Richtungen, ein Punkt von zentraler Bedeutung in des Wortes eigentlichstem Sinn. Möglich sogar, daß der Gedanke eines zentralen Sammelpunktes vor dem Chor erst Ausgangspunkt geworden ist zur Gestaltung des bis dahin noch formlosen Querhauses (*Schwäbl, St. Emmeran in Regensburg*). Dies selbst dahingestellt: es bleibt deutlich, daß zum wenigsten im romanischen Bau die Vierung Kernpunkt des Raumes ist, daß nach ihr alle Linien zielen, in ihr die Kräfte sich sammeln, daß sie richtunggebend wird, für den Binnenraum wie für die Gruppierung der Baumassen. Sie bestimmt alle Verhältnisse im Bau, ist Grundmaß für den ganzen Raum, die Querarme werden genau so groß genommen wie sie, das Langhaus ist ein Vielfaches von ihr („Multiplikation der Vierung"). Der Bau setzt sich „additiv" aus den selbständigen Kuben der Vierung, der Querhausflügel, des Chorhauptes, der einzelnen Langhausjoche zusammen. Jedes Joch kann als in sich gegründete Einheit neben den anderen gewertet werden.

Es scheint mir, daß hier eine gewisse Verschiebung des Gedankenganges eintritt: der Gegensatz von Lockerheit — die als Charakteristikum der Vorromanik genannt wird — ist Bindung, nicht Addition, Zusammensetzung. Es handelt sich um zwei verschiedene Schichten, zwei grundsätzlich unvereinbare Betrachtungsweisen des Objektes Architektur. Der Addition entspricht nach der einen Seite die Division, die nachträgliche Unterteilung des ursprünglich als Einheit gedachten Raumes; nach rückwärts müßte, um in der gleichen Schicht zu bleiben, vielleicht von einem, ohne Rücksicht auf den bezüglichen Wert der einzelnen Teile „zusammengestellten" Raum gesprochen werden: jeder Raumteil ist zwar isoliert gedacht, aber ihre

Grenzen sind unscharf gezogen, so daß sie miteinander verschwimmen. Mit anderen Worten: Addition und Bezogensein an sich schließen sich weder ein noch aus, und die Isolierung der Raum- und Körperteile im Sinne des Additiven muß von der Isolierung der Teile im Sinne der Beziehung aufeinander scharf getrennt werden. Auch im romanischen Bau ist Glied für Glied gedacht, aber sie stehen doch, unter vollster Wahrung ihrer Selbständigkeit, in enger Beziehung zueinander, und wenn gesagt wird, man könne keines herauslösen, ohne daß Blut flösse, so wird doch eben die Lücke fühlbar bleiben, und es wird das Glied durch ein gleichartiges ersetzt werden müssen, wenn nicht der Zusammenhang der Raumteile, in dem ein Glied dem andern entspricht, in dem Wand zu Wand gehört, auch noch ohne daß das Gewölbe eingezogen ist (das dann freilich noch engere Bindung schafft), aufs Empfindlichste gestört werden soll. Liegt hingegen diese Bindung nicht vor, wie im vorromanischen Raum, so ist durchaus nicht einzusehen, warum nicht an Stelle einer Säule, die man herausnähme, ein Pfeiler treten könnte[1]).

Historisch stellt sich der Verlauf dieser beiden getrennten Schichten — es handelt sich, um es zusammenzufassen, in der Schicht der Addition um das Verhältnis der Elemente (Raum, Körper, Licht)[2]), in der Schicht der Bindung um das Verhältnis der Teile (Joche, Pfeiler, Dienste usw.) zueinander — so dar, daß es sich im ersten Falle um im Tiefsten unvereinbare Gegensätze dreht, die sich nicht auseinander entwickeln können, im zweiten Fall um ein Fortschreiten zu immer höheren Stufen. St. Peter und Paul in Hirsau ist schon eben so total (der Begriff deckt sich in Frankls Terminologie annähernd mit additiv) wie Maria Laach oder der Speyerer Dom Heinrichs IV., und Speyer und St. Peter und Paul gehören eng zusammen gegenüber Köln oder Marburg, wenn man die erste Schicht, die Isolierung der einzelnen Raumkuben, die Schließung der Wand, die in sich ruhende Kraft des einzelnen Körpers ins Auge faßt. Vom Standpunkt der Bindung der Räume und Körper untereinander gesehen aber ist die Reihe fortlaufend, und innerhalb dieser Reihe steht Speyer II näher an Köln als an St. Peter und Paul. Das Gewölbe, die durchlaufenden Vorlagen, die über die ganze Wandfläche weggehen, die Zusammenfassung zweier Arkaden zu einem Joch, sind Momente, die — unbeschadet der gemeinsamen romanischen Grundhaltung, die im Verhältnis der einzelnen Raumkuben zueinander, des Raumes zur Stütze, der Beleuchtung der Flächen beschlossen liegt — den Eindruck des Raumes entfernen von der lockeren Haltung der Frühstufe, die St. Peter und Paul vertritt. Im tatsächlichen Ablauf sind beide Ströme eng miteinander verschlungen: Ein gotischer Bau kann nur eng gebunden sein, in ihm muß jedes einzelne Glied in nächster Beziehung zu seinem Nachbar stehen. Trotzdem muß im Auge behalten werden, daß beide Ströme nicht identisch sind[3]).

Die Umgestaltung des Baus beim Beginn der Gotik geht nach *Frankl* vom Körperlichen aus, im ersten Ursprung vom Gewölbe, das zur Rippe übergeht[4]). „Die Rippe vergiftet den Bau", die dort begonnene Auflösung breitet sich über die Wand, über die Pfeiler aus; sie wird grundlegend für die umfassendste Neugestaltung des Raumes. Objekt dieser Umgestaltung, die durch den neuen divisiven Formenapparat herbeigeführt wird, bleibt indes noch der alte romanische Raum, der einstweilen nur in seinen Begrenzungsflächen innerhalb der einzelnen Raumkuben verändert wird. Ganz langsam nur verschiebt sich deren Verhältnis zueinander. Das quadratische Joch — sechsteilig oder vierteilig — weicht dem queroblongen, damit zugleich die typisch romanische Scheidung von Haupt- und Zwischenpfeilern der Zusammenziehung des Aufrisses innerhalb eines ganzen Raumkörpers — Langhaus, Querhausflügel, Chor —, in dem nur noch die stärker betonten Gurte, die weit vor die Wand tretenden, vielgegliederten Dienstbündel die Trennung der Joche aufrecht erhalten. Auch in der Vertikalen werden die Glieder des Aufrisses — Arkaden, Triforium, Fenster — zusammengezogen, die trennenden Gesimse sind nur leicht angedeutet. Trotzdem bleiben sie, ebenso wie die stark betonten Dienstbündel und die Gurten, als romanische Rudimente, die der vollen Auswirkung des gotischen Raumdenkens entgegenstehen. Stärker als sie aber hemmt das Streben des Langhauses, in unaufhaltsamer Abfolge schmaler Joche dem Chor zuzueilen, das zwischengeschobene Querhaus. Die Vierung ist nicht mehr in gleichem Maße wie früher Mittelpunkt des ganzen Baus, nicht mehr Sammelbecken der hereinströmenden Lichtfülle. Im Zusammenhang mit dem Wegfall des Vierungsturmes und der größeren Ausdehnung der Querhausarme ist sie dunkel geworden, so als dunklerer Einschub dem helleren Langhaus und Chor sich entgegenstemmend. Notwendig mußte sich die Forderung ergeben, dem Verzicht auf die strenge Trennung der Joche, dem schnellen Tempo ihres Ablaufs, dem Wegfall des Vierungsturmes und dem Aufgeben der durch die Vielheit der Türme gebildeten Baugruppe, dem Verdunkeln der Vierung ihre Unterdrückung folgen zu lassen[5]).

Es bleibt charakteristisch, wie lange diese additiven romanischen Rudimente im divisiven gotischen Bau sich noch halten. Die ganze französische Spätgotik benützt den hochgotischen, von der Romanik vererbten Raum weiter, einzig unter fortwährender Verstärkung der ursprünglich maßgebenden Absicht auf Mauerauflösung. Die Gedanken der Hochgotik werden weitergebildet, nicht umgebildet. Maßwerk überspinnt die Mauerflächen des Giebels, jedes freien Mauerfetzens. Die spitzbogigen Fenster werden in ein hochstehendes Rechteck einbeschrieben, um auch den letzten Zwickel der Wand streichen zu können (REGENSBURG — Dom, TROYES — St. Urbain, ST. GERMAIN EN LAYE). Das Äußere wird möglichst luftig gestaltet, als ein verwirrender Haufen von freistehenden, sich überschneidenden Gliedern. Aber man gelangt schließlich an einen Punkt, von dem aus in der eigentlichen Ausgestaltung der Idee — die Begrenzungsflächen des Baus aufzulösen — ein Mehr einfach nicht mehr geleistet werden kann. In der Gotik tritt dieser Zustand etwa um 1300 ein. Was jetzt folgt, ist nur mehr entweder eine Bereicherung der Formen ihrer Zahl nach, also eine rein quantitative Angelegenheit, oder eine Komplizierung der Formen. Eine Veränderung tritt nur insofern ein, als das Ornament von den struktiven Gliedern, denen es ursprünglich verhaftet war, sich löst und über die Fläche weiter wuchert, als an Stelle des hochgotischen Maßwerks, bei dem jeder Teil für sich gewertet wurde, das nur im Zusammenhang einer ganzen Füllung verständliche flamboyante Maßwerk tritt. Auch dies ist nur Abstreifen letzter romanischer Reste, die dem hochgotischen Maßwerk noch innewohnten. Der Körper wird jetzt erst wirklich auch im Ornament „Durchgangspunkt der Kraft“, die letzten hemmenden Zwischenglieder (Kapitelle) fallen weg. Das Wesen des Raumes wird dadurch nicht weiter verändert. Das Querhaus und der basilikale Aufbau, die nur dem Wesen der additiven Romanik adäquat waren, werden beibehalten. Das Verhältnis von Raum und Körper bleibt das alte, aus der Hochgotik gewohnte. Nur in der Behandlung des Körpers selbst werden Konsequenzen gezogen, die, wenngleich in der Gotik begründet, doch über sie hinausgehen. Besonders bezeichnend bleibt die Beibehaltung des hochgotischen Charakters in der Beziehung des Binnenraums zum Freiraum: Der Bau steht im Raum, seine Wand ist völlig aufgelöst, er wird nur als Teil des Freiraums verständlich, löst sich nicht als Eigenes von ihm los. Typischer Vertreter dieser Richtung, die man als späte Hochgotik bezeichnen müßte, wobei unter Hochgotik etwa das im Umbau von ST. DENIS Erreichte zu verstehen wäre, ist der style flamboyant, ohne daß ihr Gebiet sich doch auf Frankreich beschränkte: In Deutschland würde man den Gang durch Bauten wie OPPENHEIM (1317), BAMBERG — Obere Pfarrkirche (1370), den Turm von STRASSBURG (1399), die Fronleichnamskapelle in BRANDENBURG (1430), Laurentiuskapelle — STRASSBURG (1499) im Groben festlegen.

Eine Reinigung der Hochgotik von den ihr anhaftenden Romanismen tritt erst in der eigentlichen Spätgotik ein (die sich etwa mit dem deckt, was *Gerstenberg* „deutsche Sondergotik" genannt hat): das Querhaus, die isolierten Chorkapellen fallen weg: „der Grundrißkontur läßt sich mit einer einheitlichen Linie umfahren"; innerhalb ihrer erfolgt die Unterteilung in Schiffe und Kapellen, ohne daß sie nach außen spürbar würde. Der Grund für die Wahrung dieser Geschlossenheit des Baues nach außen liegt nach *Frankl* darin, daß das Überraschungsmoment für jede Spätphase besondere Reize hat. Es kommt hinzu, daß, um die angestrebte Verschmelzung des ganzen Raums spürbar zu machen, es notwendig wurde, ihn gegen alles andere, ihn Umgebende abzusetzen, ihn als Gesondertes herauszuheben aus dem Gesamtraum. Das mußte zur Schließung der Wand, zur Betonung der Dachmasse führen: von hier aus gesehen wird *Frankls* Satz: „Die Spätgotik erfülle die in der Gotik latenten Tendenzen, sie sei erst die eigentliche Gotik" verständlich werden[6]).

Es wäre vielleicht möglich (und es bekommt für die weitere Untersuchung Bedeutung), diesen letzten Gedanken noch weiter nachzugehen. Es bleibt bei dieser Auffassung der Spätgotik als der eigentlichen Gotik immer auffällig, daß die Auflösung des Körpers, die das erste Kriterium gewesen war, in dem die Gotik evident wurde, in der Spätgotik völlig verschwindet. Denn wenn das Wesen der Gotik — das in der hohen Gotik nur noch nicht zur Auswirkung kam — in der „Division" gesehen wird, in der Unterteilung eines Ganzen in Teile, die doch nur im Zusammenhang dieses Ganzen verständlich sind — und dem ist unbedingt beizupflichten — so wird es dieser Division des Raumes entsprechen, wenn auch am Körper eine parallele Erscheinung sich geltend macht. Die einzelnen Dienste eines Pfeilers werden nicht als selbständige Glieder in Erscheinung treten, sondern nur als Teile des Gesamtkörpers, mit dem sie verwachsen bleiben: der Körper wird als Ganzes unterteilt. In Bezug auf das Verhältnis von Raum und Körper stellt sich diese reine Division so dar, daß auch der Körper nur im Zusammenhang mit dem Raum verständlich werden kann, daß nicht beide als Gesondertes sich gegenüberstehen, sondern ineinander sich verklammern, daß der Körper aus dem Raum herausgeholt ist: der Raum frißt sich in die Kehlen des Pfeilers hinein, beide lassen sich nicht auseinanderreißen, „ohne daß Blut flösse" (*Wölfflin*). Klarer noch wird die Entsprechung von Division des Raumes und Auflösung des Körpers im Verhältnis des Baus zum umgebenden Freiraum: nur die Auflösung der Wand ermöglicht es, den Bau als Teil des Allraums aufzufassen, in den er, unter lockerster Angabe seiner Grenzen durch die Wandreste, hineingestellt ist.

Soweit verketten sich die Gedanken lückenlos. Die Geschlossenheit der Wand hingegen läßt sich damit nicht zusammenbringen: das immer dichtere Überspinnen der Wand mit Maßwerk hat die Schließung wohl hervorgerufen (*Frankl*) — der Weg geht vom Vorsetzen des Maßwerks vor die Fassade (STRASSBURG) zum teppichhaften Überspinnen, wobei das Maßwerk nur ornamental der Fläche aufgelegt wird (BRAUNSCHWEIG — St. Martin). Das Resultat aber, wenngleich der eben angedeutete Weg aus der Division der Gotik kommt, ist doch nicht mehr divisiv, stellt sich der eigentlichen Hochgotik, für welche die Wandauflösung integrierender Bestandteil ist („Binnenraum als Fragment des Allraums") als ein Neues gegenüber: die Spätgotik ist nicht nur Konsequenz der Gotik, nicht nur letzte Erfüllung der ihr innewohnenden Tendenzen. Vom Standpunkt des Binnenraums trifft das zu — d. h. bei Überlegung der Art, in der die Körper jetzt wirklich im Raume stehen; von hier aus gesehen läßt sich auch die Wandbetonung als Unterstützung der Division begreifen. Vom Standpunkt des Außenraums hingegen, dem die Masse des Baukörpers geschlossen gegenübertritt, wie im Verhältnis von Körper und Raum, in der Art ihrer gegenseitigen Verklammerung (sie wird in der Spätgotik aufgegeben) herrscht keine Division mehr. Die Schließung der Wand ist nicht nur Nebenprodukt, nicht nur aus der Absicht zu deuten, den Raum als Ganzes nehmen und unterteilen zu können. Die Wand ist an sich wieder wertbetont gegenüber ihrer völligen Entwertung in der Gotik, die der Division entsprach; der Baukörper stellt sich als ein Eigenes dar, ist doch aus dem Allraum herausgeschnitten, steht ihm fremd gegenüber, ist nicht in ihn hineingestellt, wie der gotische Bau, dessen Grenzen nicht klar angegeben werden können, bei dem Freiraum und Binnenraum durchaus bewußt und in Entsprechung zur Division des Binnenraums ineinander übergehen. Die Raumgrenzen sind nicht nebensächlich (*Entwicklungsph. d. neu. Bauk. S.* 64), es wird im Gegenteil Wert auf sie gelegt: wie stark auf die Wirkung dieser Masse des geschlossenen Baukörpers gerechnet ist, zeigt der Einbau jeder spätgotischen Kirche in das Stadtbild (DINKELSBÜHL z. B.). Ein Pfeiler tritt, wie der ganze Baukörper dem Freiraum, dem Binnenraum als einheitliche Masse entgegen. Der Raum vermag ihn nicht mehr anzugreifen, er hat keinen Hebelpunkt, an dem er einsetzen könnte, wie in den Kehlen des vielgliedrigen Bündelpfeilers. Die Wand ist nicht nur geduldet, sie bekommt Eigenrecht, so weit, daß sie sogar die Dienste, die auf ihr ruhen sollten, zugunsten des direkten Herauswachsens der Rippen zu verdrängen vermag oder zum wenigsten sie völlig mit ihr (bzw. den Stirnwänden der Kapellen) verschmelzen.

Es stehen offenbar zwei Tendenzen in der Spätgotik nebeneinander: die Division der Hochgotik findet in ihr ihre letzte Erfüllung, soweit die Unterteilung des Binnenraums an sich in Frage kommt. Die gotische Raumform wird erst jetzt gefunden. Im Verhältnis des Körpers zum Raum aber wächst die Spätgotik aus der Hochgotik heraus zu einem Neuen, das im Gegensatz zur Gotik steht. Es wäre doch falsch, von einem Übergangsstil zu sprechen. Der zweite Brückenkopf fehlt — von einem Übergang zur Renaissance gar kann nicht die Rede sein[7]). Vielleicht muß jeder Endstil in diesem Sinne unrein sein: er vollendet und entfernt sich zu gleicher Zeit — nimmt scheinbar ein längst Überwundenes wieder auf, die alte Geschlossenheit der Wand, die, wie auch der Verzicht auf Bindung, der Vorromanik wieder zu ähneln scheint; denn tatsächlich ist es natürlich nicht das Alte: die geschlossene Wand ist nicht starr, sondern elastisch, der achteckige Pfeiler federt — daher die Neigung ihn auszukehlen. Selbst dann dringt der Raum nicht in ihn ein, er gibt nach, läßt sich nicht aufschlitzen. — Es steckt in der Form, die der alten ähnlich, vom Standpunkt der letztvorangegangenen Stufe der Hochgotik neu erscheint, doch die Hochgotik darin, nicht nur in der Stellung der Körper „im Raum", in ihrer Behandlung als Kraftkanäle: die der Hochgotik wesensfremde elastische Geschlossenheit des Körpers ist doch nur zu deuten als aus der Gotik erwachsen. Die Entwicklung von der Frühphase zur Spätphase ließe sich vielleicht unter dem Bilde eines Zylinders darstellen, um den eine Schlangenlinie gezogen ist: sie schneidet wohl in zwei Punkten die gleiche Senkrechte, aber doch in Punkten verschiedener Höhenlage.

Eine Parallele zu dieser Entwicklung von der wandauflösenden Hochgotik zur Schließung der Wand in der Spätgotik bietet das Verhältnis der beiden letzten Phasen der nachmittelalterlichen Entwicklung, wo sich im Rokoko im Gegensatz zum Spätbarock, das etwa dem style flamboyant entsprechen würde, die gleichen Tendenzen geltend machen. Auch hier schließt sich der Raum nach außen ab, die Glieder erhalten geringeres Relief, werden in die Wand zurückgepreßt, ein Vorraum, der aus der eigentlichen Masse des Baukörpers herausbricht, wird nicht mehr als Kreis, sondern als Ellipse gebildet. Im Innern werden die divisiven Tendenzen, die im Barock sich herausgebildet hatten, beibehalten. Und parallel zum Verhältnis von Vorromanik und Spätgotik lockern sich auch hier die Bindungen wieder, wie in der Frührenaissance.

*

Erst innerhalb der ganzen Entwicklung der mittelalterlichen Architektur können die Bettelordenskirchen Deutschlands verständlich werden. Sie binden die Anfangs- und die Endphase der ganzen mittelalterlichen Bauentwicklung zusammen: nach rückwärts gewandt Vorromanisches aufnehmend unter offensichtlich bewußter Ablehnung der hohen Gotik und gerade damit der Spätgotik den Weg bahnend. Die Spätgotik kann in Deutschland nur deshalb so früh einsetzen, weil die Bettelorden sie vorbereiten.

In Frankreich nehmen die Bettelordenskirchen eine Stellung ein, die ihrer Stellung in Deutschland einigermaßen entspricht, ohne sich doch mit ihr zu decken: die deutschen Bettelordenskirchen sind Brücke, sie bereiten die Spätgotik vor; die französischen erfüllen die neuen Ziele der Spätgotik, sie sind in Frankreich mit die wichtigsten Vertreter des neuen Stils. Hier kommen sie zur Aufnahme der zweischiffigen Halle, gelegentlich mit gemeinsamem polygonalem Chorschluß, so daß also über die „Division", die Unterteilung des einheitlich gedachten Raumes kein Zweifel herrschen kann; „die Schrägansicht durch die beiden Schiffe wird notwendig erzwungen". Nach außen ist der Bau stets geschlossen, die Wand wird als Fläche gewertet, zwischen die Strebepfeiler sind, zum wenigsten in ihrem unteren Teil, gerne Kapellen eingezogen (TOULOUSE — Jacobins). (Die Bevorzugung des Backsteins im Midi mag diesen Charakter der Geschlossenheit wesentlich beeinflußt haben. Doch zeigt ihn ebenso die aus Hausteinen erbaute zweischiffige Dominikanerkirche in AGEN.) Damit schaffen die französischen Bettelordenskirchen die Vollendung, den Raum, der letztes Ziel der eigentlichen Spätgotik ist — in einem Lande, das sonst im allgemeinen von der späten Hochgotik sich nicht lösen konnte.

*

Einige Daten über die Geschichte der Orden mögen zur raschen Orientierung genügen: Die Franziskaner (Minoriten, Barfüßer — die Namen werden unterschiedslos gebraucht, wenigstens in dem ersten Jahrhundert vor der großen Spaltung infolge des Armutstreits) werden 1209 von Franz von Assisi als freie Gemeinschaft gegründet — gebunden durch Gleichheit der Gesinnung und Einstellung zur Welt, nicht durch eine ausgearbeitete Ordensregel. Als Leitsätze dienen einige Stellen der Bergpredigt. Sie erwachsen auf dem Boden der Ketzerbewegungen um 1200, sind aber vom Hl. Franz nicht ketzerisch, sondern im Sinne der Kirche gedacht. Mit ihrer allmählichen Seßhaftwerdung (Klostergründung bei der Portiunkula 1211) und der auf dem Laterankonzil 1215 erfolgenden zögernden Anerkennung durch die Kirche (Tonsurierung und Wahl eines verantwortlichen Oberen) wandelt sich der Charakter der Gemeinschaft zum Orden. Die Forderung vollkommener Armut bietet von vornherein Schwierigkeiten der Kurie gegenüber, doch setzen sich einzelne Kirchenfürsten, vor allem Ugolino von Ostia (Gregor IX.), der ihre Verwendungsmöglichkeit offenbar schnell erkennt, von Anfang an energisch für die Brüder ein. Es folgen mißglückte Missionsreisen nach dem Orient (1212/13, 1217/19) und nach Deutschland, Spanien, Ungarn 1219. In ihnen, in der Einteilung in Ordensprovinzen (1217), in den rasch folgenden päpstlichen Schutzbriefen prägt sich die Umbildung zum Orden aus. 1220 erteilt die Kurie den Franziskanern die erste Regel. Franz tritt von der Leitung des Ordens zurück, der anscheinend gefügigere Pietro da Cataneo übernimmt die Führung als erster Ordensgeneral. Eine zweite Regel 1221 sucht zwischen den Vorschriften des Vatikans und der frühesten „Regel" von 1209 zu vermitteln. Sie weicht 1223 der dritten Regel, in der die Kurie in nahezu allen Punkten siegt; die Sätze der Bergpredigt, die Tendenz auf völlige Bedürfnislosigkeit fallen weg. Schon 1222 rät Gregor zum Erwerb eigener Kirchen. Als der Heilige 1226 stirbt, ist sein Werk vernichtet, der Orden selbst in der Hand der Kurie und des (modernen, praktischen, vatikanisch gesinnten) Generals Elias da Cortona (1221/40). Mit dem Entschluß zur Seßhaftigkeit, der im Gegensatz zu den auf bloßes Wanderpredigertum eingestellten Absichten des Hl. Franz steht, ist auch die Armutfrage brennend geworden: es ist mit der Seßhaftigkeit die Notwendigkeit des Besitzes in irgendeiner Form unausweichlich verknüpft. Eine Bulle von 1230 gestattet dem Orden die Nutznießung an seinen Liegenschaften, die pro forma der Kurie gehören. Der Vatikan versucht in der Folgezeit diese Bestimmungen weiter zu mildern (Bullen von 1245, 1257, 1274), die Kapitel des Ordens weigern sich zweimal, 1249 und 1260, und trotz einer vermittelnden Entscheidung des Vatikans (1279) geht der Kampf weiter. Der Orden selbst spaltet sich auf Grund dieser Differenzen in die strengen Spiritualen und in eine gemäßigte Gruppe, aus denen sich nach weiteren Kämpfen die heutigen Ordenszweige der Franziskaner und Minoriten entwickeln. Bei den Minoriten siegt 1330 die laxe Eigentumsauffassung der Kurie, die Franziskaner bleiben bei der bloßen Nutznießung des Eigentums stehen.

Der Orden der Dominikaner (auch Prediger, schwarze Brüder genannt) wird 1215 durch den Hl. Dominikus von Guzman gegründet mit dem ausgesprochenen Zweck der Predigt, mit dem Ziel der Niederzwingung der südfranzösischen Ketzerbewegung, ist also von vornherein viel rationaler eingestellt als die rein gefühlsmäßig orientierten Minderen Brüder des Hl. Franz. Auf Wunsch Innocenz' IV. schließen sie sich an die Regel der Augustiner-Chorherren an (1218), 1220 erfolgt die Umbildung zum Bettelorden im Anschluß an die eben in der Ausarbeitung begriffene Regel der Franziskaner. Wesentlich bleibt, daß die Armut von Anfang an ihnen nur Mittel zum Zweck ist, nicht Selbstzweck. Die heftigen Kämpfe, die im Franziskanerorden um das Problem der Armut wüten, bleiben den Dominikanern folgerichtig erspart. Im Laufe der Zeit passen sich die beiden Orden gegenseitig an, vor allem freilich sind es die Franziskaner, die immer mehr von ihren ursprünglichen Gedanken abweichen, sich rationalisieren, die Studien, die bei den Dominikanern von vornherein im Mittelpunkt stehen, gleichfalls aufnehmen.

Bauvorschriften im eigentlichen Sinn haben die Bettelorden niemals erlassen. Die Generalkapitel beschränken sich auf die gelegentliche Herausgabe von Direktiven für die Bauten — bei den Franziskanern gibt das Generalkapitel von Narbonne 1260 solche aus —, die sich übrigens zum Teil wörtlich an die Vorschriften der Zisterzienser anschließen. Sie beschränken sich auf Einzelheiten (wesentlich wird nur das Turmverbot und das Verbot der Wölbung, außer über dem Altar, betont) und werden mit Ausnahme des ersten trotz wiederholter Ermahnungen und Drohungen fast regelmäßig außer acht gelassen. — Eine allgemeingültige Vorschrift oder auch eine durchweg geübte Baugepflogenheit (wie die Kapellenanordnung im Orden von Cîteaux) besteht nicht. Wenn Gemeinsamkeiten vorhanden sind, so können sie nur aus der geistigen Grundhaltung des Ordens bzw. den aus ihr entspringenden neuen Forderungen für den Gottesdienst erklärt werden[8]).

Die italienischen Kirchen der Bettelorden weichen von den französischen und den deutschen wesentlich ab. In einer Anzahl von Bauten tauchen wohl vorromanische Momente wieder auf, wie auch in der Gruppe der flachgedeckten Basiliken Deutschlands. Aber sie führen nicht zu einem Neuen, werden nicht als Material zur Schaffung der Spätgotik benutzt. Die einzige Ausnahme, die stark auf die Spätgotik zustrebt, bildet Sa. Croce-Florenz. Sonst herrschen romanische Reminiszenzen noch lange vor: in der Verwendung des zisterziensischen Ostabschlusses in einer Reihe gleichwertiger Kapellen, in der starken Betonung des Querhauses, in der Verwendung quadratischer, in der Neigung zum sechsteiligen Mittelschiffsjoche. Erst im XIV. Jahrhundert kommt ein neues Gefühl von Weite in den Raum, das zur Spätgotik zielt. Die Beibehaltung eines rückständigsten Formenapparates hemmt die Auswirkung des Neuen[9]). — Ähnlich steht es bei den frühen Bettelordenskirchen Böhmens und Polens; auch sie kommen vom romanischen Raum nur schwer los.

Es ist offenbar, daß in Italien und in den östlichen Ländern eine Voraussetzung nicht erfüllt ist, die zur Schaffung eines neuen Stils im Sinne der deutschen Bettelordensarchitektur unerläßlich war. Bei ihnen herrschte romanisches Raumdenken zu stark vor; es war ihnen weder möglich, energisch auf Vorromanisches zurückzugreifen, noch das gegebene Substrat im Sinne der neuen gotischen Denkform umzubilden. Nur unter den besonderen Bedingungen Deutschlands, das schon gotisch dachte, konnte das alte vorromanische Substrat zur Vorbereitung eines Neuen verwendet werden, konnten die Orden diese eigentümliche Brückenstellung einnehmen.

⋆

SYSTEMATISCHER TEIL

BESCHREIBUNG DER TYPEN UND EINBAU IN DIE ALLGEMEINE ENTWICKLUNG

1. DER SAAL

Das hervorstechendste Merkmal des primitivsten Typus der Bettelordenskirchen in Deutschland, des Saales, liegt in der größtmöglichen Einfachheit des Raumes. Vier Wände und eine flache Decke: das ist alles, und die mehr oder weniger große Längenausdehnung — sie ist zum Teil erst durch spätere Anbauten erreicht worden, wie *Scheerer* für den größeren Teil der thüringischen Saalkirchen nachgewiesen hat —, die gelegentlich Verhältnisse vom Fünf- bis Sechsfachen der Länge zur Breite aufweist, wird sich darauf zurückführen lassen, daß man in diese allereinfachsten Räume so viel Menschen wie möglich hineinbringen wollte, ohne doch die Breite — wegen der begrenzten Länge der Dachbalken — vergrößern zu können. Nun ist aber klar, daß mit dem Begriff der Einfachheit über die architektonische Gestaltung eines Raumes noch nichts Wesentliches ausgesagt sein kann. Es gibt gotische Räume von der größten Einfachheit, die eben doch das Stilistische der Gotik in entschiedenster Weise aussprechen — jede Dorfkirche gibt Beispiele —, und ebenso liegt es in jedem anderen Stil. Mit anderen Worten: das Wesen eines Raumes, soweit er auf den Namen eines architektonischen Raumes Anspruch macht, d. h. wenn ein Stück Raum aus dem Allraum herausgerissen und gestaltet worden ist, und sei es mit den einfachsten Mitteln — das Wesen eines solchen Raumes kann sich im Begriff der Einfachheit nicht erschöpfen. Sie ist stets nur Akzidenz, oft wichtigster Art, aber dem Wesen des Raumes vermag sie nicht beizukommen. Sie ist Merkmal, aber nicht stilbildendes Element.

Wenn nun aber, wie hier, der Fall so liegt, daß über den Raum nichts weiter ausgesagt werden kann, als daß er primitiv sei, wenn jeder Versuch unterlassen ist, den Raum architektonisch zu gestalten, wenn er ein einfaches liegendes Prisma, mit möglichst sparsam verteilten Fenstern darstellt; dann kann füglich eine derartige Gruppe von Bauten, deren Entwicklung sich zudem bald totläuft, ohne daß sie irgendwelchen Einfluß auf die übrige Architektur ausgeübt hätte, in einer architekturgeschichtlichen Arbeit auf eine ausführliche Betrachtung keinen Anspruch erheben.

Es ist durchaus einzusehen, welche Motive dem Bau derartiger Kirchen innerhalb der Orden zugrunde gelegen haben. Neben dem Ideal der Armseligkeit, das der Stifter gepredigt hatte, spielte offenbar die Absicht, sich zu profanieren, eine ausschlaggebende Rolle. Wenn der Hl. Franz vorschreibt, daß jeder Bruder ein Handwerk erlernen müsse, und daß er bei irgend jemand in Dienst treten solle, um sich zu ernähren (nur, wenn keine Arbeit zu finden ist, tritt ursprünglich der Bettel an ihre Stelle [Testament des Hl. Franz]), so bedeutet dies das Aufgeben des Ideals vornehmer Absonderung, das in den bestehenden Orden herrscht, den bewußten Verzicht auf die Sonderstellung des Mönches, sein Aufgehen unter dem übrigen Volk. Mit dem Bau dieser einfachsten Saalkirchen setzt man sich das gleiche Ziel. Man legt Wert darauf, den Charakter des Wohnhausmäßigen zu wahren, verzichtet auf den speziell kirchlich-pathetischen Charakter des Baues. Es ist höchst bezeichnend, wenn Bruder Jordan de Giano einem Wohltäter in Erfurt, der ihm einen Klosterbau anbietet, zur Antwort gibt, er wisse nicht, was das sei, „ein Kloster". Man möge ihnen nur ein Haus bauen. Die bewußte Gegenüberstellung von Geweihtem und Profanem springt in die Augen. So ist es auch durchaus kein Zufall, wenn in der heute zum Theatersaal umgebauten LINDAUER Franziskanerkirche nicht die geringste Inkonsequenz spürbar wird. Die Kirche ist Oratorium, Bethaus, und wenn irgendwo, dann zeigt sich hier der Zusammenhang der Bettelorden mit der ketzerischen Bewegung vom Ende des 12. Jahrhunderts mit ihrer starken Betonung des Laienpriestertums.

In diesem Zusammenhang ist es begreiflich, daß die Saalbauten der Bettelorden, wenigstens im 13. Jahrhundert, fast durchweg auf den polygonalen Schluß des Chors verzichten, den die anderen gleichzeitig entstehenden Saalkirchen (der Zisterzienser-Frauenklöster z. B.) grundsätzlich verwenden. Dort handelt es sich um die künstlerische Gestaltung eines, wenn auch einfachsten architektonischen Raumes, während die Bettelorden in diesem Kirchentyp darauf Verzicht leisten. In der künstlerischen Absicht liegt gleichzeitig die Zugehörigkeit zur stilistischen Entwicklung. Die Bettelorden stehen mit diesen einfachsten Saalbauten außerhalb ihrer. Eine einzige Ausnahme von der Regel des platten Schlusses macht unter den frühen Kirchen JENA.

Man hat im weiteren Verlauf der Entwicklung eine ganze Anzahl von diesen einfachsten Saalbauten durch Anbau eines Chors, durch Anfügung von Seitenschiffen oder durch tiefer eingreifende Umgestaltungen, wie in SALZWEDEL und ANGERMÜNDE, künstlerisch zu gestalten versucht. Diese Umbauten liegen ausnahmslos im 14. Jahrhundert oder noch später.

Unter den einfacheren Saalbauten des 13. Jahrhunderts scheiden sich zwei Typen: ein sehr langgestreckter Saal in Norddeutschland (ANGERMÜNDE, BRANDENBURG — Franziskaner) und ein breiter wohlräumiger im Süden. Thüringen vermittelt zwischen beiden, nur ARNSTADT entscheidet sich für den langgestreckten Saal. Der wohlräumige süddeutsche Saal ist nicht viel länger als breit, er hat keinen Sammelpunkt, der ihm irgendwelche Richtung geben könnte. Beim norddeutschen Saal liegt diese Richtung entschieden vor. Es ist bezeichnend, wie in den beiden heute noch vollständig erhaltenen Bauten des norddeutschen Schemas, ARNSTADT und PRENZLAU (Abbildung 1), eine Gruppe von drei Fenstern in der östlichen Abschlußwand den Blick auf sich zieht. Die Anordnung selbst mag von den plattgeschlossenen Chören der Zisterzienser (Typ Fontenay) übernommen sein. Ihre Ausnützung in der Weise, daß dem Raum durch sie die Hauptmenge des Lichtes zugeführt wird, während die Längsmauern nur mit kleinen Fenstern versehen sind, dürfte sich an den Saal mit polygonalem Chorschluß anschließen, der ja außerhalb der Bettelordensarchitektur zur gleichen Zeit üblich war. Es ist der gleiche Grundgedanke der Lichtführung. Nur ist er hier auf die einfachste Form gebracht. Der

Richtungspunkt im Osten ist gegeben, ohne daß die Auflösung der Ostwand durch die Brechung des Polygons und durch die Vergrößerung der Lichtquelle dort nötig geworden wäre. Es ist offenbar, daß den Bettelorden der polygonale Schluß bei diesen Saalkirchen unangenehm war. Er löst die Wand zu stark auf, was aber wesentlicher ist, seine Haltung ist feierlicher, repräsentativer, als es diesem Typus entspricht. Es bleiben als Charakteristika für diesen Typ: „Richtung“ und eine gewisse Geschlossenheit.

Als letzte Konsequenz dieser „Richtung“ des Raumes folgt dann doch die Verwendung des polygonalen Abschlusses im Osten und im Zusammenhang damit die Wölbung, wie JENA sie bietet (1296). Der eigentliche Charakter des Saaltyps der Bettelorden ist damit aufgegeben, er weicht der Gruppe der Säle mit polygonalem Abschluß, wie sie als Reduktion des entwickelteren gotischen Grundrisses schon seit dem zweiten Viertel des Jahrhunderts üblich war. Auf die Profanierung der Saalkirche ist damit endgültig Verzicht geleistet. Der so umgebildete Saal bietet nichts Neues mehr, er geht weiter gleichmäßig mit den Kirchen der Frauenklöster in anderen Orden, und die späteren Bettelordenskirchen dieser Art bedürfen aus diesem Grunde keiner eingehenderen Betrachtung.

Unter den süddeutschen Saalbauten der Bettelorden nimmt die Franziskanerkirche in SCHWÄBISCHGMÜND dadurch eine besondere Stellung ein, daß dem hier an sich schon langgestreckten Saal (seine Länge zur Breite verhält sich wie 2 : 1) ein plattgeschlossener, in zwei quadratischen Jochen gewölbter Chor angeschlossen ist. Es liegt hier ein Versuch vor, dem nicht gestalteten Saal, wie er in ULM z. B. vorhergegangen war, Gestalt zu geben. Die Verengerung des Raumes am Triumphbogen zwingt den Blick, den Chor, als ein Anhängsel zwar, aber doch als Ergänzung des Langhauses aufzufassen und so die größere Streckung des Gesamtraumes anzuerkennen. Die Zusammengehörigkeit beider Raumteile — die an und für sich getrennt sind, schon durch die Wölbung hier, die Flachdecke (bzw. das offene Sparrendach) dort — wird durch den platten Schluß des Chores wiederhergestellt; er setzt sich der Westwand des Langhauses als gleichwertig entgegen. Die Absicht der Profanierung, der unfeierlichen Haltung spielt auch hier mit. Die späteren süddeutschen Bauten, die dem Langhaus einen Chor anfügen, gestalten ihn polygonal. Dadurch werden die beiden Teile, der in sich geschlossene Saal und der aufgelöste Chor, auseinandergerissen. Es kommt nicht zur einheitlichen Gestaltung des Raumes, wie in den norddeutschen Saalkirchen. Der Gegensatz zwischen Langhaus und Chor bleibt stets fühlbar, der Chor wirkt als Anstückung, auch wenn beide Teile tatsächlich gleichzeitig entstanden sind. Momente der Hochgotik und der Bettelordensarchitektur stehen nebeneinander. Die Entwicklung war hier in eine Sackgasse geraten.

*

2. DIE FLACHGEDECKTE BASILIKA

Die Minoritenkirche in REGENSBURG (Figur 1 und Abbildung 2) diene als Beispiel einer flachgedeckten Basilika der Bettelorden. Langgestreckt, die Arkaden auffallend weit, so daß Seitenschiffe und Mittelschiff ineinander übergehen, Rundpfeiler mit niedrigen Kelchkapitellen. Die Fenster des Obergadens klein, wie verloren in der riesigen Fläche der Mauer, und doch dieser Mauer alles Drückende und Schwere genommen. Der Triumphbogen weit herabgezogen: ohne Querhaus schließt sich der polygonale Chor an das Langhaus, seine strenge Gebundenheit steht im Gegensatz zu der haltlosen Unruhe dort. Die Fassade folgt einfach dem Querschnitt der Basilika; das Hauptcharakteristikum für die Außenansicht bleibt die durchgehende Linie des Mittelschiffdaches.

Wesentlich bestimmt wird die Haltung dieses Raumes durch das Fehlen des Querhauses (Figur 1). Der Chor mit polygonalem Schluß ist unmittelbar dem Mittelschiff

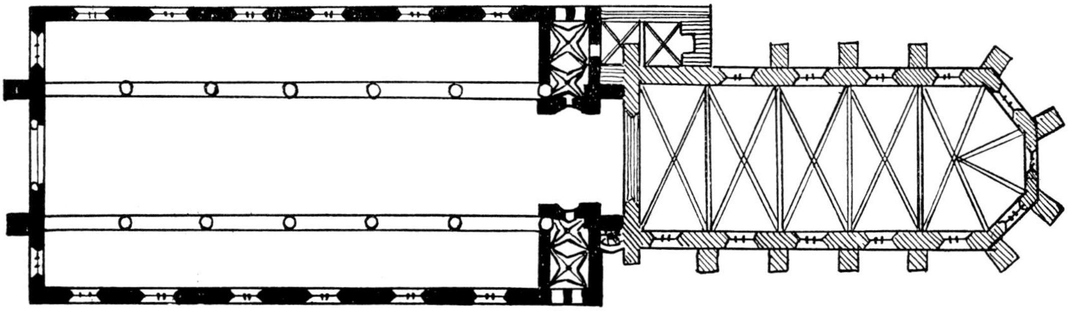

Figur 1. REGENSBURG, Minoritenkirche. Grundriß.

angefügt, die Seitenschiffe schließen platt. Man hat diesen Grundriß von je als das wichtigste Merkmal der Bettelordenskirchen angesprochen. In der Tat ist das strikte Festhalten an ihm das erste, was schon bei flüchtigem Überblick über die Gesamtheit der Gruppe auffällt. Er ist allen Kirchen der Bettelorden, flachgedeckten und gewölbten, Basiliken und Hallen, eigentümlich, mögen sie auch sonst unter fremdem Einfluß stehen, der außerhalb des Ordens seine Wurzel hat. Die einzige Ausnahme auf deutschem Boden stellt St. Katharinen in LÜBECK dar; doch steht dieser Bau außerhalb der Reihe der deutschen Bettelordenskirchen. Er weist die Merkmale der Gruppe der Ostseekirchen auf und reiht sich mit der Verwendung eines entwerteten Querhauses ihnen ein. St. Adalbert in BRESLAU, gleichfalls mit Querhaus, ist Umbau aus einer älteren spätromanischen Pfarrkirche.

Dieser Wegfall des Querhauses eröffnet neue Perspektiven: es erfolgt ein Ausbrechen aus der Reihe, die sich vom Vorromanischen zum Hochgotischen zieht, zu immer stärkerer Bindung fortschreitend. Das Querhaus hatte mit der Schaffung der

Vierung diese Bindungen in den haltlos flutenden Raum der Vorromanik hineingebracht. Seine Streichung ermöglicht ihren Wegfall, der Weg zu einem, dem vorromanischen eng wesensverwandten Raum, ist frei; nach der anderen Seite kann jetzt der Raum, befreit von dem Grundmaß, das die Multiplikation der Vierung ihm aufgezwungen hatte und das auch in der Hochgotik noch nachwirkt, zum einheitlichen Raum zusammengezogen, als Ganzes erfaßt werden.

Die Absichten der Bettelorden gingen ursprünglich weder nach der einen, noch nach der anderen Richtung. Sie haben den Wegfall des Querhauses in seiner Bedeutung für den Zusammenhang des Raums und seiner Teile nicht durchweg begriffen. Ihr Ausgangspunkt war nicht die architektonische, sondern die liturgische Seite: wenn sie auf das Querhaus verzichten, so geschieht das deshalb, weil es in ihrem Programm des Gottesdienstes keinen Platz mehr hat, weil die gottesdienstliche Handlung nicht mehr im Meßopfer gipfelt, sondern in der Predigt. Das Querhaus sammelt nicht mehr die im Bau latenten Kräfte und wirft sie auf den im Chor amtierenden Priester, — der Kernpunkt der Feier liegt nicht mehr bei ihm, zum wenigsten nicht mehr einzig bei ihm. Es hängt unmittelbar mit diesem liturgischen Ausgangspunkt für den Verzicht auf das Querhaus zusammen, wenn in den frühesten Bauten der Orden auf deutschem Boden — vor allem in den rheinischen Minoritenkirchen der ersten Hälfte des 13. Jahrhunderts (Sion in KÖLN, SELIGENTHAL) — der Wegfall der Vierung nicht die Lockerung des ganzen Baues im Gefolge hat (Abbildung 33). Sion hat die ganze strenge Bindung spätromanischer Architektur: den Grundriß im gebundenen System, im Aufriß Triforien, Arkaden und Fenster straff zusammengenommen. Hier erweist sich die Neuerung als bloße Opposition gegen eine liturgische Forderung. Der Bau ist nicht umgebildet, ist nicht beherrscht von einem gemeinsamen neuen Stilwillen. Der Wegfall des Querhauses bleibt Kennzeichen, Merkmal, solange er nicht zusammengeht mit der gesamten Haltung des Baues. Am Rhein ist diese neue Haltung nicht geboren. Hier schließen sich die Bettelorden in ihren Kirchen bis nach der Mitte des Jahrhunderts der herrschenden (spätromanischen bzw. hochgotischen) Architektur an. Erst mit der dritten Bauperiode der Kölner Minoritenkirche setzt ein eigentlicher Bettelordensstil ein.

Anders liegen die Verhältnisse in Südwestdeutschland. Zwar ist die Ursache für den Wegfall des Querhauses dort die gleiche liturgische wie in den rheinischen Ordenskirchen; aber das Motiv fügt sich in ganz anderer Weise dem gesamten Habitus des Baues ein. Hier wird der Wegfall des Querhauses, wenngleich liturgisch geboren, schnell als Mittel zur architektonischen Gestaltung des Baues begriffen, geeignet, den in den übrigen Elementen gegebenen Charakter zu steigern: freilich ist das kein Gestalten im Sinne eines Vorwärtsdenkens, sondern in retrospektivem Geiste. Es herrscht hier, schon ohne den Querhauswegfall zu berücksichtigen, eine Raumform, welche die Erinnerung an karolingische Bauten wachruft. Man möge REGENSBURG mit SION vergleichen. Wesentlich ist der Mangel jeglicher Bindung im Langhaus, wie die Multiplikation der Vierung sie sonst überall mit sich brachte. Das Langhaus droht immer noch auseinanderzufließen; besonders deutlich wird das in solchen Fällen, wo die Fenster nicht in den Achsen der Arkaden sitzen. Und in diesen Zusammenhang paßt das Fehlen des Querhauses hinein. Hier ist sein Wegfall kein bloßes Sichgehenlassen, nicht nur Laxheit, Opposition gegen eine liturgische Forderung. Es erscheint vielmehr durchaus eingefügt in den Willen zur lockeren Haltung des Baues, wie er die vorromanische Architektur beherrschte. Auch dort war das Querhaus nicht notwendiger Bestandteil gewesen. Die neue gottesdienstliche Einstellung der Bettelorden trifft mit alten Baugedanken zusammen.

Es ist nötig sich klar zu machen, daß neben der die Entwicklung beherrschenden Hauptrichtung, für welche die Vierung das Maß des ganzen Baues war, eine zweite unterirdisch herläuft, die von der Vierung nichts wissen wollte und die sich vom 8. bis ins 13. Jahrhundert hinein in Deutschland und Italien neben der mit dem Querhaus arbeitenden Richtung verfolgen läßt.

Innerhalb dieser oppositionellen Richtung lassen sich wieder zwei Gruppen unterscheiden. Der Ausgangspunkt der einen ist in karolingischen Bauten zu suchen, die in Fortsetzung des Langhauses ohne Zwischenschaltung eines Querhauses den Chor laufen ließen: vor dem eigentlichen Chor wird ein Ostbau mit Emporen, die einen Zentralturm abstützen, angeordnet. (Rekonstruktion von St. Emmeran durch *Schwäbl.*) Dieser Richtung gehören offenbar St. Salvator in Werden und als später Ausläufer der Ostbau des Mainzer Domes an. Sie spaltet sich dann in der weiteren Abwandlung des Typus: die Ostemporen fallen unter allen Umständen weg. Der Ostturm wird entweder beibehalten (noch im 13. Jahrhundert in schwäbischen und hessischen Dorfkirchen, z. B. Weinsberg und Wenkbach), oder es wird an seiner Stelle ein Gewölbe vor den eigentlichen Chor als Ersatz eingeschoben (St. Burkhard in Würzburg). Anders stellt sich der Wegfall des Querhauses in einer Gruppe dar, die von karolingischen und vorromanischen Bauten in der Art von Steinbach und dem etwas späteren Frose ihren Ausgangspunkt nimmt. Mit dem Gedanken des entwickelten Ostbaues, wie er in St. Emmeran zugrunde liegt, hat diese Richtung nichts zu tun; das von den neuen Strömungen (Plan von St. Gallen) geforderte Querhaus wird zwar aufgenommen, aber es ist in seiner Bedeutung offenbar mißverstanden; seine Öffnung wird nicht viel höher als eine Langhausarkade gebildet, es wird dem Langhaus nur angeschoben, durchdringt sich nicht mit ihm. Eine Gruppe kölnischer Bauten (St. Pantaleon, St. Severin, St. Ursula) aus dem 10., 11. und 12. Jahrhundert geht auf diese Vorbilder zurück. In St. Severin wird die Entwertung des Querhauses noch weiter getrieben durch die Einstellung einer Doppelarkade in die Querhausöffnung. Der grundlegende Unterschied der Abkömmlinge dieser Richtung von denen der anderen von St. Emmeran ausgehenden liegt im Wegfall der östlichen und westlichen Vierungsbogen: das Langhaus läuft ungehemmt bis zur Apsis durch. Daneben steht eine Anzahl von Bauten, die in diese Gruppen nicht eingereiht werden können, sich vielmehr als Abweichungen von dem regulären Typ der kreuzförmigen Basilika mit ausgeschiedener Vierung darstellen: das im Zusammenhang des Baus begründete Querhaus ist durch Einspannen einer Arkade in die Querhausöffnung oder durch das Weiterführen der Seitenschiffsemporen über die Öffnung weg (Pisa) entwertet. Die reaktionäre, auf Karolingisches zurückgehende Strömung, die gegen das Querhaus kämpft, dringt in die Bauten mit Querhaus ein. — Das angeschobene Querhaus im Sinne der von Steinbach ausgehenden Gruppe gewinnt auch in Italien an Bedeutung (San Pietro, Santa Maria in Toskanella); dabei wird in Betracht zu ziehen sein, daß das Querhaus der italienischen Architektur überhaupt nicht recht genehm war. Von den beiden oben skizzierten Gruppen der querhauslosen Richtung scheidet sich hier als dritte die italienisch-bayrische mit dem parallelen Ablauf dreier Schiffe ohne Querhaus.

Die Einführung des Stützenwechsels und der Schwibbogen in den vierungslosen — und damit haltlos beabsichtigten — Raum widerstrebt freilich dem Sinn des Querhauswegfalls (San Miniato). Der so systematisierte Raum mit seiner Kompartimententeilung könnte schließlich ebensogut das Querhaus einführen. Sein Wegfall wirkt als unverstandenes Rudiment. Aber noch im späten 13. Jahrhundert nimmt Sa. Croce in Florenz das alte Ideal des ungeformten Langhauses unter offensichtlicher Entwertung des Querhauses wieder auf.

Auf diese oppositionellen Richtungen treffen die Bettelorden. Die Gründe dafür liegen im Liturgischen, das Faktum des Zusammengehens mit einer alten Raumform wird trotzdem deutlich. Es ist ein Zurück, das sich hier auswirkt, kein Vorwärts. Der

Raum wird gelockert —, die Bindungen, welche Vierung, Gewölbe, Stützensystem geschaffen hatten, fallen weg, ohne daß ein Ersatz spürbar würde. Die scharfe Trennung von Chor und Langhaus, die das Herunterziehen des Triumphbogens schafft, macht die Lockerung klar. Auch in den flachgedeckten Kirchen der Bettelorden, wo kein Gewölbe im Chor die Trennung rechtfertigt, wird dies Moment des tief hereinhängenden Triumphbogens beibehalten (Abbildung 3). Der Bau zerfällt dadurch in zwei völlig getrennte Teile — Chor und Langhaus haben nichts miteinander zu tun —, sie „stehen" nur nebeneinander, sind nicht „zusammengesetzt". Mit der Lockerung des ganzen Gefüges durch den Wegfall der „Maß-gebenden" Vierung verknüpft sich unlöslich das unscharfe Denken der Grenzen und Beziehungen der einzelnen Raumteile. Seine grundlegende Bedeutung für die weitere Entwicklung bekommt der Wegfall des Querhauses erst mit der Aufnahme des Gewölbes in den Ordensbauten.

Es gehört zu dieser retrospektiven Einstellung der süddeutschen Bettelordenskirchen, daß sie die Flachdecke bevorzugen, so daß sich unter den 20 oder 30 erhaltenen oder rekonstruierbaren Basiliken des Gebietes nur 3 gewölbte nachweisen lassen (von denen übrigens zwei noch ein Zwischenstadium zwischen flachgedeckter und gewölbter Basilika vertreten). Dieses Aufgreifen der Flachdecke ist ein ausgesprochen retrospektives Moment. In der ersten Hälfte des 13. Jahrhunderts hatte sich der Gewölbebau ziemlich allgemein durchgesetzt, nicht zuletzt unter dem Einfluß der Zisterzienser. Freilich hatte man daneben noch Kirchen mit Flachdecke gebaut, vor allem in den kleineren, etwas entlegenen Orten, in Landschaften, die abseits lagen (Bayern). Moderner war das Gewölbe, und wenn die Bettelorden bewußt darauf verzichten, so wird dies zum Ausdruck ihres rückwärts gerichteten Wollens. Treibendes Motiv — dies steht außer Zweifel — ist die Absicht einfachster Gestaltung, verbunden mit dem schon oben umrissenen anti-sakralen Wollen. Die retrospektive Einstellung verbindet sich damit und übernimmt die Führung vor dem eigentlichen Grundmotiv, wie in der Frage des Querhauswegfalles.

Die Flachdecke bindet nicht zusammen; sie gestattet, die einzelnen Teile des Raumes, den sie überdeckt, völlig getrennt zu sehen. So ist es auch mit allen anderen Teilen des Baues: das Langhaus einer solchen Bettelordenskirche scheint Stück für Stück zusammengesetzt: die Rundpfeiler stehen weit auseinander, die Obermauer hat keine Beziehung zu den Arkaden, die Fenster, meist auffallend klein, sind gern aus den Achsen der Arkaden gerückt (REGENSBURG — Minoriten, KONSTANZ), und der ganze Raum wieder steht unverbunden neben dem Chor, geschieden von ihm durch den starken Triumphbogen. — Nichts muß gerade an diesem oder jenem Punkte stehen —, die Fenster könnten noch etwas mehr verschoben, die Arkaden etwas weiter oder enger sein. Die einzelnen Glieder haben im letzten Grunde nichts miteinander zu tun, es ist keines notwendig auf das andere bezogen, jedes könnte auch durch ein anderes (die Säule beispielsweise durch einen quadratischen Pfeiler) ersetzt werden, ohne daß der ganze Aufbau zerrissen würde —, deshalb, weil ein eigentlicher Aufbau (im Sinne des Geordneten) gar nicht vorhanden ist.

Man könnte jedes Wort, das hier gesagt worden ist, ohne weiteres auf die karolingische Architektur übertragen (Abbildung 4). Der karolingische Bau wird beherrscht von dem gleichen Grundgefühl des Nicht-aufeinander-Bezogenseins der einzelnen Teile:

die romanische Architektur verschärft die Beziehungen (gebundenes System, durchlaufende Wandvorlagen), die Gotik zieht sie noch schärfer an (queroblonges Joch, dadurch Zusammenziehung des ganzen Systems innerhalb des Langhauses). Wenn die Bettelordenskirchen so völlig darauf verzichten, so liegt hier ein Rückgriff auf Vorromanisches (vgl. das in der Einleitung Gesagte).

Die Stellung der flachgedeckten Basiliken der Bettelorden zur Vorromanik läßt sich in dieser Schicht der Ratio (*Frankl*: *„Intellektualstil“*), in welcher der Begriff der Bindung liegt, leichter fassen, als in jener anderen der Addition und Division, deren Abfolge in der Einleitung dargestellt wurde.

Ein Hauptpunkt auf dieser anderen Linie ist, daß die Grenzen zwischen den einzelnen Raumteilen sich verwischen: die Kuben der Schiffe, in die der Bau auseinanderfallen müßte, lassen sich nicht völlig scharf herausgreifen. Die Schiffe schwimmen ineinander über; der gleiche ungefestigte, zerfließende Eindruck beherrscht die früheste Gruppe flachgedeckter süddeutscher Bettelordenskirchen und die vorromanische Architektur. Die ganze Entwicklung des Romanischen scheint spurlos vorübergegangen: die Arkaden werden wieder weiter, es tritt also an Stelle der engen, in raschem Tempo aufeinanderfolgenden Arkadenstellungen romanischer Kirchen, bei denen das Verhältnis von Höhe und Breite der Öffnung meist 1 : 2 beträgt (HAMERSLEBEN; PAULINZELLE; St. Michael in HILDESHEIM), ein Maßverhältnis, das stets unter 2 bleibt und in einzelnen Fällen (REGENSBURG — Minoriten, WÜRZBURG — Minoriten) auf nahezu 1,5 sinkt[10]).

Diese weite Arkadenstellung war ein wesentliches Charakteristikum der spätkarolingischen Bauten gewesen und war von einer Richtung des Romanischen in den schwäbischen Gegenden auch im 11. und 12. Jahrhundert, bis ins 13. hinein, beibehalten worden —, wie es denn überhaupt scheinen will, als habe sich Schwaben nie recht vom Vorromanischen lösen können. Ganz klar wird dies z. B. in SCHAFFHAUSEN (um 1100), wo man trotz der Übernahme des Hirsauer Grundrisses sich doch nicht zu der engen Säulenstellung entschließen konnte, die der Orden sonst grundsätzlich durchgeführt hatte. Hatte die romanische Architektur durch die Stellung der Stützen den Zusammenschluß des einen Raumes betont, die völlige Absperrung der Seitenschiffe, das in sich beruhende Dasein eines jeden Raumteiles, so liegt es auf der Hand, daß durch die weiten Arkadenstellungen der Eindruck eines Ineinandergehens der Schiffe erzielt wird, eines Fluktuierens, weit entfernt von der ruhigen Geschlossenheit romanischer Innenräume — freilich auch nicht identisch mit dem Verbindenden eines hochgotischen Innenraumes. Die Grenzen, die in der Gotik verwischt, und zwar mit Bewußtsein verwischt sind, sind hier noch nicht klar durchdacht. Neben den verbindenden Momenten (Rundpfeiler, weite Arkaden) stehen stark trennende (rechtwinkliges Profil der Arkadenbögen). In diesem vorromanischen Raumtyp (NIEDERZELL z. B.) liegt als merkwürdiger Gegensatz über dem weiten luftigen Untergeschoß lastend die geschlossene Masse des Obergadens mit kleinen Fenstern. Verstärkt wird dieses Gefühl des Auseinanderfließens, des nicht klar Faßbaren, dann noch durch die ungewöhnliche Breite des Langhauses im Verhältnis zu seiner Länge und Höhe. — Die gleiche Haltung wie dieser vorromanische Raum zeigt der Raum der flachgedeckten Bettelordenskirchen, bedingt durch die Weite der Arkaden und die spannungslose Breite des Mittelschiffes. Die Verwendung des Rundpfeilers verstärkt diesen Eindruck des Verschwimmens.

Dabei läßt sich eine Entwicklung innerhalb der Bettelordensarchitektur insofern feststellen, als die Weite der Arkaden allmählich gemindert wird. Die Verwendung des Spitzbogens zwingt notwendig dazu — sein Wesen ist letzten Endes Zusammenfassung und nicht weite gestaltlose Öffnung —, sie muß in ihren Folgen notwendig zu neuen Ergebnissen führen. Sie bringt neue Spannung in den Raum hinein, führt, wenn sie zu Ende gedacht wird, zu einer Gestaltung des Wandaufrisses, der die Erfahrungen gotischen Raumdenkens zugrunde liegen müssen.

Es rührt dies an das eigentümliche Verhältnis von Form und Stil. Die Form kann an sich in jeden beliebigen Stil übertragen werden, und der Spitzbogen, der beispielsweise in den romanischen Bau als ein völlig fremdes Moment hineingesetzt wird, gibt ihm nicht ohne weiteres einen neuen Stilcharakter (Beispiele finden sich vor allem in den kleinen französischen Landkirchen aus der ersten Hälfte des 12. Jahrhunderts; in Deutschland wäre z. B. Memleben zu nennen). Es darf dabei aber nicht vergessen werden, daß jede Form aus einem bestimmten Stilempfinden heraus erzeugt worden ist und daß sie infolgedessen mit Energien des betreffenden Stils geladen ist. Diese können, wenn die Widerstände nicht zu stark sind, an dem andersgearteten „Gastbau" sich auswirken und mit der Zeit zu seiner Umbildung führen. Die Form ist gleichsam Bazillenträger. Der Spitzbogen, im romanischen Bau verwendet, raubt ihm einen Teil seiner Geschlossenheit, der in sich beruhenden Kraft, die durch die Form des Rundbogens mit erzeugt wurde.

Neben dem Weiterwerden der Arkadenöffnungen (der Romanik gegenüber) und der Breite des Mittelschiffes ist es von größter Bedeutung, daß in den flachgedeckten Bettelordenskirchen ursprünglich stets der Rundpfeiler, später auch der Achteckpfeiler verwendet wird. Der quadratische Pfeiler tritt nur in ganz wenigen Fällen auf: in KOBLENZ und in den bayrischen Kirchen. Die letzteren stehen dabei unter dem Einfluß der gesamten bayrischen Entwicklung, die stets den quadratischen Pfeiler dem Rundpfeiler vorgezogen hatte — von ST. EMMERAM (768) bis St. Peter in MÜNCHEN (1327) finden sich Ausnahmen nur in St. Jakob, im Dom und in den beiden Bettelordenskirchen von REGENSBURG[11]).

Das Wesentliche dieser Erscheinung liegt darin, daß, wie der quadratische Pfeiler durch seine stark betonte Vierseitigkeit die Einstellung senkrecht zur Pfeilerreihe notwendig macht, wie er als Fortsetzung der Wand nach unten, aus der die Arkaden nur ausgeschnitten erscheinen, die drei parallel laufenden Schiffe scharf voneinander trennt, der Rundpfeiler keine bestimmte Einstellung notwendig vorschreibt. Er steht rings umflutet vom Raume, man kann um ihn herumgehen, und das Seitenschiff steht nicht völlig abgeschlossen neben dem Mittelschiff, wie in romanischen Bauten. Er ist die vorromanische Stützenform.

Die Verwendung des Rundpfeilers in der Romanik und in der Renaissance spricht nicht dagegen, daß er eigentlich die der Frühstufe adäquate Form ist, dem totalen Stil nicht entspricht. Wird er in der Romanik in Verbindung mit dem quadratischen Pfeiler verwendet, wie im niedersächsischen Stützenwechsel, so spricht er weniger als der quadratische Pfeiler, der ja die Einteilung des Langhauses in die vierungsgleichen Quadrate betont, verschwindet neben den groß angelegten Eckpunkten. Wird er aber ausschließlich verwendet, wie im Hirsauer Schema (mit Ausnahme der letzten Stütze vor der Vierung), so ist die Erscheinung des Raumes als eines aus Raumkuben gebauten, die isoliert nebeneinanderstehen müßten, nicht rein erfaßt. Der Rundpfeiler ist hier Rudiment der unbestimmten Vorromanik, wie er, in der Renaissance auftretend, Restbestand der Frührenaissance ist.

Die Bettelorden ziehen die vorromanische Stützenform der romanischen vor. In gewissem Sinne kommen sie der neuen gotischen Raumauffassung damit entgegen. Freilich bringt der Rundpfeiler das Mittelschiff nicht in direkten Zusammenhang mit dem Seitenschiff. Gerade in seiner Rundheit liegt es, daß er auch wieder nicht energisch genug von einem Raum in den anderen weist. Es ist die gleiche Unbestimmtheit, das gleiche unscharfe Denken eines Teiles für sich, wie sie auch sonst, im Denken des ganzen Kubus eines Schiffes sich äußert. Die Diagonalansicht wird nicht erzwungen — das ist erst in den späteren Bauten der Fall, wo der achteckige Pfeiler an die Stelle des Rundpfeilers tritt. Hier kann kein Zweifel über die geforderte Einstellung mehr herrschen; der Raum gleitet an den Schrägflächen vorbei ins Seitenschiff —, der vorromanische, labile Rundpfeiler ist gotisch umgedeutet.

Denn natürlich sind diese Bauten weit entfernt davon, eigentlich vorromanische Räume zu sein. Ein vollkommenes Reproduzieren ist überhaupt in den seltensten Fällen möglich, im allgemeinen wird trotz der rückschauenden Grundtendenz in wesentlichen Punkten das Raumgefühl der Zeit durchbrechen.

Das Lastende der Obermauer, dieser stärkste Kontrast über den weiten, luftigen Arkaden vorromanischer Bauten, ist diesen Kirchen genommen. Wesentlich bestimmt wird der leichtere Eindruck durch die Gestaltung der Arkadenbögen, die nicht mehr, einfach rechtwinklig geformt, einen Schnitt durch die Mauerstärke geben, noch abgetreppt über der Deckplatte sich aufbauen; in den meisten Fällen zeigen sie ein ausgeprägtes Hohlkehlprofil. Hier, an den Arkadenbögen, ist der Punkt, wo die Stärke der Obermauer augenfällig wird. Wenn nun hier an Stelle des glatten Mauerdurchschnittes ein Profil tritt, das an seiner Unterseite schmäler wird, so entsteht im ganzen auch der Eindruck, als sei die Obermauer viel schwächer, als sie es in Wirklichkeit ist. Es kommt dazu das feine Spiel des Lichtes in diesen Hohlkehlen, das die Stärke der Mauer auflöst und die scharfe Fassung der Grenzen unmöglich macht. Es bedarf dann gar nicht des Wegfalls der Stützenkapitelle und des direkten Herauswachsens der Arkadenbogen aus den Rundpfeilern, das in ROTHENBURG, FREIBURG (Abbildung 22 und 5) und KOLMAR um 1300 erfolgt. Diese Abbreviatur läßt sich wieder in Zusammenhang bringen mit der Absicht der Bettelorden, alles nach Möglichkeit zu vereinfachen. Nur ist ihr Schicksal, daß sie stets zu einem anderen Ziel kommen, als zu dem beabsichtigten. Das Kapitell sollte schmucklos gebildet werden: so ergibt sich das Kelchkapitell, das, dem Dienst angeglichen, weniger als eigenes, wertbetontes Glied in Erscheinung tritt als das ornamentierte Kapitell der Gotik, bei dem der Ornamentschmuck den romanischen Gedanken der Hervorhebung der Kapitellzone als eines wesentlichen Punktes im Ablauf des Kräftesystems noch aufrecht erhält. Bezeichnenderweise bilden die Bettelorden den Kelch gern besonders niedrig und wenig ausladend (REGENSBURG — Minoriten, LIMBURG, PILSEN). So gliedert er sich dem Aufstreben des Schaftes mühelos ein, hemmt nicht den Auslauf der Stütze in den Bogen. Schließlich fällt das Glied ganz, das, wenn es nicht durch Schmuck betont wird (denn durch die Form kann es nicht mehr betont werden, wie das Würfelkapitell), sinnlos erscheint, und das mit Schmuck aus Puritanismus nicht aufgenommen werden soll, ohne daß man sich bewußt wäre, daß man auf dem Wege der Gotik, die anzunehmen man sich sträubt, weitergeht als die Gotik selbst. Wie man durch die Streichung des Querhauses erst die letzte Möglichkeit der Gotik erreichte, die Joche ungehemmt ablaufen zu lassen, so räumte man hier mit dem Kapitell das letzte Hindernis aus dem Wege, den die Kraftlinien jetzt ungehemmt durchschießen konnten. Die Bedeutung dieses Wegfalls des Kapitells ist für die Gestaltung und den

Ablauf des Kräftesystems ungleich wichtiger, als für die Erleichterung der Obermauer. Aber es ist klar, daß auch diese Veränderung der tragenden Glieder den Eindruck größerer Leichtigkeit bei ihr als dem Getragenen hervorrufen muß. Sie scheint nicht mehr getragen, sie schwebt über der Stützenreihe, und damit ist auch die Gestaltung des Raumes wesentlich verändert.

Neben der Absicht auf Vereinfachung spielt auch bei der Streichung des Kapitells, so seltsam es klingen mag, die Absicht auf Profanierung mit. Sie innerlich zu begründen ist schwer. Rein historisch kann kaum ein Zweifel aufkommen, wenn man sich klar macht, wo, abgesehen von den Bettelordenskirchen, der Kapitellwegfall zuerst in Erscheinung tritt: das erste mir überhaupt bekannte Beispiel findet sich in KLOSTER HEILSBRONN, in einem kleinen quadratischen Raum neben dem Refektorium (als Küche bezeichnet), wo die Rippen des achtteiligen kuppeligen Gewölbes (die Konstruktion und der große Schlußring weisen nach Westfalen) ohne Kapitell in den Dienst verlaufen. Die Datierung auf ungefähr 1240 ist im Zusammenhang mit den Formen des Refektoriums und des Portals kaum anzuzweifeln. Ein anderes Beispiel (1240 oder 1297)[12]) in sehr bezeichnender Gestaltung bietet das Rathaus von DORTMUND: hier handelt es sich nicht um die Verschleifung von Arkaden und Stützen, sondern um die Vernachlässigung des Kapitells bei den Stützen der Unterzugsbalken der Decke: die achteckigen Holzpfeiler sind nach oben und unten einfach ins Quadrat übergeführt — auf Kapitell und Basis zugunsten einer primitiveren und lässigeren Form verzichtet. Den Gedanken von Heilsbronn, das Verlaufen der Gewölbeglieder im Schaft, bringt dann wieder der Rittersaal in MARBURG (1280). — Das frühe Auftreten des Motivs in Profanbauten ist evident. In der kirchlichen Architektur taucht es (immer von den Bettelordenskirchen abgesehen) ernsthaft — d. h. an den Arkaden- und Gewölbestützen — kaum vor 1300 auf — eines der ersten Beispiele ist die Nordostkapelle des Mainzer Doms (1296); heimisch wird es hier kaum vor der Mitte des 14. Jahrhunderts, wo SOEST, ST. SEBALD, die Südostjoche von ST. LORENZ es voll aufgreifen. Vorher ist es in der „hohen" Architektur nur an untergeordneten Stellen üblich, bei Fensterpfosten (Angleichung an das Durchlaufen des Stabes bei Fenstern mit abgefastem Profil), in Triforien und Wandblenden (STRASSBURG — Fassade, REGENSBURG, REUTLINGEN). Es ist offensichtlich, daß es ursprünglich nicht für voll galt, als Laxheit, als Verstoß gegen die gute Regel gewertet wurde, den man im Profanbau eben noch dulden könne, im feierlichen Sakralbau aber eigentlich nicht sich gestatten dürfe. Daß die Bettelorden gerade dies Motiv sofort aufnehmen, bewußt dem Profanbau sich nähern, ist bezeichnend.

Mit dem Wegfall des Kapitells wie mit dem Hohlkehlprofil wird an das Verhältnis der Bettelorden zum gotischen Stil gerührt. Es sei an dieser Stelle am Beispiel des Hohlkehlprofils angedeutet, genauer soll im folgenden Kapitel darauf eingegangen werden.

Die Bettelorden greifen hier eine Form auf, deren Keim offenbar in französischen Landkirchen ausgebildet worden ist. Dort hatte man das alte romanische Profil dadurch zu gotisieren versucht, daß man seine Kanten abfaste, an Stelle der romanischen Teilung also das Übergleitende der Gotik setzte (Beispiele bei *Mäkelt, Mittelalterl. Landkirchen a. d. Entstehungsgeb. d. Gotik, Wasmuth* 1906: *Vorges. E.* 12, *St. Gervais de Pontpoint um* 1200). Wesentlich bleibt dabei aber, daß dort stets die Zweiteilung des Arkadenbogens in den eigentlichen Bogen und in den Unterzug beibehalten wird, so daß also das romanische Zusammensetzen aus einzelnen Teilen noch durchbricht. — Schon damit, daß die Bettelordenskirchen statt dessen das einfache, nicht zusammengesetzte Profil wählen (vielleicht unter dem Einfluß der abgefasten Rippen, wie sie u. a. an den frühesten gotischen Teilen des STRASSBURGER Münsters, der Johanniskapelle, und übrigens auch in der genannten „Küche“ in HEILSBRONN auftauchen), gehen sie über die Vorbilder hinaus, nähern sich der Gotik, die stets auf Zusammenziehung bedacht ist. Der größere Fortschritt liegt aber darin, daß sie von der bloßen Fasung zur Kehlung der Seiten übergehen. Das abgekantete Profil erscheint zu starr, zu wenig elastisch. Das hohlgekehlte federt, der Raum stößt nicht hart dagegen, er gleitet ab.

Es mag auch diese Hohlkehlung des Arkadenbogens von außen herzugetragen sein: spätromanische Bauten — MAGDEBURG — Chorumgang, NAUMBURG — Ostlettner — kehlen gerne die Kante des Bogens aus, und eine der frühesten Bettelordenskirchen, die Franziskanerkirche in WÜRZBURG, übernimmt das Motiv wörtlich. Gegenüber der späteren Form bleibt ein wesentlicher Unterschied: die romanische Kehle ist zum ersten nur klein und dafür tief in die Kante gegraben, im Halbkreis oder noch stärkerer Krümmung des Durchschnitts. Sie bleibt abgesondert auf dem rechtwinkligen Scheidbogen. Zum anderen aber läuft sie niemals bis zur Kämpferplatte, stets bricht sie vorher ab, und ein knollenartiges oder blattähnliches Gebilde übernimmt die Vermittlung zum rechtwinkligen Scheidbogenprofil, das dann erst auf der Kämpferplatte aufsetzt. Die spätromanische Kehle ist nur Ziermotiv, sie gestaltet nicht das ganze Profil um, wie die gotische das tut, die jetzt erst den Scheidbogen zusammenzieht, etwas völlig Neues aus ihm macht. Es ist ein charakteristischer Zug der Bettelordensarchitektur: sie übernimmt alte Formen (das abgefaste Profil an Stelle des gegliederten der Hochgotik) und bildet sie in einem Sinne um, der, gotisch bedingt, doch über die Gotik hinausgeht.

Denn hier wird es zum anderen Male augenfällig, wie beim Wegfall des Kapitells: der hohlgekehlte Scheidbogen ist eine spätgotische Form. Die Entwicklung innerhalb der Gotik läuft so, daß die Vermehrung der Glieder eines Profils notwendig eine Verunklärung der trennenden Kehlen nach sich zog: je dichter die erhabenen Teile, die Birnstäbe, wegen der Vermehrung ihrer Zahl nebeneinander stehen würden, desto weniger scharf werden die Kehlen herausgearbeitet; sie flachen ab, die Birnstäbe selbst treten zurück, an Stelle des kräftigen Vor- und Zurückspringens tritt ein leicht schwingendes Ineinanderfließen, und die letzte Stufe bildet dann das Hohlkehlprofil[13]). Hier münden die beiden Ströme zusammen. Die Bettelorden kommen, gerade weil sie das reich gegliederte, allzu kräftige Profil der Hochgotik ablehnen und auf die rückständigere Form zurückgreifen, die sie doch gotisch umdeuten müssen, zu den letzten Resultaten der Gotik. Denn die Ablehnung der hohen Gotik bei den Bettelorden resultiert nicht allein aus dem Armutsgedanken: es ist charakteristisch, daß sie die gotische Form nicht durch Reduktion vereinfachen (so daß beispielsweise an Stelle eines Scheidbogenprofils aus 5 Birnstäben ein solches aus dreien träte), sondern daß ein ganz anderer Gedanke entscheidend wird: sie haben eine offenbare Abneigung gegen alles, was aufreißt, was starkes Relief hat. Der hohlgekehlte Scheidbogen fügt sich entschieden dem geschlossenen Charakter der Wand, der ihnen eigen ist, ein, stört ihn nicht, wie das ein stark reliefiertes Profil tun müßte, und erleichtert doch die Obermauer. Der Raum wird geschlossen, und doch ist es nicht der harte Abschluß romanischer Räume, es ist hier ein Hinübergleiten möglich an den feinen Übergängen eines solchen Profils. Die Auswertung dieser Vorteile ist freilich in den flachgedeckten Basiliken, in denen vorromanisches Raumdenken herrscht, noch nicht möglich.

★

Es ist aber diese vorromanische Raumauffassung nicht in der ganzen Reihe der flachgedeckten Bettelordenskirchen herrschend. Neben der mit KONSTANZ — ESSLINGEN — REGENSBURG festzulegenden Richtung, die an dem vorromanischen Habitus des Baues festhält, setzt sich mit WÜRZBURG[14]) ein Raum durch, der ganz neue Bahnen einschlägt. Das Verhältnis der Schiffe untereinander ist verändert. Im Gegensatz zu der hohen Obermauer, die in den Bettelordenskirchen der ersten Richtung über den niedrigen Arkaden liegt, wächst hier die Reihe der Arkaden hoch auf, die Obermauer ist ganz niedrig gehalten, und die nahezu gleiche Höhe von Mittelschiff und Seitenschiffen ruft den Eindruck hervor, als sei jenes aus diesen herausgewachsen, nicht zwischen sie eingeschoben, wie sonst im basilikalen Schema. Die Basilika nähert sich hier entschieden dem Eindruck der Halle (Abbildung 20).

WÜRZBURG vermag alle Vorteile dieser niedrigen Bildung des Obergadens noch nicht auszunützen. Die Pfeiler sind noch zu plump gebildet, die Auskehlung der Scheidbogen ist noch zu wenig entschieden, zu spätromanisch, bloßes Dekorationsmotiv, das die frontale Haltung des Profils nicht stört. Die anklingende Absicht erfüllt sich erst um die Jahrhundertwende in der Gruppe der südwestdeutschen, um FREIBURG sich scharenden Bauten (Abbildung 5).

Bezeichnend für das Wesen des Raumes in dieser Gruppe ist die vollkommene Leichtigkeit der Stützen, die riesigen Öffnungen, das Gewichtlose der Obermauer mit kleinen Fenstern — häufig Okulis —, die Zusammengehörigkeit von Mittelschiff und Seitenschiffen. Hier wird es deutlich, daß der Gedanke der Hallenkirche mitgespielt hat, der Wunsch, über die Form der Basilika, die in der notwendigen scharfen Trennung der drei Schiffe den zusammenfassenden Tendenzen nicht mehr entsprach, hinauszukommen. Das neue, aus der Gotik erwachsende Raumempfinden ist über das vorromanische, das die ältere Gruppe noch beherrschte, mächtig geworden. Die drei Schiffe wirken treppenförmig als zusammengehöriger Raum — ohne daß das Ziel doch völlig erreicht wäre. Die Flachdecke widerspricht im letzten Grunde diesem Charakter. Zusammengehörigkeit im eigentlichen Sinne fordert Bindung und nicht das lockere Nebeneinander von vier parallel laufenden Wänden, die im Grunde nichts miteinander zu tun haben. Die Flachdecke, das offene Sparrendach, vermögen diese Bindung nicht zu geben. Hierin haftet dem Typ von FREIBURG noch Vorromanisches an, hier ist er ungotisch. Aber freilich hat das Vorromanische seine Schwere so vollkommen verloren, daß die Architektur mehr hölzern als steinern wirkt.

Dies Wort von der hölzernen Architektur mag auch im Punkt der eigentlichen Herkunft dieser Gruppe — unbeschadet ihrer i n n e r e n Verwandtschaft mit der Hallenkirche — den richtigen Weg weisen. Auf Bildern des italienischen Trecento finden sich gelegentlich solche Kirchen mit ausnehmend hohen Seitenschiffen, die wie aus Holz gebaut erscheinen[15]). Dieses hölzerne Aussehen soll nur als Analogie Geltung haben. Die Tatsache aber, daß man offenbar dem hohen Seitenschiff mit möglichst weiten Jochen in Italien den Vorzug gab, läßt sich auch an den ausgeführten Bauten nachweisen. San Francesco in GUBBIO (1292 vollendet) oder Sa. Croce in FLORENZ (1294 begonnen) sind ebenso weit und luftig, mit hohen Arkaden, die Räume ineinander übergehend. Einzelne der deutschen Bauten greifen auch zu dem spezifisch italienischen Rundfenster, um dem schmalen Obergaden Licht zuzuführen. In diesem Punkte hat offenbar Italien — ob nur die Ordensarchitektur selbst? — entscheidend in die cisalpine Entwicklung eingegriffen. Im ganzen 14. Jahrhundert bildet Italien seine Kirchen — ob gewölbt oder flachgedeckt — mit diesen weiten, hohen Arkaden und dünnen Stützen, die reiche Durchblicke gewähren, vom Raum umspült werden, und so in merkwürdigem Gegensatz stehen zu anderen Raumteilen, die noch nichts von ihrer romanischen Gebundenheit eingebüßt haben.

Schließt sich an das Langhaus einer solchen Kirche vom Freiburger Typ ein Chor mit Rippengewölben auf Diensten, mit weit aufgerissenen Fenstern, mit der starken Brechung der Polygonseiten, die Kraftströme nach allen Seiten entsenden, so stimmt das, trotz der Zäsur des tief hereinhängenden Triumphbogens, zu der lockeren, aufgelösten Behandlung des Langhauses. Die Höhe der Arkaden, ihre Weite, welche die Schiffe miteinander verbindet, das Profil der Scheidbogen, die Niedrigkeit des Obergadens, hat den alten vorromanischen Raum der frühen Gruppe der Bettelordenskirchen so umgestaltet, daß die beiden Teile, aus denen der Bau besteht, doch als unbedingt zusammengehörig betrachtet werden müssen.

Bei der älteren Gruppe freilich liegt der Fall anders. Hier würde dem Langhaus mit weiten Arkaden, hoher Oberwand, nicht axial stehenden Fenstern, ein aufgelöster gotischer Chor schroff sich entgegenstellen. Nun ist freilich die Forschung dadurch sehr erschwert, daß von den früheren Bauten dieser eigentlich basilikalen Gruppe nur noch KONSTANZ (Abbildung 3) seinen alten Chor besitzt — platt geschlossen — und daß gerade KONSTANZ in wesentlichen Punkten in der Behandlung des Langhauses von den übrigen Bauten der Gruppe abweicht. In den sämtlichen anderen Kirchen dieser älteren Reihe ist der Chor ein Zu- oder Neubau des frühen 14. Jahrhunderts. So wird man gerade in diesem Punkt nur mit Vorsicht urteilen können.

Natürlich ist es höchst charakteristisch, wenn die Bettelorden bei ihren Bauten so vorgehen, daß zuerst das Langhaus in Angriff genommen wird und erst später der Chor. Bei den älteren Orden, bei Pfarr- und Kathedralkirchen ist der Bauvorgang von Osten nach Westen die Regel. Die Wertbetontheit der Bauteile des kirchlichen Gebäudes hat sich verschoben. Kam es der Kirche früher darauf an, zuerst den Standort des Hauptaltars fertig zu haben, den Ort, an dem das Meßopfer sich vollzieht und von dem aus der Grund wie der werdende Bau Weihe und Segen empfängt, so lag den Bettelorden alles daran, das Langhaus unter Dach zu bringen, wo das Volk sich zur Predigt versammelt. Für die Abhaltung der Messe mochte einstweilen der Laienaltar im Langhaus genügen.

Die älteste Einstellung der Orden zum Kirchenbau ist das nicht. Von der Zeit des Hl. Franz abgesehen, der den Erwerb eigener Kirchen überhaupt verboten hatte, ist die ältere Forderung der Brüder, ein kleines „oratorium" zu haben, eine Kapelle also, in der die mönchischen Offizien abgehalten und die Messe gelesen werden kann. Das Volk mochte vor der Kapelle sich versammeln, die Messe hören und darnach wurde ihm unter freiem Himmel gepredigt. So ist es 1220/30 in Schwäbisch-Gmünd, 1246 in Neu-Ruppin. Um 1240 aber setzt der Bau großer Kirchen ein, und hier wird dann gern mit dem Langhaus begonnen. Regensburg und Eßlingen bieten in ihren Franziskanerkirchen Beispiele.

Der platte Schluß des Chores in KONSTANZ steht nicht allein da. Es ist wertvoll, daß WÜRZBURG ihn gleichfalls verwendet, der älteste Bau der zweiten Gruppe der flachgedeckten Basiliken. Freilich besteht ein Unterschied zwischen beiden darin, daß WÜRZBURG den Chor wölbt, KONSTANZ ihn flach deckt. Man könnte indes beinahe sagen, daß die Wölbung in WÜRZBURG mehr zufälliger Natur ist — nicht mit absoluter Notwendigkeit gefordert. Denn so sehr der polygonale Chor seinem innersten Wesen nach gewölbt sein muß (die Tatsache, daß es flachgedeckte polygonale Chöre gibt, ist kein Gegenbeweis), damit die Brechung der Seiten, die vielfachen Ecken auch in der Decke ihren Ausdruck finden, damit die scharfen Kanten nicht parallel ins Unendliche hinaufschießen, sondern in einem Mittelpunkt sich finden und so die Verbindung herstellen, nach der sie gesucht haben — so sehr dies alles dem polygonalen Chor notwendig ist, so wenig liegt es im Wesen des platt geschlossenen Chors. Der platte Chorschluß ist Beruhigung, ist Zusammenhalt, und dieser Beruhigung entspricht im Grunde die Rippenwölbung gar nicht, die stets aufreißen, Unruhe verbreiten will. Auch der Abschluß bereitet Verlegenheit. Letzten Endes wirkt er doch zufällig — warum gerade hier, warum nicht ein Joch vorher oder nachher? — während der polygonale Chorschluß zwar nicht die Länge des Chors notwendig bestimmt, aber der einmal angenommenen Länge einen energischen Abschluß gibt.

Die Gründe für die Bevorzugung des platten Schlusses sind bei der Basilika die gleichen wie beim Saalbau. Die Geschlossenheit des Raumes soll gewahrt werden. Es ergibt sich aus dieser Neigung aber noch eine weitere Folgerung.

Es fällt auf, daß sämtliche Bettelordenskirchen, wenn sie den polygonalen Chorschluß verwenden, stets dem Schluß in fünf Seiten des Achtecks den Vorzug geben. Dabei war im allgemeinen im 13. Jahrhundert der $^{7}/_{12}$-Schluß in Deutschland noch weit mehr in Gebrauch. Ihm schließt sich nur eine kleine Gruppe von rheinischen Bettelordenskirchen an, von ziemlich frühen Bauten. Die übrigen greifen von Anfang an zum $^{5}/_{8}$-Schluß, angeregt vielleicht durch die Kapellen der großen französischen Kathedralen.

Es ist klar, welche Veränderung im Gewölbe es hervorruft, wenn statt sechs acht Rippen im Chorschluß zusammentreffen, wie sehr der Eindruck des Unruhigen und Zerrissenen dadurch gesteigert wird, wie sehr verschieden es ist, ob drei oder fünf Fenster gegen die Längsachse sich öffnen, wie sehr viel mehr fünf Fenster die Wand aufreißen, welche Fülle von Licht sie hereinlassen. Die Verminderung der Chordienste im Innern, der Strebepfeiler am Äußeren liegt auf der gleichen Linie. Von hier aus bekommt die pedantisch anmutende Feststellung ihren Sinn.

Denn es äußert sich in dieser Verminderung der Seitenzahl deutlich die Absicht, dem polygonalen Chorschluß, wenn man ihn denn schon einmal verwendet — und der gewölbte Chor kann ihn aus den oben angeführten Gründen nicht entbehren — nach Möglichkeit den Eindruck des Aufreißenden, Beunruhigenden zu nehmen. Gerade das, was eigentlichste Absicht der Gotik war, den Innenraum mit dem Außenraum in Verbindung zu setzen, ist hier aufgegeben. Es fügt sich diese Milderung der Auflösung im Chorschluß durchaus den Erscheinungen ein, die das folgende Kapitel behandeln soll.

★

3. DIE GEWÖLBTE BASILIKA

Die Dominikanerkirche in REGENSBURG (Abbildung 6, 24, 25) repräsentiert den Typus einer gewölbten Basilika der Bettelorden. Als Grundzug ihrer Gestaltung fällt die geschlossene Einheit des Raumes auf. In ununterbrochenem Ablauf folgt Joch auf Joch bis zum Chorschluß. Die Wände lösen sich nicht, wie in hochgotischen Bauten, auf, um den Innenraum mit dem Außenraum zu verbinden und, gleichsam ein lichtes Eisengerüst, im Raum zu stehen; sie umschließen leicht, wie elastisch, das Innere des Baues. Kein geheimnisvoller Wechsel von Licht und Schatten, die Pfeiler nicht aus einer Vielheit von Diensten zusammengesetzt, die Glieder einfach gebildet, ihren Reiz nicht im mannigfaltig Verschiedenen suchend. Der Raum gleitet an den Flächen des Achteckpfeilers, am wenig gekehlten Profil der Arkadenbögen ab, vermag nicht in ihre Masse einzudringen. Die Decke wird durch die schwachen Rippen nur wenig belebt. Es ist etwas Neues, etwas grundsätzlich Anderes, als das, was wir unter Gotik uns vorzustellen gewohnt sind.

Erst innerhalb der Entwicklung der gesamten mittelalterlichen Baukunst, wie die Einleitung sie im Anschluß an *Frankl* zu skizzieren versuchte, wird die Stellung verständlich, die die gewölbten Basiliken der Bettelorden einnehmen. Die überragende Bedeutung, welche die Gestaltung von Vierung und Querhaus einerseits und andererseits ihr Wegfall für die Haltung des Baues notwendig hat, muß daraus klar geworden sein. Auszuwerten waren die Vorteile, die dieser vorromanische Baugedanke in seiner weiteren Ausbildung bieten konnte, erst im Gewölbebau. In den flachgedeckten Basiliken steht der vorromanischen Grundhaltung nur eine kleinste Anzahl von Formen gegenüber, die auf das Spätgotische zielen. Das Vorromanische überwiegt bei weitem. Erst in den gewölbten Basiliken kann der Triumphbogen, der den Raum stets auseinandergerissen hatte, weggelassen werden. Erst hier können die Joche in unaufhaltsamer Abfolge dem Chorpolygon zueilen, den Raum so zusammenbinden, — die ungegliederte Oberwand über den Arkaden flachgedeckter Kirchen nimmt die Möglichkeit, den Zug eines Raumes entscheidend verspüren zu lassen. Erst hier gibt das Gewölbe die Mittel, die beiden Hochwände zusammenzusehen und sich endgültig von vorromanischen Gedanken zu lösen.

Der Wegfall des Querhauses, in den flachgedeckten Bauten aus einer retrospektiven Einstellung in Verbindung mit liturgischen Forderungen geboren, schafft neue Möglichkeiten für die gewölbten Bauten. Das rückständige Motiv bekommt veränderte Bedeutung und fügt sich jetzt an anderer Stelle dem Ablauf der Entwicklung ein, die, zur Spätgotik zielend, um die restlose Verschmelzung des Raumes zur Einheit, um die Ausschaltung der letzten Romanismen, die der Gotik noch anhafteten, vor allem durch die Streichung des Querhauses, sich bemüht.

Es ist ein eigentümliches Schauspiel, wie die Architektur der Bettelorden gerade durch ihre Sehnsucht nach dem Unmodernen, also dem Nichtgotischen, zu Resultaten geführt wird, die viel gotischer sind, als die hohe französische Gotik: aus der Ablehnung des vielgliedrigen hochgotischen Profils, das eben in seiner Vielgliedrigkeit letzte Romanismen enthält, erwächst das Hohlkehlprofil des Scheidebogens, das die überleitenden, vermittelnden Tendenzen der Gotik erst völlig erfüllt, viel mehr als es das Birnstabprofil gekonnt hatte. Und doch war die Absicht offenbar gewesen, etwas Einfacheres und Altertümlicheres zu schaffen, als die moderne Gotik es bot. Ebenso ergeht es den Bettelorden jetzt mit ihrer Raumgestaltung. Ihr Ideal ist der vorromanische Raum, ohne Querhaus, mit ungegliederten Wänden, weiter Arkadenstellung. Alle Teile fließen auseinander, die Absicht der Verschmelzung des ganzen Raumes, der Zusammenziehung ist nirgends wahrnehmbar. Die leichtere Bildung der Hochwand will wenig besagen gegenüber dem vielen Ungotischen, das in diesen Bauten noch enthalten ist. In dem Augenblick aber, in dem der Raum vom Gewölbe ergriffen wird, ist es gerade das altertümliche Fehlen des Querhauses und die ungegliederte Oberwand, die den gotischen Tendenzen in ihrer letzten Absicht so stark entgegenkommen, daß das Resultat gotischer ist als jede gleichzeitige hochgotische Kirche. Der Raum ist nicht aufgeteilt in Kompartimente, er kann als Ganzes vom Gewölbe ergriffen und umgebildet werden. Es fehlt den Bettelorden die — auch der Gotik noch anhaftende — Gewöhnung, das Mittelschiff als ein Vielfaches der Vierung anzusehen. Ihr Wegfall und damit das Fehlen des einteilenden Prinzips, das ihr innewohnt, ermöglicht es, den ganzen Raum einfach als Rohmaterial zu fassen, das in einem ganz anderen Grade verarbeitet werden kann, als das schon vorbereitete Material des durch die Romanik gegangenen hochgotischen Raumes. Dieser neue Raum kann als Einheit genommen werden, es ist nicht denknotwendig, ihn als aus Teilen zusammengesetzt zu empfinden. Das ganze Schiff wird gewölbt, nicht die einzelnen Joche, — darin liegt das Neue, das durch die Veränderung des Substrats — des vorromanischen an Stelle des romanischen Raumes — möglich geworden war. Das Beispiel der Ostseekirchen zeigt, wieviel schwieriger es war, vom hochgotischen Raum aus zu einem gleichen Resultat zu kommen. Das Querhaus kommt, selbst wenn die Vierung wegfällt, in verkappter Form — so daß z. B. seine Öffnung durch einen Pfeiler verstellt wird — immer wieder zum Vorschein. Zum mindesten wird es, besonders auffällig in DOBERAN und St. Katharinen zu LÜBECK in der Änderung der Pfeilerhöhe, die hier vom basilikalen Aufbau zum hallenmäßigen übergeht, gegenüber dem Langhaus fühlbar[16]).

Die Umsetzung des Typus der flachgedeckten Basiliken der Bettelorden, der auf den ungefestigten Raum der Vorromanik zurückgeht, in den Raum der gewölbten Basiliken, der die Spätgotik vorbereitet, wird in einer frühen Gruppe ihrer Basiliken, vertreten durch die Dominikanerkirchen in ESSLINGEN (Abbildung 7) und STRASSBURG, deutlich. Hier sitzen die Gewölbe auf abgekragten kurzen Diensten über den Rundpfeilern der Arkaden, so daß man das Gefühl hat, als stünden sie haltlos über der Arkadenreihe. Denn da die Verbindung zwischen dem Gewölbe und den Arkadenstützen fehlt, so empfindet man deutlich eine Diskrepanz zwischen der Gliederung der Decke und Obermauer und der Arkadenreihe, die locker und ungefestigt der strengen Bindung gegenübersteht. Man könnte diese Gruppe als „flachgedeckte Basiliken mit Gewölben“ bezeichnen. Der Ausdruck, wenngleich paradox, trifft insofern das Richtige, als das Gewölbe tatsächlich aufgesetzt erscheint, nicht organisch aus der Stützenreihe herausgewachsen. Die Richtung hält sich verhältnismäßig lange, sie taucht noch in der Predigerkirche in ERFURT, unter Veränderung des Formenapparats auf. Es sieht in diesen Bauten aus, als sei das Gewölbe vom Chor aus, wo es heimisch war, nach vorn gewuchert. Es empfängt seinen Halt und seine Festigkeit nur dadurch, daß das Gewölbe des Chors auf Diensten sitzt, die bis zum Boden laufen, in sich selbst beruhen und auch dem Gewölbe des Langhauses, wie einem Ausläufer, noch Stütze sein können. Dabei muß notwendig der Triumphbogen beiseite geschoben werden, der in den flachgedeckten Kirchen Chor und Langhaus scheidet; ein trennendes Glied zwischen den Gewölben hier und dort würde die ungefestigten Gewölbe des Langhauses ihrer Stütze berauben. Damit aber wird ein wesentliches Mittel für die Zusammenziehung des Schiffes zum „Einraum" geschaffen.

Die Abneigung gegen den Triumphbogen erhält sich im Laufe der gesamten Entwicklung der Bettelordenskirchen. Sie geht so weit, daß am Beginn des Chors noch nicht einmal ein stärker betonter Quergurt eingezogen wird (ausgenommen eine Gruppe französisch beeinflußter Bauten, vor allem die KÖLNER Minoritenkirche). Sie bleibt in der Folge auch bei denjenigen Bauten, bei denen das Gewölbe auch des Langhauses Verbindung mit der Stützenreihe und also mit dem Erdboden gefunden hat. Die Reihe der Joche will schnell und hemmungslos ablaufen, es darf keinen Absatz, keine Stockung geben. Jedes hemmende Glied am Chorbeginn müßte als Rudiment verstanden werden, als ein Rückstand der Vierung, die im romanischen und im romanisierenden hochgotischen Bau verriegelnd dem Ablauf des Langhauses entgegengetreten war. Es war ursprünglich die Aufgabe des Triumphbogens, in Verbindung mit einem zweiten korrespondierenden Bogen deutlich die Richtung des Querhauses, lotrecht zum Langhaus, herauszuheben. Hier, in diesem Raum, der auf Verschmelzung sich einzustellen bestrebt ist, muß er jeden Sinnes entbehren.

Es muß sich, nachdem das Gewölbe aus dem Chor nach vorn gedrungen ist, darum handeln, ihm den nötigen Rückhalt und'damit dem ganzen Bau Festigkeit zu geben, indem man Gewölbe und Arkadenreihe miteinander verbindet. Der Weg geht von der „flachgedeckten Basilika mit Gewölben" zu der gewölbten Basilika. Auf ESSLINGEN folgt die Dominikanerkirche in REGENSBURG (Abbildung 6). Der Bau wird zusammengebunden zu einer restlosen Einheit, das Langhaus verliert das Fluktuierende, das ihm in allen flachgedeckten Basiliken eigen gewesen war, und das auch in der frühen Gruppe der gewölbten Basiliken noch nicht ganz verschwunden ist. Die Vorbedingungen zur Verschmelzung des Raumes zur Einheit waren mit dem Wegfall des Querhauses und der Streichung des Triumphbogens gegeben. Zur Erreichung des Ziels aber bedurfte es der Bindung durch die Abfolge schmalrechteckiger Joche und ihr aus der Hochgotik stammendes Dienstsystem. Die Arkadenstütze, rund, oder, wie in Regensburg, achteckig, wird von vier Diensten begleitet, deren vorderster zum Gewölbe aufsteigt und die ganze Wand so als Einheit empfinden läßt. Dabei ist es wesentlich, daß die Bettelordenskirchen im allgemeinen den ununterbrochen hochlaufenden Dienst verwenden (auch hier der restlosen Zusammenziehung des ganzen Aufrisses sich zuwendend), das Motiv, das Frankreich erst spät — Köln ist das erste Beispiel — ausgebildet hatte (und daß gerade die ausgesprochen französisch beeinflußte KÖLNER Minoritenkirche erst über einem Kapitell, das dem des Hauptpfeilers bündig ist, den eigentlichen Gewölbedienst aufsitzen läßt). Das Gewölbe erfüllt den gleichen Dienst am Bau, den Jahrhunderte vorher die Vierung durch ihre Selbstmultiplikation dem vorromanischen Bau geleistet hatte: hatte die Vierung den Bau gezwungen, von der beziehungslosen Zusammenstellung einzelner Teile zur wechselseitig bedingten Zusammensetzung überzugehen, so ermöglicht es jetzt das Gewölbe, die Zusammensetzung aufzugeben und den ganzen Raum als Einheit zu fassen.

Wenn die Bettelorden so außerordentlich früh sich entschließen, die trennende Linie zwischen Diensten und Gewölbe durch Entwertung des Kämpfers wegfallen zu lassen, wie schon zu Beginn des 14. Jahrhunderts in ULM (Dominikanerkirche), so liegt das auf der gleichen Linie. Der Raum soll in der Vertikalen möglichst restlos zusammengerissen werden. Die der Gotik von Anfang an innewohnenden, nur durch das Erbe der Romanik in der Auswirkung gehemmten Tendenzen erfüllen sich. Die romanische Betonung des Kapitells als des tragenden und trennenden Gliedes hatte die Gotik aufgegeben. Die Block- und Würfelform wandelt sich zum Kelch, der widerstandsloser dem Charakter der Stütze sich anpaßt, auf der er ruht. Immer aber war er noch schmuckbetont, wenn auch an Stelle des ausgesprochen tragenden Schmuckes der breitlagernden romanischen Ranken oder Tiere die leicht aufgesetzten Blätter oder die hochstrebenden Knospen treten, die den Übergang von der Stütze zum gestützten Glied vermitteln. Die notwendig geforderte Konsequenz, das Kapitell ganz abzustoßen, hat die Hochgotik nie gezogen. Die Bettelorden neigen von Anfang an dazu.

Schon KÖLN (Minoritenkirche) spaltet das Kapitell, der Zahl der Gewölbeglieder entsprechend, in fünf einzelne Knospen auf (1265/70), so daß jedes Glied gleichsam von einem Teilkapitell aufgefangen wird (Abbildung 34). Der kämpferlose Ansatz der Scheidbogen über den Arkadenpfeilern fördert als analoger Fall die Durchführung des völligen Wegfalls auch in der Kämpferzone der Decke; von der Seite des Körperlichen, der Glieder gesehen, hat der Wegfall des Kapitells hier und dort gleichen Sinn: die einzelnen Teile sollen verschleift werden, sich nicht als Gesondertes herausheben. Im Zusammenhang des Raumes gewinnt das Motiv, am Gewölbeansatz verwendet, neue Bedeutung: der Raum wird zusammengebunden — Decke und Wände, wie die Wand von oben bis unten, bilden eine unauflösliche Einheit.

Für die Verschmelzung des ganzen Langhauses gewinnt die Verwendung des queroblongen Joches überragende Bedeutung. Die Bettelorden verwenden es grundsätzlich von Anfang an in allen ihren Kirchen. Nirgends spricht sich ihre durchaus aromanische Einstellung stärker aus. Die Vierung, notwendig quadratisch, hatte das Gebäude in eine Reihe von quadratischen, d. h. relativ selbständigen Teilen aufgelöst. Das quadratische Joch beruht in sich, hat seinen eigenen Mittelpunkt; es ist die der Romanik als einem Totalitätsstil adäquate Form. Seine Verwendung in der Gotik noch im 13. Jahrhundert (BOURGES) spricht nicht dagegen, beweist nur von neuem, wie stark das romanische Erbe der Gotik war. Das rechteckige Joch, das die Gotik dann schafft, verlangt Ergänzung durch ein nächstes und dieses wieder durch ein nächstes, und das Ziel ist notwendig, daß der ganze Raum als zusammengehörige Abfolge von rechteckigen Jochen begriffen werde.

Es paßt dazu — oder eigentlich ergibt es sich mit Notwendigkeit, daß Rippen und Gurten jetzt grundsätzlich gleich gebildet werden Die stärkere Bildung des Quergurtes, in hochgotischen Bauten die Regel, ist romanisches Rudiment. Die Abgrenzung des einzelnen Joches wird durch ihn immer noch betont, es ist immer noch ein Aneinanderreihen von vielen gleichartigen Teilen, wenn die Betonung ihres Individualcharakters auch nicht mehr ganz so stark in Erscheinung tritt, als dies bei der Teilung des romanischen Gewölbes durch starke, sehr breite Gurten und nahezu unbetonte Diagonalgrate der Fall ist. Das Auftreten der Rippe und die damit im Zusammenhang stehende Verschmälerung und Anähnelung des Gurtes an sie hatte dem Gewölbe viel von dieser starken Kompartimententrennung genommen. Die Quergurtbetonung hält sich trotzdem als Rudiment. Indes drängt alles auf seine Ausmerzung hin. Je schmäler die Joche werden, je mehr die Vierung durch ihre Verdunkelung an Bedeutung verliert, desto mehr macht sich auch der Wunsch geltend, den Ablauf der Joche als immer ungehemmter, immer schneller, empfinden zu lassen. Der Ruck, den es an jedem neuen Joch gibt, muß stören. Ein Raum, der wie die Bettelordenskirchen auf Zusammenziehung und Verschmelzung eingestellt ist, muß notwendig darnach trachten, die trennende Linie zu beseitigen.

Es lassen sich die aus der Analyse der gewölbten Basiliken der Bettelorden bisher gewonnenen Momente — Zusammenziehung des Raumes in der Vertikalen durch die Verbindung der Arkadenreihe und des Gewölbes mit Hilfe ununterbrochen durchlaufender Dienste unter Vernachlässigung der Kapitellzone, in der Horizontalen durch den Wegfall des Querhauses und des Triumphbogens und durch die Verwendung des queroblongen Joches — unter den Oberbegriff der völligen Verschmelzung des Raumes zur Einheit fassen. Sie ist letzte Forderung der französischen Hochgotik, dort immer angestrebt, aber in der Auswirkung gehemmt durch starke romanische Rudimente. Daß die Bettelorden die Tendenzen der hohen Gotik früher zu erfüllen vermögen als diese selbst, liegt, wie oben gesagt, darin begründet, daß sie eben frei sind vom Erbe, nicht auf den gebundenen romanischen oder den romanisierenden hochgotischen Raum zurückgehen, sondern auf den ungebundenen Raum der frühen Vorromanik. Die Ähnlichkeit einzelner Teile des Aufrisses der gewölbten Basiliken der Bettelorden mit dem der französischen Hochgotik — vor allem des Rundpfeilers mit vier Diensten — braucht nicht die Übernahme des ganzen Systems von dort zu beweisen. Es tritt bei den Bettelorden die von der Hochgotik sich doch entschieden entfernende Schließung der Wand hinzu. Die Teile des hochgotischen Systems sind in den Bettelordenskirchen vorhanden. Die Art ihrer Verwendung ist grundsätzlich verschieden.

Dehio[17]) hat den Ausdruck der Reduktion für die deutsche Gotik geprägt und die Bettelordenskirchen gleichfalls als reduzierte Gotik gefaßt, zusammen mit Bauten, wie dem FREIBURGER Münster, WIMPFEN IM TAL, oder dem Langhaus von St. Lorenz in NÜRNBERG. Diese Zusammenfassung übersieht wesentliche Unterschiede.

Das Charakteristikum von FREIBURG oder WIMPFEN besteht darin, daß aus dem festgefügten, denknotwendigen System, das die französische Gotik in anderthalb Jahrhunderten ausgebildet hatte, einzelne Teile, z. B. das Triforium weggelassen werden. So ergibt sich eine fühlbare Unstimmigkeit zwischen den rein gotisch gedachten Teilen und der leeren Mauerfläche (Abbildung 8). Zwischen den vielgliedrigen Dienstbündeln, die zur Decke aufsteigen, den stark profilierten Scheidbogen der Arkaden, den Bündelpfeilern, den Gurten und Rippen mit Birnstabprofil, steht dieses Stück kahler Wand und schreit nach der gleichen Auflösung, den gleichen Schattenwirkungen, wie alle übrigen Teile des Baues sie haben. Man spürt deutlich, daß hier etwas fehlt, das notwendig in das System hineingehört, daß die völlige Wandauflösung französischer Gotik in sinnloser Weise zerstört worden ist, daß man ihr System eben „reduziert" hat.

Im Gegensatz dazu handelt es sich bei den Kirchen der Bettelorden um einen völlig einheitlich durchdachten Aufbau. Es ist etwas Neues um diese völlige Geschlossenheit der Mauer, die doch nicht schwer wirkt, um dies Aufsteigen vereinzelter Dienste vor ihrer Fläche, die nur ganz wenig vortreten, um die kleinen unprofilierten Fenster in der Schildbogenfläche. Dieses geringe Relief der Gliederung ist bezeichnend. Der Charakter des Wandmäßigen bleibt gewahrt, die Dienste reißen die Mauerflächen nicht auf, so wenig wie die Laibungen der Fenster oder der hohlkehlprofilierten Scheidebogen es tun. Es steht das im Gegensatz zu allem, was wir unter reduzierter Gotik verstehen. Dort handelt es sich in der Tat um die Verminderung, die „Reduktion" eines vorgebildeten Systems, und jede derartige Verminderung führt notwendig zu Diskrepanzen. Hier wird der Bau als ein Guß empfunden. Es handelt sich um einen neuen Stil.

Dem Architekten einer solchen Kirche schwebt als Ideal nicht mehr die Wandauflösung vor, die Zerreißung, die Vielgliedrigkeit französischer Gotik, an welcher der Erbauer von FREIBURG, ob er sie gleich nur lax handhabte, sich doch orientierte. Die Wand ist geschlossen worden, ohne daß sie deswegen schwer wirkte, und was wichtiger ist, diese Schließung erfolgt mit vollem Bewußtsein.

Im Enderfolg führt auch die Reduktionsgotik dem gleichen Ziel zu wie die Gotik der Bettelorden. Die großen Wandflächen, die dort durch Weglassung der auflösenden Teile erzwungen werden, assimilieren sich nachträglich die gliedernden Teile (Dienste, Fenstergewände). Die Umbildung, welche die hochgotische reduzierte Basilika so erfährt, ähnelt dem, was die Bettelorden, von anderer Basis ausgehend, schon im letzten Viertel des 13. Jahrhunderts erreichen. Diese umgebildete Reduktionsgotik — die Wandlung liegt nach 1350 — ist aber keine Reduktionsgotik mehr. Es ist Vor-Spätgotik, wie der Stil der Bettelorden. Wesentlich ist nur, sich von der Anschauung freizumachen, als sei die Reduktionsgotik *nur* Verfall. Auch in ihr liegen die Keime zu dem neuzuschaffenden Stil der Spätgotik enthalten. Nur ist ihr Vorgehen nicht so entschieden, der Aufbau ihrer Bauten nicht so zielsicher (unbewußt zielsicher) wie in den Bettelordenskirchen.

Neben dem Hohlkehlprofil der Scheidbogen trägt zu dieser Wahrung des Wandcharakters die Art bei, in der die schwachen, vereinzelten Dienste, die Joch für Joch sich folgen, die Obermauer in der zartesten Weise beleben. Der Raum vermag die Wand nicht anzugreifen, kann nicht zersetzend in sie eindringen, mit Hilfe starker Dienstbündel sie auflösen, wie in der hohen Gotik. Die Dienste sind ganz schwach, sie treten kaum vor die Wand, wirken nicht als selbständige Körper, die vor der Wand stehen; sie schwingen sich nur leicht aus ihr heraus. Die beiden Konstituanten des Baues, Raum und Körper, stehen in einem neuen Verhältnis; sie verklammern sich nicht gegenseitig, stehen sich gesondert gegenüber. Dabei ist diese Geschlossenheit der Wand aber weit entfernt von der romanischer Räume. Durch das schwache Relief der Gliederung wirkt sie fast elastisch. Wenn die Wände eines romanischen Baues den Eindruck von schweren Brettern machen, die kastenartig ihn umschließen, so wirkt ein solcher Raum der Bettelorden so, als habe man Stäbe in die Erde gestoßen, — die Dienste — und eine Haut straff um sie herumgespannt.

Es läßt sich dies neue Stilgefühl an keiner anderen Stelle des geschichtlichen Ablaufs denken, denn als Nachfolgerin der hohen Gotik. Das Gefühl für die elastischen

Möglichkeiten einer Wand, für die Feinheiten eines schwachen Reliefs steht im Gegensatz zur strengen Geschlossenheit, zur stark quellenden Plastik romanischer Körper, wächst ebenso aus der Gotik heraus wie das für die Vereinheitlichung des Raumes. Aber es überschreitet sie und führt zu neuen Resultaten, und es ist auffällig und bezeichnend für die zeitliche Bedingtheit des neuen Wollens, daß, wie in der Ausschaltung des Querhauses, so auch in der Schließung und doch gleichzeitigen Spannung der Wand und in der Verschleifung der Glieder die Kirchen der Ostseestädte denen der Bettelorden in kurzem zeitlichem Abstand, völlig unabhängig von ihnen, folgen.

Liegt aber auch der Schaffung dieser neuen elastischen Geschlossenheit eine Tendenz zugrunde, die, nur aus der französischen Gotik verständlich, über sie hinausgeht und sie besiegt, so ist damit noch nicht klargelegt, wie dieser Vorgang zu denken ist. Die Bettelorden gestalten die raumumschließende Wand in einer Weise, die stilistisch letzte Konsequenz der Gotik sein müßte. Das Merkwürdige ist nur, daß die Vorstufen, die diesem Raum zugrunde liegen müßten, in der hohen Gotik noch nicht erreicht waren. Aus der Absicht der Vereinfachung heraus konnte man zur reduzierten Gotik kommen, niemals zu diesem neuen Stil. Einfachheit kann treibende Ursache für die Schaffung eines neuen Stils werden — das ist sie auch bei den gewölbten Basiliken der Bettelorden. Sie kann aber niemals den Stil selbst schaffen, in seiner konkreten Gegebenheit ihn ausbilden. Die vereinfachte Hochgotik ist die reduzierte Gotik, — die dem hochgotischen Stilempfinden eben noch verhaftet ist. Für die Bettelordensgotik, die etwas Neues bietet, müssen, zum mindesten zur unmittelbaren Ausbildung dieses Neuen, andere Anregungen vorgelegen haben.

Wenn die bisher aufgezählten Charakteristika der Bettelordensarchitektur zusammengefaßt werden, so ergibt sich als übergeordnetes Moment die Tendenz auf Verschmelzung und Zusammenfassung des Raumes: sie drückt sich aus im Wegfall des Querhauses und — davon abhängig — dem des Triumphbogens, in der Verwendung des queroblongen Joches, das durch seine Unselbständigkeit, durch sein Anlehnungsbedürfnis an ein nächstes, den geschlossenen Ablauf des Langhauses bis zum Chorschluß garantiert. Dazu kommt die Schließung der Wand, die den Binnenraum zusammenbindet. Der Wegfall des Querhauses findet seine Erklärung im Liturgischen und im Anschluß an eine alte oppositionelle Richtung. Das queroblonge Joch könnte aus der französischen Hochgotik des frühen 13. Jahrhunderts kommen; das gleiche für die elastisch geschlossene Wand anzunehmen, fällt schwer. Beides aber, das queroblonge Joch und die geschlossene Wand — wenn auch fest geschlossen, nicht elastisch, — findet sich in den italienischen Zisterzienserkirchen.

Die deutschen Zisterzienserkirchen kommen dabei nicht in Frage. Sie stehen zum größten Teil — mit Ausnahme von Ebrach — auf stark romanisierendem Boden, halten am sechsteiligen Gewölbe oder am quadratischen vierteiligen fest, das ebenso wie das sechsteilige eine Unterscheidung von Haupt- und Zwischenpfeilern im Gefolge hat.

Die italienischen Zisterzienserkirchen — CASAMARI, SAN GALGANO (Abbildung 9), FOSSANOVA, — die hier in Betracht kommen, hatten sich schon seit dem Anfang des Jahrhunderts ganz entschieden dem queroblongen Joch zugewandt. Damit verbindet sich bei ihnen ein starker Respekt vor der Geschlossenheit der Wand. Die Fläche der Obermauer steht ohne die geringste Neigung zur Auflösung über den Arkaden. Die

Fenster sind klein, hinaufgerückt über Kämpferhöhe. Dabei wird aber noch grundsätzlich der kreuzförmige Pfeiler und, von ihm aufsteigend, eine Vorlage verwendet, und — das ist wieder von Bedeutung — dieser Vorlage aufgelegt, ein einzelner halbrunder Dienst.

Gewiß sind die Unterschiede zwischen dieser Auffassung der Wand und der bei den Bettelorden sich durchsetzenden groß genug. Der romanisch starren Geschlossenheit steht die übergotisch elastische gegenüber. Und doch spricht viel für die Herleitung des einen Systems aus dem andern. Einzelformen werden übernommen: die Hornkonsole (REGENSBURG — Dominikaner), die Gruppe von drei in einer Blende zusammengefaßten Fenstern (ESSLINGEN — Dominikaner, EISENACH) das schmucklose Kelchkapitell. Es kommt als wichtiges Moment hinzu, daß die Dominikanerkirche in REGENSBURG auch noch das Motiv beibehält, dem Runddienst eine rechtwinklig geschnittene Rücklage zu geben — freilich so wenig vorspringend, daß sie kaum ins Auge fällt. Ganz zweifelsfrei ist der Fall jedoch am östlichsten Langhauspfeiler, wo die Vorderfläche des Achteckpfeilers als kräftige Lisene noch etwa 3 m über Kämpferhöhe sich fortsetzt, um erst hier abzubrechen und den Dienst nur mit geringster Rücklage weiterlaufen zu lassen. Der ursprünglich stärker wirkende Einfluß der Zisterzienser wird offensichtlich im Laufe der weiteren Bauentwicklung zurückgedrängt. Die Abneigung gegen das offene Strebewerk ist Zisterziensern und Bettelorden gemeinsam. Es war bei der Übernahme des Wandaufrisses der italienischen Zisterzienserkirchen nur ein gegebenes System im Sinne einer neuen Stufe der Gotik umzubilden.

Der Scheidbogen im Hohlkehlprofil, der Wegfall des Arkadengesimses, das bei den Zisterziensern als scharf betonende Horizontale eine große Rolle spielt, verändern den schweren, geschlossenen Eindruck. Dieser Wegfall des Arkadengesimses trägt wesentlich bei zur Zusammenziehung der Wand. Jetzt können sich erst die Vertikalen der Dienste ganz frei entfalten, ohne daß ihrer bindenden Kraft störend etwas in den Weg träte.

Hier ist das Zwischenglied gefunden, das, wenn es mit gotischem Geiste durchtränkt wird, den neuen Raum ergibt, der über die Gotik weit hinausgeht. Freilich muß auch eine Anzahl von Formen aus der hohen Gotik übernommen werden, um das Ziel zu erreichen. Die Umbildung des zisterziensischen Wandaufrisses konnte erst voll ausgenützt werden durch die Einschaltung des französischen hochgotischen Rundpfeilers mit vier Diensten. Die Form hat ihre eigene umbildende Kraft: das gotische Glied, dem im Grunde noch ungotischen zisterziensischen System eingefügt, hilft es umbilden.

Es ist interessant, an einer Gruppe rheinischer Pfarrkirchen aus der Mitte des 13. Jahrhunderts, vertreten durch Münster-Maifeld und Carden, den gleichen Vorgang zu beobachten. Auch im Langhaus von Münster-Maifeld liegt offenbar der zisterziensische Wandaufriß zugrunde: das Kämpfergesims ist hier energisch durchgezogen — ein Charakteristikum zisterziensischer Architektur diese scharfe Trennung von Fenster- und Arkadengeschoß[18]) — und von der Kämpferplatte der Arkadenstütze steigt eine rechteckige Unterlage zum Gewölbe auf. Die kleinen Fenster sind hoch in die Schildbogenflächen hinaufgerückt. Als Stützen aber dienen auch hier die französischen Rundpfeiler mit vier Diensten, deren vorderster, auf der rechtwinkligen Unterlage ruhend, zum Gewölbe durchgeht. In den Westjochen von Münster-Maifeld verdrängt dann auch die französisch-hochgotische Anordnung mit drei aufsteigenden Mittelschiffsdiensten und noch zwei Schildbogendiensten über der Deckplatte des Rundpfeilers das zisterziensische System. Gestützt wird diese Annahme einer Anlehnung an das zisterziensische System durch den Formenapparat des Querhauses: die Knospenkapitelle, die Schaftringe, die Basen sprechen deutlich genug für burgundische Herkunft und für die deutsche Architektur des zweiten Viertels des 13. Jahrhunderts decken sich Burgund und Cîteaux gern. So wird hier die Vermischung der beiden Systeme deutlich, und es verliert damit die Übernahme des Zisterzienserschemas bei den Bettelorden an Exzeptionellem.

Wie bei den Bettelorden führt auch in Münster-Maifeld der Versuch, die einzelnen Glieder eines antiquierten Formapparats dem neuen Stil anzupassen, zu einer Form, die selbst wieder über das Neueste hinausgeht. Der Unterzug der Scheidbogen hat auch hier, im Ostjoch das einfach abgefaste, in den Westjochen das hohlgekehlte Profil, das bei den Bettelorden üblich ist. Indes wird die Form nicht rein durchgesetzt; die äußere Kante der Scheidbogen ist durch Birnstab und Kehlen aufgelöst. Die französische Hochgotik liegt im Kampf mit der gotisch umgebildeten Form der Zisterzienser.

In einzelnen Fällen tritt an Stelle des Rundpfeilers mit vier Diensten der achteckige Pfeiler — entweder mit Diensten wie in REGENSBURG (Abbildung 25), so daß er also nur den Rundpfeiler mit Diensten ersetzt, oder freistehend wie in ERFURT (Abbildung 10), wo dann das Gewölbe auf abgekragten Diensten über Kämpferhöhe sitzt; hier tritt der Achteckpfeiler an Stelle des einfachen Rundpfeilers von ESSLINGEN. In beiden Fällen handelt es sich um eine erneute Betonung des afrontalen Charakters des neuen Körpers. Der Rundpfeiler mit vier Diensten birgt immer noch einen Rest frontaler Einstellung. Gewiß ermöglicht er die diagonale Einstellung, besonders, wenn er auf diagonal gestellter Sockelplatte steht, wie das gegen die Jahrhundertwende allgemein sich durchsetzt: die zwischenliegenden Flächen des Pfeilerkerns sind doch zu neutral, zu farblos, weisen nicht energisch genug ins Seitenschiff, daß sie verhindern könnten, daß die vier Dienste auch als Hauptpunkte gesehen werden könnten, die Seiten also, an denen sie sitzen, als Hauptfronten, daß man die innewohnenden frontalen Momente wertet, statt der auch vertretenen diagonalen. Der achteckige Pfeiler muß diagonal gesehen werden, die Dienste, wenn vorhanden, verstärken hier den Schrägzug wirklich, führen noch energischer in das Seitenschiff. Der Rundpfeiler mit Diensten ermöglicht den Übergang von einem Schiff zum andern, der Achteckpfeiler erzwingt ihn.

Immerhin ist der achteckige Pfeiler mit Diensten nur eine Kompromißform: die Dienste setzen sich doch als ein Eigenes vom Kern ab, im Sinne der hochgotischen Auffassung, die einen Rest des „totalen“ Körperempfindens der Romanik beibehält. Erst wenn der Achteckpfeiler die Dienste wegfallen läßt und so den Körper restlos zur Einheit zusammenzieht, ist wirklich ein Neues, das der Schließung der Wand entspricht, erreicht. Es spielt dabei die innere Verwandtschaft des alten vorromanischen Rundpfeilers, der aus den Flachdeckbasiliken der Orden gewohnt ist, mit dem einfachen Achteckpfeiler eine Rolle: beide schließen die rein frontale Einstellung aus. Aber während der Rundpfeiler labil, unbestimmt ist, schreibt der Achteckpfeiler die Diagonalansicht energisch vor. Erst er ermöglicht die Auswertung der diagonalen Momente.

Es mag sein, daß der Wunsch, den Rundpfeiler dem inkongruenten $^3/_8$-Profil der Scheidbogen anzugleichen, bei der Schaffung des Achteckpfeilers mitgespielt hat. Die Angleichung an die Arkadenform hat ihre Bedeutung gehabt: in REGENSBURG (Dominikaner) liegt beispielsweise noch beim Bau der östlichen Arkadenstütze am nördlichen Chorbeginn ein quadratischer Pfeiler zugrunde. Seine Leibungsvorlage ist schon polygonal gebildet — wegen des $^3/_8$-Unterzugs des Scheidbogens. Die Freipfeiler gehen dann auch für den Kern zum Achteck über. Hier scheint es zweifelsfrei, daß die Form des Scheidbogens bestimmend auf die Stützenform eingewirkt hat.

Übrigens scheint es, daß auch die Form des Achteckpfeilers, wie das Verschneiden der Stützen mit dem Scheidbogen bzw. den Gewölbegliedern (vgl. oben S. 23), für die Vorstellung des 13. Jahrhunderts profanen Charakter trug. Sein frühes Auftreten in profanen Räumen — MARBURG, DORTMUND — läßt daran denken.

An dieser Stelle, wo es sich darum handelt, aus der Analyse ihres Formenapparates die Stellung der Bettelordensarchitektur klarzulegen, erscheint die entwicklungsgeschichtliche Stellung der Pfeilerform wichtiger als die soziologische. Auch sie tritt wie der hohlgekehlte Scheidbogen am Ende des hochgotischen Stromes als Endergebnis einer Verschleifung auf, die eben die gesamte gotische Entwicklung zur Voraussetzung hat. Durch die Vermehrung der Dienste am Rundpfeiler — ihre Vielzahl erscheint als romanisches Erbe — ergibt sich notwendig, daß die Abstände zwischen ihnen sich verunklären, daß sie nicht mehr ganz bis zum Kern des Pfeilers herausgearbeitet werden. Die Dienste werden miteinander verbunden, an Stelle des Aufsetzens runder Dienste auf den Kern tritt die Verbindung der Dienste durch Hohlkehlen. Ihre Zahl vermehrt sich weiter, die Kehle und der einzelne Dienst werden immer flacher, und die letzte Konsequenz ist dann, die Kehlen und Dienste völlig zur Einheit zu verschmelzen und unter Beibehaltung der im Groben jetzt gefundenen Gesamtform den Pfeiler achteckig oder quadratisch übereck zu bilden.

Das Eigentümliche ist auch hier wieder, daß die Bettelorden die Zwischenstufen niemals durchgemacht haben, daß sie vielmehr in Anlehnung an eine frühe Form, den Rundpfeiler, gleich zu der entwicklungsgemäß letzten Form (die der frühen eben doch verwandt ist) überspringen.

Es wird deutlich: die Bettelordenskirchen gehen in der Schließung der Wand und des Körpers ganz konsequent vor, bauen alle Einzelheiten dieser Absicht ebenso ein, wie sie den Wegfall des Kapitells, die Verwendung des queroblongen Joches, den Wegfall des Triumphbogens der Absicht der Raumverschmelzung einbauen: der achteckige Pfeiler entspricht der geschlossenen Wandfläche, er wirkt als ihre Fortsetzung nach unten, stellt sich dem Binnenraum als in sich ruhender Körper, in den der Raum nicht eindringen kann, ebenso gegenüber, wie sie selbst. Und ebenso wie die Wandfläche doch nicht starr, sondern elastisch geschlossen ist, ist es auch beim Achteckspfeiler nicht mehr der Ton harten Anprallens, mit dem der Raum am quadratischen Pfeiler sich bricht: der Raum gleitet an den Schrägflächen ab.

Die Gestaltung des Gewölbes entspringt der gleichen leitenden Absicht: an Stelle der birnförmig profilierten Rippe tritt das Hohlkehlprofil, wie der stark gegliederte birnstabprofilierte Scheidbogen mit vielen Wulsten und Kehlen durch den hohlgekehlten verdrängt wird. Die Gliederzahl ist verringert, das ganze Profil in eine einheitliche Kurve zusammengezogen. Im Zusammenhang der ganzen Decke wird es bedeutungsvoll, daß die neue Rippenform weniger Relief hat, weniger stark an der Decke hervortritt und dadurch die Beunruhigung des Raumes vermeidet, welche die gegliederte Rippe stets hervorgebracht hatte. Die veränderte Lichtwirkung unterstützt diese Abschwächung des Plastischen. Es sind nicht mehr die vielen schwarzen Linien des hochgotischen Gewölbes, die die Decke zerstören, sondern, besonders charakteristisch in REGENSBURG (Abbildung 6 und 25), ein ganz feines Spiel von leichten und schweren Schatten, die mehr ineinander überleiten, als daß sie Grenzen bildeten. Auch hier offenbart sich der Gegensatz zur hohen Gotik. Mit der Auflösung der Wand mußte dort die Zerreißung der Decke Hand in Hand gehen. Mit der Geschlossenheit der Wand muß auch die Decke darnach trachten, sich nach Möglichkeit wieder zu schließen.

Die hohlkehlprofilierte Rippe wächst, ähnlich wie der Scheidbogen, aus einer frühen Rippenform heraus, die in den kleineren Kirchen Frankreichs seit dem zweiten Viertel des 12. Jahrhunderts heimisch, um 1240 nach Deutschland gekommen war (Johanniskapelle STRASSBURG, Kapitelsaal). In Frankreich scheint sie sich auf kein bestimmtes Gebiet zu beschränken — *Enlart* (Manuel d'archéologie) und *Mäkelt* a. a. O. S. 106 geben Beispiele aus der Seinegegend (MAROLLES, FOULANGUES, ROQUEMONT, CAUFFRY), aus der Normandie (CREUILLY), aus dem Süden (FLARAU, Dep. Gers) — die burgundischen Formen von STRASSBURG scheinen darauf hinzudeuten, daß dieses Rippenprofil auch in Burgund heimisch war[19]). In jedem Falle ist es ein Kompromiß mit dem rechtwinkligen romanischen Profil, ein Versuch, es ins Gotische umzusetzen; die Rippe wird abgefast, ursprünglich nur wenig, wie in den erwähnten französischen Beispielen. In STRASSBURG ist die Kante schon sehr steil geworden, nicht mehr bloße Abschwächung des rechtwinkligen Profils, sondern völlige Umbildung: der Übergang von einer Seite des Gliedes zur andern ist leicht gemacht. Der entscheidende Schritt erfolgt erst dadurch, daß die Seitenflächen hohlgekehlt werden: die vielleicht früheste gewölbte Bettelordenskirche in Süddeutschland (STRASSBURG) tut diesen Schritt noch nicht, sie übernimmt die bloß abgefaste Rippe der Johanniskapelle. Erst ESSLINGEN bildet die Rippe durch Kehlung weiter. Jetzt erst ist das Profil völlig gotisch geworden, schwingt sich in einem durchgehenden Zuge von unten nach oben, ist aus der starren Abgeschlossenheit romanischer Formgebung hinausgewachsen. Das Resultat, erwachsen aus der Gotisierung einer veralteten Form, gleicht dem entwicklungsgemäß letzten Resultat der Gotik, die durch immer stärkeres Verschleifen der einzelnen konstituierenden Glieder der Rippe sie zusammenzog, zur gemeinsamen Schwingung verschmolz.

Die gleichen Momente, die den Innenraum beherrschen, machen sich auch am Äußeren geltend (Abbildung 11). Der Bau stellt sich als geschlossene Einheit der Mannigfaltigkeit des Umgebenden gegenüber: wieder die eigentümliche Erscheinung, daß das neue Ergebnis wie bei der Schließung der Wand der alten romanischen Form ähnelt, und doch Neues bietet. Auch hier die größere Elastizität, hervorgerufen durch die lisenenhaft dünnen Strebepfeiler, die, nicht durch die Horizontale eines Rundbogenfrieses verbunden, nicht dekorativ wirken gleich romanischen Lisenen, sondern feste Haltlinien geben, denen der Verlauf der Mauer folgt. Parallel zu der Zusammenziehung des Binnenraumes tritt an Stelle der romanischen Baugruppe, die auch in der Hochgotik noch nachwirkt, jetzt die Zusammenfassung des Baukörpers zur Einheit. Die groß durchgehende Linie des Daches wird betont. Der Wegfall des Querhauses erst ermöglicht es, die Firstlinie vom Westgiebel an bis zum Chor fühlbar zu machen, wo sie in den rippenähnlichen Ziegelstreifen des Apsidendaches ihre Lösung findet. Das Dach als Masse ist fühlbar geworden. Aus der Menge kleiner Häuser stechen nicht mehr als Einzelerscheinungen die Türme hervor, die Luft aufreißend: ruhig gelagert liegt die Masse dieses Daches da, abgeschlossen und zusammenfassend, die große Einheit, die in sich beruht (Abbildung 13).

Die Fassade bekommt schon durch ihre Turmlosigkeit notwendig diesen neuen Charakter des Zusammenschließenden. Im Wesen des Turms liegt ein relativ Selbständiges, ein dem Bau nicht unmittelbar Entsprungenes. Er ist nicht gerade ein additives Element, d. h. er ist nicht nur in der Romanik und in der mit ihr noch verknüpften Hochgotik möglich. Sicher aber ist er ein für einen nicht additiven Stil nicht unbedingt geeignetes Moment. Wenn ihn z. B. die Spätgotik doch verwendet, so liegt das zum Teil in außerkünstlerischen Rücksichten begründet, denn einmal gehört der Turm zum traditionellen Apparat der Pfarrkirche, dann auch zum Gesamtbilde der Stadt, er wird zum Wahrzeichen, so daß man sein Fehlen peinlich empfunden hätte. Mit den stilistischen Forderungen der Spätgotik ihn in Einklang zu bringen, war schwierig; der Bau soll als einheitliche Masse wirken, die Zusammensetzung aus den einzelnen Kuben von Türmen plus Langhaus plus Querhaus ist unerwünscht. So beschränkt man sich gerne auf einen Turm und sucht diesen in die Fassade einzubauen (ULM), wenn man nicht die bequemere Lösung vorzieht, ihn von der Kirche zu trennen und seitlich zu stellen (St. Theobald in THANN).

Für die Bettelorden fiel die Tradition, die Kirche und Turm bei Pfarrkirchen notwendig verknüpfte, weg. Sie verboten ihn geradezu im Anschluß an zisterziensische Bauvorschriften. Der Dachreiter oder der kleine, gern im Winkel zwischen Chor und Langhaus gelegene Treppenturm (ERFURT, ROTHENBURG), sind freilich Konzession an die doch zu allgemein durchgedrungene Forderung, daß ein Turm eben zur Kirche gehöre. Aber die Konzession ist doch nur minimal und für die Außenansicht des Baues spielen diese Turmformen eine geringe Rolle. So kamen die Orden ohne Schwierigkeit zu einer Lösung, die für die Fassade, an welcher der Turm ja keine Rolle mehr spielt, völlig Neues bot: die Fassade gibt einfach den Querschnitt der Kirche wieder, anders als bei den Zisterziensern, die durch die vorgelegte Vorhalle ihre Scheu vor der nackten Fläche zum Ausdruck bringen. Die Bettelorden legen gerade darauf Wert; die Fassade soll Fläche sein und sie soll einheitlich sein. Freilich ist in dieser letzten Frage die Lösung nicht ganz klar. Eine ganze Anzahl von Bauten, die REGENSBURGER Minoritenkirche z. B., betont die Trennung der drei Schiffe durch die Strebepfeiler zwischen Mittelschiffs- und Seitenschiffsfronten recht stark. Das hängt mit der ausgesprochenen Neigung der Bettelorden zur Basilika zusammen. Aber in den Esslinger Bauten, wo der Strebepfeiler entweder ganz wegfällt (Dominikaner) oder ganz niedrig gehalten ist (Franziskaner), wo dann die Abtrennung eines Sockelgeschosses noch dazukommt, wirkt die Fassade doch durchaus als einheitlich geschlossene Fläche.

Die gleiche Absicht, den Baukörper als geschlossene Masse zu behandeln, führt dazu, daß in einer Anzahl rheinischer Bettelordenskirchen (KÖLN um 1270) die Strebepfeiler der Seitenschiffe nach innen gezogen und durch Spitzbogen zu nischenartigen Blenden verbunden werden. Freilich stehen sie damit nicht allein; einige Hallenkirchen in Hessen (HAINA) verwenden das Motiv schon früher. Wenn es aber nicht in der Architektur der Bettelorden geboren ist, so erscheint seine Aufnahme bei ihnen doch deshalb wesentlich, weil es sich hier dem Habitus des ganzen Baues einfügt, nicht vereinzelt bleibt. Die Strebepfeiler stören die Geschlossenheit des Baukörpers, sie sondern sich als eigene Glieder nach außen ab: sie müssen verschwinden, und da man aus konstruktiven Gründen nicht ohne sie auskommen kann, werden sie nach innen gezogen. Jetzt ist die Geschlossenheit der Wand erreicht. Der Baukörper tritt dem Freiraum geschlossen gegenüber, als ein Eigenes, Fremdes, der Freiraum hat keine Möglichkeit mehr, einzudringen, gleitet ab: die Ähnlichkeit mit dem Verhalten des achteckigen Pfeilers zum Binnenraum wird deutlich; auch dort müssen die aufgesetzten Glieder verschwinden, — die Stelle, wo der Dienst mit dem Kern zusammentrifft, ist der schwache Punkt, der dem Raum Gelegenheit zum Angriff bietet. Es gilt die Formel: — Pfeiler: Binnenraum = Baukörper: Freiraum. — Dieser Wunsch, die glatte Fläche der Außenwand zu wahren, hat aber für den Binnenraum eine wesentliche Folge: zwischen den Strebepfeilern ergeben sich jetzt Nebenräume, Nischen, die als Teile des Raumes „im Raum" stehen, — ein weiterer Schritt auf die Spätgotik zu ist damit getan. Freilich sind diese Nischen bei den Bettelorden nur Nebenprodukt, architektonisch nicht ausgenützt, völlig unbetont. Die Absicht ging nicht auf sie. Erst durch die Verquickung mit den Seitenkapellen, die im frühen 14. Jahrhundert in hochgotischen Bauten (PARIS — Notre Dame, erstes Viertel des 14. Jahrhunderts, OPPENHEIM gleich nach Vollendung des Langhauses 1317) zwischen die Strebepfeiler eingezogen werden, ergibt sich die Verwendungsmöglichkeit für die späte Gotik: die hochgotischen Kapellenreihen bringen das Moment der Wertbetonung der Nischen mit, die Bettelordenskirchen das andere, wichtige Moment, daß die Nischen nicht niedriger als die Seitenschiffe gebildet werden, wie in den genannten hochgotischen Kirchen, also nicht neben den Seitenschiffen stehen. Damit ergibt sich erst die Möglichkeit, sie als Teilräume des ganzen Langhauses zu sehen, nicht als abgesonderte Raumteile. Einstweilen lag das noch im weiten Felde: erst die Spätgotik kommt zur Gestaltung von richtigen „Räumen im Raum".

Damit ist das Problem der Unterteilung des als Einheit gesehenen Raumes angeschnitten. Das Verhalten der Bettelorden zum Lettner bekommt Bedeutung. Daß sie ihn „erfunden" oder auch nur speziell zu seiner Verbreitung beigetragen hätten, wie gelegentlich behauptet wird, läßt sich nicht aufrecht erhalten. Sein Aufkommen außerhalb ihres engeren Kreises erscheint vielmehr gesichert. Auch an der Abwandlung der verschiedenen Typen des Lettners haben sie offenbar nicht mitgearbeitet. Sie übernehmen das Motiv, aber sie verwenden es in eigener Weise. Denn wenn der Lettner der sämtlichen Kathedral- und Pfarrkirchen nur den eigentlichen liturgischen Chor, den Hochchor also, vom Langhaus scheidet, so daß er sich also nur über die Breite des Mittelschiffs erstreckt, so erscheint es wesentlich, daß schon die frühesten Lettner der Bettelordenskirchen um 1260/70 über das ganze Langhaus, also durch die drei Schiffe, hinweggehen (Abbildung 2). In dieser Form tritt er in den Franziskanerkirchen von REGENSBURG, ESSLINGEN und INGOLSTADT auf, in allen gleichzeitig mit dem Langhaus, also in der zweiten Hälfte des 13. Jahrhunderts. Die beiden Baseler Bettelordenskirchen tun dann nach der Mitte des 14. Jahrhunderts einen weiteren Schritt, indem sie den Lettner von der Ostwand des Langhauses loslösen und ihn nach Westen zu vorschieben[20]).

Es ist klar, daß dem Lettner von Anfang an eine divisive Tendenz innewohnt, die Absicht, in das Gebäude einen Fremdkörper zu stellen, der seinen geschlossenen Zusammenhang zerreißt. Schon der dem Hochchor angeschobene Lettner, der sich bühnenmäßig auf Arkaden vorschiebt (Typ Naumburg, Ostchor), die früheste Form, hat diese Wirkung. Aber hier ist sie noch gemäßigt. Der Lettner ist dem Zusammenhang des Hochchors eingebunden, er wächst gleichsam aus ihm heraus, löst erst seine Vorderwand auf, nicht mehr, als die gegen das Mittelschiff offenen Krypten der Romanik (San Zeno-Verona, Jerichow) es tun. Von diesem Gesichtspunkt aus kennzeichnet es einen bedeutenden graduellen Unterschied, wenn der Lettner als selbständiges Glied ohne Krypta und Hochchor auftritt. Jetzt erst wird er zum Mittel der Zerreißung nicht nur für die Vorderwand der Krypta, sondern für das Gesamtbild der Kirche. Über ihn hinweg erblickt man die Oberteile des Chors, ohne sich von ihrem Aufwachsen, ihrer Wurzelung im Boden ein klares Bild machen zu können. Die Verwandlung der Blendarkaden des Lettners, der hier noch geschlossene Masse war (Naumburg, Westchor), in offene Bogenstellungen bedeutet einen Schritt vorwärts. Auf dieser Stufe stehen auch die Lettner der süddeutschen Bettelordenskirchen. Dabei macht sich bei ihnen die Erscheinung geltend, ein hemmendes Moment noch insofern beizubehalten, als die Auflösung meistens nicht vollkommen ist, der Lettner vielmehr durch feste Wände in eine Anzahl von getrennten Kapellen unterteilt wird. Freilich wird diese Trennung, in Rothenburg z. B., dadurch wieder gemildert, daß die Zwischenwände von Fenstern durchbrochen sind, so daß man zwar nicht von einer Kapelle in die andere hinübergehen kann, sie aber doch als Einheit aufzufassen gezwungen ist; der Wegfall der Zwischenwände ist die folgerichtig nächste Stufe, die u. a. durch die Lettner von Vezzolano, Straßburg, Oberwesel vertreten wird. Als letzte Stufe folgt dann der Wegfall der Rückwand, so daß der Lettner als eine Art von freischwebender Empore sich über den Choreingang hinzieht (Lübeck — St. Marien, Eßlingen — Stadtkirche). Jetzt steht er tatsächlich im Raum, der von allen Seiten durch ihn hinstreicht, ihn umflutet[21].)

Innerhalb dieser Entwicklung muß es klar werden, was das Durchziehen des Lettners durch drei Schiffe bedeutet: das ganze Langhaus ist als Einheit aufgefaßt, und dieser zusammengehörige Raum wird jetzt unterteilt. Es ist die gleiche Tendenz, die um dieselbe Zeit dazu treibt, den Chor durch Chorschranken allseitig abzuschließen, ohne daß er doch höher gelegen wäre als das Schiff. In dieser Stellung der Chorschranken innerhalb des Schiffes liegt es, daß sie notwendig als ein Herausgerissenes wirken müssen, anders als in BAMBERG, wo sie nur die Sonderstellung des ohnehin herausgehobenen Hochchors betonen. Ein typisches Beispiel dafür bietet, vielleicht etwas früher als die Chorschranken in MARBURG und gleichzeitig mit denen von SAINT DENIS, die Dominikanerkirche in ERFURT (Abbildung 12).

Den Momenten der Verschmelzung und Zusammenziehung des Binnenraumes und der Schließung der Wand, der Fassung des Baukörpers als einheitlicher Masse, fügt sich so ein Drittes an, in dem Versuch, den einheitlich gesehenen Raum zu unterteilen: freilich kommt es nicht voll zur Durchführung, ebensowenig wie die Zusammenziehung des Raumes vollständig sich durchsetzen kann: die Form der Basilika trennt stets die drei Schiffe, ebenso wie die Jochteilung beibehalten wird. Daß es nicht zur völligen Zusammenziehung des Raumes, zur vollkommenen Massenbildung des Baukörpers, zur Unterteilung des Binnenraumes in Teilräume kommt, beleuchtet die Stellung der Bettelorden als Vorstufe der spätgotischen Architektur.

Es ist oben eine Analyse der Spätgotik gegeben worden; sie führt, aus der Gotik erwachsend und in wesentlichen Punkten (Stellung der Körper im Raum) sie vollendend, doch über sie hinaus und stellt sich in der Wertbetonung des Flächencharakters der Wand, in der Absonderung des Binnenraums gegenüber dem Freiraum, in Gegensatz zu ihr. Es liegt nun eine Schwierigkeit darin, daß diese letzten Konsequenzen in der deutschen Architektur zu einer Zeit gezogen werden, in der die eigentlich zu erwartenden Vorstufen noch nicht durchgemacht sind: daß beispielsweise die Schließung der Wände im unteren Teil des Freiburger Turms, die doch stilistisch Folge der Auflösung sein müßte (erst aus der Auflösung folgt das teppichhafte Überspinnen und erst daraus die Schließung), der Auflösung der oberen Teile des gleichen Turms zeitlich vorangeht; denn es geht nicht an, beide Erscheinungen in einen Stil zusammenzufassen: es ist etwas anderes, diese Geschlossenheit der Wand, ihre Massenhaftigkeit als die Auflösung des Baues in ein Gerüst von Stäben.

Hier schaltet sich die Architektur der Bettelorden ein. Die beiden Hauptpunkte, die sich aus der Analyse gewinnen lassen, die Verschmelzung des Binnenraums und die Schließung der Wandfläche sind ihr mit der Spätgotik gemein. Nur sind diese neuen Tendenzen auf einem anderen Wege errungen, als durch Übersteigerung der Gedanken der Hochgotik. Die Bettelorden kamen dazu auf Grund dessen, daß sie eben die eigentliche Gotik ablehnten, daß sie vielmehr auf antiquierte Dinge zurückgriffen. So erhalten sie die Ausschaltung des Querhauses, den Rundpfeiler (und den Achteckpfeiler als Gotisierung des Rundpfeilers) durch Rückgriff auf die vorromanische Architektur. Eben dadurch — durch die Gewöhnung an diesen ungefestigten vorromanischen Raum — waren sie frei vom Kompartimentenzwang der hohen Gotik, der dieser als romanisches Rudiment immer noch anhaftete, konnten zu der dem Hochgotischen immanenten Verschmelzung des Raumes kommen, weil sie ihn eben von vornherein nicht als zusammengesetzt aus einzelnen Teilräumen empfanden, sondern als eine Einheit, die als Ganzes gegliedert werden konnte, auch dem Außenraum als Ganzes gegenüberstand. Weil sie die Hochgotik ablehnten, war ihnen die Bahn zur Spätgotik frei: ihre völlig gotische Einstellung bei Freiheit vom gotischen Bausystem hilft ihnen aus dem vom Erbe der Romanik völlig unberührten Material Neues schaffen. So auch kommen sie zur Geschlossenheit der Wand nicht auf Grund der keimhaft in der Hochgotik liegenden Tendenzen, sondern — unter Ablehnung des hochgotischen Systems aus der Absicht der Einfachheit heraus — durch Umsetzung des zisterziensischen Systems im Sinne der Gotik.

Es ist sehr bezeichnend, daß diese Rückgriffe auf die Vorromanik in den meisten Fällen an Motivisches sich klammern: der Rundpfeiler, die Flachdecke, der Querhauswegfall werden aufgenommen, alles Dinge, die am Vorbild auf den ersten Blick erfaßbar sind. Dieses Aufnehmen von Einzelmotiven bei einem beabsichtigten Rückgriff ist für jede retrospektiv gerichtete Zeit charakteristisch — man braucht nur an den Klassizismus des späten 18. Jahrhunderts zu erinnern. Das Motiv ist am leichtesten greifbar; Raumanalysen, die für ein vollständiges Übernehmen der Architektur weit zurückliegender Epochen notwendig wären, sind eigentlich nur von dem ganz bewußt reflektierenden Architektentyp, der seit der Renaissance sich herausgebildet hat, durchzuführen.

Aus diesem motivischen Rückgreifen bei doch vorhandenem neuen Raumdenken ergibt sich die Schaffung einer Anzahl von spätgotischen Formen, die in den Bettelordenskirchen um die Mitte oder spätestens in der zweiten Hälfte des 13. Jahrhunderts auftreten; das Hohlkehlprofil, der achteckige Pfeiler, der Wegfall von Kapitellen und Kämpferplatten. Als Einzelerscheinungen genommen würden sie nichts anderes darstellen, als Antizipationen spätgotischer Formen, — sie würden aber nicht Anlaß bieten, auf die Architektur gerade der Bettelorden besonderes Gewicht im Zusammenhang mit der Vorbereitung der Spätgotik zu legen, schon deshalb nicht, weil diese Formen sporadisch auch in anderen Kirchen der gleichen Zeit auftreten oder vorbereitet werden[22]). Es gibt der Sache aber ein anderes Gesicht, wenn diese Elemente in den Ordenskirchen in einen geschlossenen Zusammenhang sich einfügen, so daß eine Form die andere bedingt. Die wichtigsten Teile sind von Anfang an im gleichen Sinne gebildet: die Gewölbeglieder im Hohlkehlprofil, der Scheidbogen abgekantet oder hohlgekehlt, der Pfeiler rund oder achteckig. So wirken sie als notwendig ineinander verschlungene Gruppe, verlieren den Charakter der Zufälligkeit. Ihr gemeinsamer Nenner ist der Wille zur

Verschleifung der Glieder, die Aufhebung ihres Individualcharakters, die Möglichkeit des Übergehens von einem zum andern.

Treibend bleibt bei dieser ganzen Einstellung die Absicht auf Vereinfachung: die den Bettelorden ihrem ganzen Charakter nach immanente Armutstendenz, wenngleich sie als stilbildender Faktor abgelehnt werden muß, tritt doch als stilverursachend sehr stark in Erscheinung. Aus ihr erklärt sich der Rückgriff auf die vorromanische Architektur — alt und einfach decken sich gern in der Vorstellung, ich erinnere an das Wort von der „guten alten Zeit" —; aus der Armutstendenz heraus erwächst gleicher Art die Ablehnung der neuen, weil allzu reichen und allzu stark auflösenden hohen Gotik; denn hier kommt in Frage, daß der reiche Körper mit dem aufgelösten Körper zu innerst verwandt ist. Man kann auch den geschlossenen Körper reich bilden, trotzdem werden seine ruhigen Flächen zum mindesten den Eindruck von Nüchternheit eher hervorrufen, als die abwechselnden Wulste und Kehlen des aufgelösten Pfeilers, mag er gleich objektiv reicher und vielgestaltiger sein. Schon der Grundrißkontur ist hier abwechselungsreicher als dort. Die Ablehnung der Auflösung erfolgt zum wenigsten der Absicht nach nicht deshalb, weil sie aufgelöst, sondern weil sie reich ist. Die Schließung der Wand, die neue Bildung der Körper, an denen der Raum abgleitet, die wesentlichsten Charakteristika der Spätgotik wie der Bettelordensarchitektur, sind bei den Bettelorden aus der Armutstendenz heraus geboren, — genau wie die Flachdecke und die ganze retrospektive Haltung in den Flachdeckbasiliken. Daneben spielt die Profanierungstendenz eine entscheidende Rolle. Sie veranlaßt die Übernahme einer ganzen Anzahl von Formen, die im Profanbau heimisch, der „großen Kirchenarchitektur" der Kathedralen offenbar zu lax erschienen. Daß sich all diese Momente zu einem neuen Ziel hin entwickeln, sinnvoll sich in den (von uns als Historiker geforderten) geschichtlichen Ablauf einfügen, lag nicht mehr in der Hand der Orden; es liegt in der stilistischen Gebundenheit allen Denkens in einer bestimmten Zeit. Die vorhandene, auf die Spätgotik zielende Tendenz deutet die aus heterogenen Motiven geschaffenen Formen für sich aus, so daß sie sich ihrem Stilwillen einfügen.

Die vorbereitende Stellung der Bettelordensarchitektur im Sinne der Spätgotik ist deutlich geworden: so erklärt es sich dann, daß auch an Nicht-Ordenskirchen des 14. Jahrhunderts die spätgotischen Tendenzen sich bemerkbar machen, bevor die hochgotischen voll zur Auswirkung gekommen sind, die Spätgotik auf dem üblichen Wege hätte reifen können. Nicht als ob von einer Abhängigkeit der kirchlichen Architektur des 14. Jahrhunderts in Deutschland von den Bettelorden die Rede sein könnte: ein direkter „Einfluß" der Bettelordenskirchen auf die außerhalb des Ordensverbandes stehende Architektur ist nur in einzelnen Fällen nachweisbar — insbesondere in Süddeutschland, — er kann nicht als allgemeingültig gesetzt werden. Die ähnliche Haltung der deutschen Architektur des 14. Jahrhunderts — es sei an die Pfarrkirchen in NABBURG und ROTHENBURG, an die Ostjoche von St. Lorenz in NÜRNBERG (Südseite) erinnert — beruht auf der Gemeinsamkeit des stilistischen Wollens, dessen frühester Exponent die Bettelordenskirchen sind. Aber durch die von ihnen neu errungene Einstellung zum Raum wird der übrigen Architektur der Weg freigemacht. So erklärt sich das frühe Auftauchen spätgotischer Momente in der Pfarrarchitektur, das den eigentlich zu erwartenden Vorstufen — die jetzt als Rückfälle wirken — zeitlich vorausgeht.

Von Spätgotik kann im eigentlichen Sinne bei den Bettelorden nicht die Rede sein. Die spätgotischen Tendenzen sind in allen Punkten angeschlagen, sind in der Umsetzung des Morphologischen zum größeren Teil durchgeführt. Entscheidendes fehlt doch noch: der Raum ist noch nicht *restlos* verschmolzen, die Baugruppe noch nicht *ganz* zur Einheit zusammengezogen.

Die Form der Basilika widerspricht spätgotischem Raumdenken. Es ist nicht so, als ob die Spätgotik die Halle erfunden hätte. Das südliche und westliche Frankreich und Westfalen hatten sie schon in romanischer Zeit gern verwendet, eine andere Gruppe hatte sich über das Alpengebiet (Oberitalien und Bayern südlich der Donau) ausgebreitet. Aber es scheint, daß die Spätgotik die Halle als diejenige Raumform betrachtete, die sich am besten in ihrem Sinne umbilden ließ: wenn die Absicht war, den Bau zusammenzuziehen, ihn nach außen als massigen Block, nach innen als „Einraum" darzustellen, so kommt die Halle diesem Grundgedanken zweifellos entgegen. Als einzig gleichwertige Raumform käme der Saal in Frage. Aber es scheint, als habe man ihn in der Spätgotik, abgesehen von technischen Bedenken wegen seiner Breitenausdehnung, die aus Gründen der Gewölbe- und Dachkonstruktion ein bestimmtes Maß nicht überschreiten durfte, nicht gern als sakrale Raumform verwendet (außer im Midi). Die Basilika *bedingt* notwendig eine Zusammensetzung aus drei einzelnen Räumen, die stets nebeneinander herlaufen. Die Halle *ermöglicht* a priori das Zusammensehen des ganzen Raumes: sie *bedingt* es nicht. Es ist sehr wohl möglich, eine Halle aus einer Anzahl von Raumkompartimenten zusammenzusetzen, — durch Gurten und Scheidbogen, durch Verwendung von bestimmten Gewölbeformen (Kuppeln oder Gratgewölbe) die einzelnen Schiffe oder Joche voneinander zu trennen, ihre Verschmelzung hintanzuhalten. Aber *wenn* der Raum verschmolzen werden, wenn das Trennende wegfallen soll, dann ist die Halle zu dieser Umbildung viel eher prädestiniert, als die Basilika. Die gleiche Höhe der Schiffe unterstützt das Streben auf Schaffung eines einheitlichen Raumes. Das Mittelschiff, ohne eigenen Lichtgaden, hebt sich nicht als Gesondertes heraus. Die Seitenschiffe gewinnen — da sie ebenso hoch sind wie das Mittelschiff, und da zudem nur *ihre* Fenster als Lichtquelle in Frage kommen — an Bedeutung. Ein gemeinsames Dach, notwendig höher und massiger als das Dach des Mittelschiffs einer Basilika, deckt das ganze Langhaus.

Die Bevorzugung der Basilika bei den Bettelorden erklärt sich ohne Schwierigkeit daraus, daß eben die gewölbte Basilika der Bettelorden aus dem Typ der flachgedeckten Basilika heraus erwachsen ist, — die flachgedeckte aber ergab sich aus den retrospektiven Tendenzen der Orden. Die Umbildung des einzelnen Schiffes durch Verschmelzen der Joche fiel ihnen offenbar leicht; zur Verschmelzung der Schiffe untereinander haben sie sich schwerer entschlossen. Mag sein, daß es noch zu früh war: all die genannten Umbildungen im Sinne der Spätgotik bei den Bettelorden setzen sich in der zweiten Hälfte des 13. Jahrhunderts durch, — 30 oder 40 Jahre vorher waren auf dem Boden der gleichen Städte die letzten großen spätromanischen Bauten entstanden. Die ersten Gewölbebasiliken der Bettelorden bilden die Seitenschiffe sogar auffallend niedrig, so daß sie tatsächlich als Anhängsel wirken, als völlig selbständige Raumteile. Erst in ERFURT (Predigerkirche) (Abbildung 10) wachsen die Seitenschiffe zu solcher Höhe, daß der basilikale Aufbau einem hallenähnlichen Platz macht — dem

Eindruck einer Halle mit überhöhtem Mittelschiff etwa zu vergleichen, wie sie in der schwäbischen Architektur des späten 15. Jahrhunderts beliebt ist. Alle drei Räume gehören zusammen, die Überhöhung des Mittelschiffes ist so gering, die Pfeiler der Arkadenreihe sind so hoch, daß es ganz unmöglich ist, das Mittelschiff als gesondert existierend zu betrachten. Der Gewölbekämpfer liegt so tief, daß er ohne Mühe mit dem Kämpfer der Arkaden in Verbindung gebracht werden kann. Der treppenförmige Aufbau des Langhauses, der so entsteht, fügt doch Stufe zu Stufe, nicht Klotz zu Klotz, ein Teil bedingt den andern, sie stehen nicht isoliert. Es handelt sich um einen ausgesprochenen Übergangstypus von der Basilika zur Halle. FREIBURG hatte den gleichen Gedanken zur gleichen Zeit mit Flachdecke ausgebildet (Abbildung 5). Die völlige Zusammenziehung dieses Raumes wird durch die eigene Belichtung des Obergadens noch verhindert. Sie schließt das Gefühl der Zusammengehörigkeit auch der Wölbungen aus. Es steckt auch hier noch ein Rest, der von dem basilikalen Raumdenken nicht loskommt.

Dieses Haften an der Form der Basilika, während die Bettelorden doch in allen anderen Punkten weit über ihre Zeit hinausgegangen waren, auf die Spätgotik zu, kann nur als Rudiment erklärt werden. Die Geschichte geht nicht mit gleichmäßiger Geschwindigkeit vorwärts; man muß damit rechnen, daß es an einem Punkte rascher geht als am anderen, daß es an einem Punkte Rückfälle gibt, während man an anderen alle gleichzeitigen Bestrebungen überholt. So steht eine Raumform, wie die der Basilika, die aus ganz anderen Bedingungen erwachsen ist, wenn auch gründlich umgebildet, doch innerhalb eines Systems von Formen, das letzten Endes einen ganz anderen Raum verlangen würde.

Es hängt mit diesem Anklammern an die Raumform der Basilika, die dem neuen Bedürfnis nicht mehr entgegenkam, zusammen, wenn der Bau seine starke Richtung auf den Chor beibehält. Diese enge Haltung des Mittelschiffes, dies zielbewußte Streben ist noch nicht gelöst von hochgotischem Empfinden. Spätgotik ist Weite, Ausbreiten nach allen Seiten, Einheit und Richtungslosigkeit. In der Basilika, auch wenn sie der Halle angenähert wurde, ist alles zu hastig, der Aufbau des Mittelschiffes ist zu gedrängt, es ist zu schmalbrüstig. Der Ablauf der Joche bleibt gewahrt, bleibt als solcher — und im Begriff des Ablaufs liegt der eines wie immer gearteten Zieles mit enthalten — unberührt. Eigentlich müßte sich aus dem Wegfall der stärkeren Betonung der Gurten, aus der dadurch bedingten größeren Schnelligkeit des Ablaufs der Jochfolge, die völlige Zusammenziehung der Decke ergeben. Jede Übersteigerung trägt ihren Gegenpol in sich selbst. Aus dem ungehemmten Ablauf der Joche wird durch Ausschaltung der hemmenden Gurte ein gleichmäßiges Liniennetz, das nach keiner Seite bestimmt tendiert. Dem Einzeljoch ist seine Selbständigkeit genommen, die ganze Wölbung ist im Zusammenhang mit der Vereinheitlichung des Gesamtraumes durchaus gleichartig behandelt. Diese letzte Konsequenz wird nicht gezogen — jetzt noch nicht. Sie wird erst von der eigentlichen Spätgotik bis in ihre letzten Folgen durchgedacht[23]).

Es steht ähnlich mit der Art, in welcher der Chor über den platten Schluß der Seitenschiffe hinausgeschoben ist. Auch diese Isolierung des Chors gegenüber den Seitenschiffen ist nur zu erklären aus den Entstehungsbedingungen dieses Grundrisses heraus, als Analogie zu der notwendigen Isolierung des Mittelschiffes im basilikalen Schema. Auch sie wird in den Kirchen der Bettelorden beibehalten, trotzdem sie dem spätgotischen Gefühl, das sonst überall sich äußert, nicht mehr entspricht. Die Spätgotik verlangt stärkere Einbindung auch des Chors in den Gesamtraum, durch Weiterführung der Seitenschiffe als Umgang etwa, oder durch Ausbildung des Seitenschiffschlusses zu eigenen Nebenchören, die mit dem Hauptchor kommunizieren. Die Bettelorden erfüllen diesen Wunsch noch nicht. Man löst sich nicht auf der ganzen Linie gleichzeitig vom Ausgangspunkt los.

Dieses Schwanken, diese Unentschiedenheit sind typische Kennzeichen einer Zeit, die zwischen den Stilen steht. Zur Spätgotik zieht das gleiche Grundgefühl. Es hat sich noch nicht in allen Punkten durchgesetzt: die Verschmelzung der Joche ist geglückt, jedes Schiff ist eine vollkommene Einheit, die im letzten Grund romanische Kompartimententeilung der hohen Gotik ist überwunden; das ist der erste Schritt zur völligen Zusammenziehung des Raumes zur Einheit, zur Aufhebung der Trennung der Schiffe unter sich, die hier zu überwinden noch nicht gelungen ist. Der Raum stellt sich nach außen als Masse dar, darin weit über die Hochgotik hinausgehend. Die Wand ist zur Flächenhaftigkeit gelangt, ist geschlossen und erleichtert, wie nur je die eines spätgotischen Baues, darin den stärksten Gegensatz zur Auflösung und Zerrissenheit der Hochgotik bildend. Die Verschleifung der Glieder (Wegfall der Kapitelle, Hohlkehlprofil) ist gleichfalls spätgotisch. Die wesentlichsten Schritte sind getan: das Fehlende ist so vorbereitet, daß es mit absoluter Folgerichtigkeit kommen muß.

Die zeitliche Stellung der Bettelordensarchitektur innerhalb der gesamten gotischen Architektur in Deutschland bietet dabei das eigentümliche Bild, daß diese Vorstufe der Spätgotik fast gleichzeitig mit dem Eindringen der hohen Gotik in Deutschland in Erscheinung tritt, daß also die Hochgotik im Grunde bei ihrem Einmarsch in Deutschland schon überwunden ist. Man gewinnt den Eindruck, daß das deutsche Raumdenken auf die Hochgotik nicht eingestellt war. MARBURG und TRIER und die abhängigen Bauten gehen auf die französische Frühgotik zurück, von den im Grunde noch spätromanischen Kirchen, wie dem MAGDEBURGER Chor oder LIMBURG (Lahn) kann abgesehen werden. KÖLN ist ein rein französischer Bau, und es ist ein bloßer Zufall, daß er auf deutschem Boden steht. STRASSBURG (1250), REGENSBURG (1275), OPPENHEIM (1290), HALBERSTADT (1250/60 begonnen[24]) kämen einzig als Umbildungen französischer hochgotischer Vorbilder (St. Denis, St. Urbain in TROYES unter Einwirkung von REIMS und anderen Bauten) in Betracht, haben aber keine Nachfolge gefunden. Hier beginnt dann die Reduktion der Hochgotik — ALTENBERG, MARIENSTATT, von KÖLN in der zweiten Hälfte des 13. Jahrhunderts ausgehend, FREIBURG (60er bis 80er Jahre), REUTLINGEN, NÜRNBERG (erste Hälfte bzw. Mitte des 14. Jahrhunderts) von STRASSBURG aus — in keinem Fall als hochgotisch im eigentlichen Sinn zu werten. Gleichzeitig mit den Domen von KÖLN und STRASSBURG entstehen aber schon die Bettelordenskirchen in ESSLINGEN, STRASSBURG, REGENSBURG, KÖLN, welche die neuen spätgotischen Gedankengänge zum Siege führen, zum Teil vor, zum Teil gleichzeitig mit den reduzierten Kirchen ihres Gebietes im Bau, denen sie stilistisch doch voraus sind: 1275, also gleichzeitig mit den ersten reduzierten Bauten, entsteht in LÜBECK die Marienkirche: die Ostseegruppe dringt im Norden mit der gleichen Tendenz wie die Bettelordensarchitektur vor: auch hier wird die Spätgotik entscheidend vorbereitet.

✶

4. DIE HALLE

Die schwankende Unentschiedenheit, mit der die ERFURTER Predigerkirche zwischen den beiden Typen der Basilika und der Halle steht, ist bezeichnend für die Stellung der Bettelordensarchitektur innerhalb des Jahrhunderts von 1250 bis 1350. Sie ist die typische Vertreterin der in jeder Zeit vorhandenen Nebenströmungen: als solche Altes aufnehmend und es befruchtend, wertvolle Keime zu Neuem in sich tragend, aber gleichzeitig belastet mit Altem und noch nicht fest entschlossen, wie das Neue voll auszunützen sei. So erklärt sich ihre ausgesprochene Neigung zum Typ der Basilika, der dem neuen Raumempfinden, das in ihrer Architektur doch schon aufwächst, nicht mehr entspricht. Die Bettelorden haben die Halle ganz und gar nicht bevorzugt, wie manchmal behauptet worden ist — dies hat schon *Dehio* zurückgewiesen (*Gesch. d. dtsch. Kunst, II, S.* 22). Man wird im Gegenteil das Gefühl nicht los, daß sie ihnen ungewohnt und unbequem war, daß sie nicht recht wußten, was mit ihr anzufangen sei. Sie nehmen sie zwar auf: aber es gelingt ihnen nicht, sie ebenso folgerichtig umzubilden, wie sie es mit der Basilika getan haben. Die Umwandlungen, die innerhalb der Bettelordensarchitektur mit der Halle vorgehen, sind nicht einheitlich, zersplittern. Sie verbreiten in Westfalen einen hochgotischen Typ, bilden ihn in der Mark durch Veränderung der Körper in Richtung auf die Spätgotik um, aber sie kommen nicht zum Ziel. Neben diesem vorwärtsweisenden steht in Niedersachsen der retrospektive Typ der pseudobasilikalen Halle. Die Halle in der von der Spätgotik bevorzugten Form hat sich in Deutschland ohne Hilfe der Bettelorden durchgesetzt.

Es ist wesentlich, daß die Variierung der Bettelordenskirchen in den einzelnen Landschaften sich bei den Hallenkirchen besonders deutlich aufzeigen läßt. Man nahm die Halle dort auf, wo sie eine bereits gewohnte Bauform war — in Westfalen und den von dort abhängigen nordostdeutschen Ländern durchweg, und vereinzelt in den südwestdeutschen Landstrichen, wohin sie aus dem hessischen Hallengebiet gedrungen war. In anderen Gegenden, vor allem im Rheinland, vermag sie in früher Zeit nie Fuß zu fassen, und auch dort, wo sie heimisch ist, tendieren die Abwandlungen, die sie durch die Orden erfährt, nicht entschieden auf die Spätgotik, wie bei den Basiliken.

Deutlich tritt das in der Zwischenform der pseudobasilikalen Halle hervor. Die Grundzüge des Typus sind bekannt: über dem Arkadenscheitel des Mittelschiffes liegt noch ein Obergaden, der aber zu niedrig ist, um dem Mittelschiff eigene Beleuchtung geben zu können. Es ergibt sich so ein Raum, der von der Basilika den Obergaden, die größere Höhe des Mittelschiffes gegenüber den Seitenschiffen, von der Halle die Beleuchtung des Langhauses nur durch die Seitenschiffsfenster übernommen hat. Der Typ ist vor allem in Nordwestdeutschland verbreitet, ein besonders schönes Beispiel bietet die Franziskanerkirche in HALBERSTADT.

Die Bedeutung dieser Gruppe liegt darin, daß sie das unentschiedene Verhalten der Bettelorden zur Raumform der Halle gut beleuchtet und insofern ein Seitenstück bietet, zu den Basiliken mit hohen Seitenschiffen und sehr niedrigem Obergaden, die — flachgedeckt — von der FREIBURGER Gruppe (Abbildung 5), gewölbt von der ERFURTER Predigerkirche (Abbildung 10) vertreten werden. In diesem Typus hatte sich der Drang der Bettelorden manifestiert, von der Umgestaltung der einzelnen Teile der Basilika aus — Zusammenfassung und Schließung der Mauer, Verringerung ihrer Schwere (nicht durch Auflösung, sondern durch Änderung der konstituierenden Glieder) — zur Neugestaltung des Raumes selber zu kommen. Durch Annäherung der Seitenschiffshöhe an die Höhe des Mittelschiffs wird die Sonderstellung, die dem Mittelschiff in der Basilika notwendig zukommt, zurückgedrängt und man gelangt zu einer Art Vorstufe der treppenförmig aufgebauten Halle, ohne daß man doch von der Basilika im Letzten sich zu lösen imstande wäre. Die treppenförmige Halle ist die Form, in der erst die schwäbische Spätgotik letzte Lösungen erreicht hat: eine andere Lösung, als sie die Erzgebirgshalle gefunden hatte, in welcher der Raum eine ungegliederte Einheit und nachträglich unterteilt ist. In der schwäbischen Form ist noch ein basilikales Moment latent, während das sächsiche Gebiet offenbar stets von der reinen Halle ausgegangen war.

Der wesentliche Unterschied der eigentlich pseudo-basilikalen Hallen von dieser hochentwickelten Stufe der Basiliken besteht darin, daß nicht die Basilika weitergebildet wird, sondern daß man bei der Konstituierung dieser Raumform offenbar von der Halle ausgeht. Daß aber ihre Idee nicht rein zum Ausdruck kommt, sondern daß die Orden, von ihrem basilikalen Raumdenken getrieben, zu einer rückformenden Umbildung schreiten, indem hier die Höhe der Seitenschiffe herabsinkt: das Ungewohnte der Hallenform für die Bettelorden wird damit dokumentiert.

Während die hallenmäßigen Basiliken vom Typ ERFURT durch das Licht, das durch ihre kleinen, halbversteckten Fenster dicht unterhalb der Decke in den Raum dringt, ganz eigenartige Wirkungen erzeugen, das Gewölbe zerreißen, eine helle Lichtbahn über den dunklen Mauerstreifen legen, der sich über den Arkadenscheiteln hinzieht, bleibt der Obergaden der pseudo-basilikalen Halle ungegliedert, roh, zu nichts verwendbar, auch wenn, wie in HÖXTER, die Mittelschiffsdienste über ihn weg zum Gewölbe aufsteigen, so daß also das völlig Unbeholfene des Obergadens, wie es auch gelegentlich vorkommt, wegfällt. Diese Oberwand ist stets dunkel, läßt den Ansatz der Decke nur unklar erkennen und vermittelt nicht zwischen Hochschiff und Seitenschiffen, wie der Obergaden der hallenmäßigen Basiliken, wo eine Stufenfolge von hellen Seitenschiffsfenstern, dunklem Mauerstreifen, hellen Hochfenstern zustande kommt. Die starken basilikalen Tendenzen, die der pseudo-basilikalen Halle trotz aller Fehler zugute kamen, hinderten die basililka eingestellten Bettelorden zur wirklichen Halle die richtige Stellung zu finden.

*

Während beim Typ der Basilika die Bettelorden weit über die eigentliche Gotik hinausgehen und zu Lösungen kommen, die eine Vorstufe der Spätgotik darstellen, kann die Umwandlung, welche die Halle in den norddeutschen Gebieten erfährt, mit kurzem Schlagwort als „Gotisierung“ bezeichnet werden. Westfalen hatte den Typ der romanischen Halle nach Deutschland gebracht: zuletzt, in dem in Betracht kommenden Zeitpunkt, im dritten Viertel des 13. Jahrhunderts, in einer Modifikation, die quadratische Joche in allen drei Schiffen oder wenigstens quadratische Joche im Mittelschiff und ziemlich breite längsoblonge Joche in den Seitenschiffen verwendet (PADERBORN, HERFORD). Wesentlich für den Eindruck dieser romanischen Halle ist die Trennung der Joche: die Schiffe selbst stellen keine geschlossene Einheit dar; es liegt kein Zwang vor, wie in jeder Basilika, sie der Länge nach, vom Eingang zum Chor, zu durchschreiten. Man könnte ebensogut der Breite nach durch die Kirche gehen. Aber jedes Joch des einzelnen Schiffes bildet eine in sich geschlossene Einheit: das kuppelige Gewölbe mit acht Rippen; die kreuzförmigen Pfeiler mit Vorlagen und Eckdiensten, die kein Hinübergleiten ins nächste Joch gestatten; vor allem die quadratische, in sich beruhende Form des Einzeljoches lassen jedes Joch für sich, und den Raum als zusammengesetzt aus vielen Jochen empfinden. Dies ist das Wesen der romanischen Halle — gegensätzlich zur frühromanischen auf der einen Seite, die zwar die Schiffe untereinander trennt, aber innerhalb der Schiffe ein freies Hin und Her ohne Halt gestattet — das beste Beispiel bieten die süd- und westfranzösischen Hallen aus dem 11. Jahrhundert mit ungegliederten Tonnen in allen drei Schiffen, oder wenigstens im Mittelschiff. In der Gliederung der Tonne durch Gurtbogen und zusammenhängend damit der Verbindung der Stützenreihe mit der Tonne liegen dann die ersten Ansätze zur „additiven" romanischen Raumform. Nach der anderen Seite stellt sich der Gegensatz dar in der spätgotischen Halle, die den gesamten Raum als Einheit empfindet und weder die Schiffe noch die Joche voneinander trennt. Um aber zu dieser Raumform gelangen zu können, bedurfte es erst der Entwertung des Einzeljoches, das in der Romanik noch zu stark betont war. Die Aufgabe der Verbreitung dieses hochgotischen Hallentyps wird für Norddeutschland von den Kirchen der Bettelorden geleistet.

Sie führen im ganzen norddeutschen Tiefland das queroblonge Joch für die Halle ein (Abbildung 14). Die Bedeutung dieser Tatsache muß richtig eingeschätzt werden. Das quadratische Joch ist notwendig in sich beruhigt, geschlossen. Es lädt zur gleichwertigen Betonung der vier Seiten ein (seine charakteristische Wölbungsform ist das achtteilige Gewölbe). Das queroblonge Joch verlangt Ergänzung, hat also eine bestimmte Richtung. Durch die engere Stellung der Pfeiler, die es notwendig bedingt, wird die Zusammengehörigkeit des Schiffes Herr über die Selbständigkeit des Einzeljoches. Die Pfeilerfolge schließt sich für den Blick wandartig zusammen. Wie in der Basilika der Bettelorden wird die Verschmelzung der Joche innerhalb des Schiffes gefördert durch die Schwäche der Gurten und ihre Anähnelung an die Rippenform. Die Scheidbogen, die die Pfeilerreihe verbinden, bleiben auffallend stark. An Stelle des kuppeligen Gewölbes, das Westfalen vorher verwendet, tritt ein Gewölbe mit planen Tonnen[25]) oder mit ganz geringem Stich. Auch das trägt zur Verschmelzung der Joche bei. In das Joch ist der Keim zur Auflösung hineingetragen, die Schiffe gehen noch nicht ineinander über.

Nur in einem Punkt haben die Bettelordenskirchen in dieser westfälisch-märkischen Gruppe von Hallen das Hochgotische abgestreift und sind zur Spätgotik übergegangen. Grundsätzlich wird das ganze Langhaus mit einem großen Satteldach, das über die drei Schiffe sich erstreckt, gedeckt. Das war eine völlig neue Lösung[26]). In den bisherigen Hallenkirchen war die hochgotische Dachlösung herrschend gewesen: ein Satteldach über dem Mittelschiff, mit angeschifteten Querdächern über den Seitenschiffen. (Die Gestaltung des Daches mittels dreier paralleler Satteldächer spielt außer an der Küste in Deutschland kaum eine Rolle.) Die Trennung der einzelnen Joche, gewiß die der einzelnen Schiffe, wird dadurch scharf herausgeholt. Ob dabei die westfälische Lösung mit Frontgiebeln vor den einzelnen Querdächern oder die hessische mit Abwalmung der Querdächer gewählt wird, ist für den Eindruck relativ gleichgültig. Erst, wenn das Dach sich über die drei Schiffe erstreckt, wird die Einheit des ganzen Baukörpers, der im Innern unterteilt sein mag, betont.

Weitere Möglichkeiten der Entwicklung aus dem hochgotischen Raumgefühl heraus bieten sich durch die Umsetzung des Formenapparates (Abbildung 15). Der achteckige Pfeiler verdrängt in der Mark und in Niedersachsen den in Westfalen (und in der frühesten märkischen Bettelordenskirche, in NEURUPPIN) noch verwendeten Rundpfeiler mit vier Diensten. Es wird so nicht nur das Körperliche verändert, nicht nur die Abgeschlossenheit des einzelnen Pfeilers gegenüber dem umgebenden Raum energisch betont; auch das Verhältnis der Joche untereinander verschiebt sich dahin, daß das einzelne Joch unter keinen Umständen mehr als Einheit begriffen werden kann. Die vorgelegten Dienste der Rundpfeiler wirken notwendig stets als Eckpunkte eines abgeschlossenen Raumteiles. Sie gebieten dem Blick an jeder Jochgrenze ein bestimmtes Halt[27]). Der achteckige Pfeiler ist unbestimmter. Das Auge gleitet an ihm vorbei, empfindet ihn nicht als Hemmung beim Vordringen in die Tiefe des Raumes. Daß die Verbindung der drei Schiffe durch die neue Pfeilerform gefördert wird, ergibt sich ohne weiteres. Die Möglichkeiten, sie zusammen zu sehen, von einem Schiff ins andere hinübergleiten zu können, sind bei der Halle noch stärker als bei der Verwendung des Achteckpfeilers in der Basilika. Die Raumform, aus den drei nebeneinanderliegenden Kuben zusammengesetzt, ist für eine Verschmelzung der Schiffe dort absolut ungeeignet, und die der Verschmelzung entsprechende Pfeilerform vermag dagegen nicht aufzukommen. In der Halle erwachsen aus der Verbindung einer Raum- und Körperform, die beide geeignet sind, die Verschmelzung zu unterstützen, neue Möglichkeiten.

Wesentlicher erscheint es noch, daß die Form der Arkaden im $^3/_8$-Profil jetzt der Pfeilerform ähnlich ist oder ihr angeähnelt werden kann, so daß es möglich wird, den Kämpfer ohne Schwierigkeit abzustoßen. In der Hallenkirche setzt sich dieses Motiv (Dominikanerkirche in HALLE) anscheinend unter dem Einfluß der pseudo-basilikalen Hallen Niedersachsens durch. Die Bedeutung des Kämpferwegfalls in der Halle liegt klar. In der Basilika konnte er nur dazu dienen, die Obermauer zu erleichtern, die ganze Wandfläche zusammenzuziehen. Hier kommt es zu einer Verschmelzung der Arkaden- und Deckenregion, die zur völligen Zusammenziehung des Schiffes führen kann. Die Scheidbogen wachsen in die Gewölberegion hinein — zu den Gewölben sowohl als zu den Pfeilern gehörig — die beiden auseinanderstrebenden Bestandteile des Schiffes zusammenbindend. Das Gewölbe kann nicht mehr für sich gesehen, gleichsam als Ganzes vom Schiff abgehoben werden, wie in der westfälisch-märkischen Gruppe. Es läßt sich kein Trennungsstrich ziehen. Hier ist der Versuch gemacht, das ganze Schiff als Einheit zu begreifen.

Es berührt aber eigentümlich, wie rückständig diese Gruppe von niedersächsischen Hallenkirchen zum Gewölbe sich stellt. Wenn es überhaupt vorhanden ist, wird es auf Konsolen den Pfeilern angeheftet — gern aber tritt an seine Stelle die Flachdecke

(HALBERSTADT und HILDESHEIM, Dominikanerkirchen). In jedem Fall ist das Gewölbe mit dem eigentlichen Schiff nicht zusammengedacht, es wird ein Bruch in Kämpferhöhe spürbar. Die vollkommene Zusammenziehung der Decken- und Pfeilerzone wäre nur möglich gewesen, wenn man die Gewölbeglieder aus dem Pfeiler hätte herauswachsen lassen. Diese Lösung hat man erst kurz vor der Mitte des 14. Jahrhunderts gefunden.

Die Einstellung zu den Problemen, die in der Halle lagen, ist bei den Bettelorden unrein: dem fortschrittlichen Verhalten, das im Hineinwachsen der Arkadenbogen in die Deckenzone deutlich wird, steht ihre rückständige Einstellung in der Frage des Gewölbeansatzes gegenüber. Man hatte das Problem, den Raum als Einheit zu sehen, noch nicht einmal für das einzelne Schiff ganz erfaßt. Von einer Zusammenziehung des ganzen Langhauses konnte nicht die Rede sein. Der Scheidbogen hebt sich immer noch scharf aus dem Gewölbe heraus, die Linie des Schildbogens schließt sich dem Scheidbogen niemals an. So sind die drei Schiffe, die unten ineinanderfließen, denen die Pfeiler nicht mehr hemmend im Wege stehen, oben betont auseinandergehalten. Während sich in der unteren Zone spätgotisches Raumgefühl durchzusetzen beginnt, ist in den Gewölben die hochgotische Trennung der Schiffe mächtig geblieben.

Von einer anderen Seite her treibt in der ersten Hälfte des 14. Jahrhunderts eine Anzahl von Kirchen, zuerst die STRASSBURGER Dominikanerkirche in ihrem Umbau, wenig später die Dominikanerkirche in PIRNA und die Franziskanerkirche in DRESDEN (Abbildung 16) auf die Spätgotik zu. Hier wird die zweischiffige Halle aufgenommen. Der Gedanke an sich war nicht neu — in ganz Deutschland waren seit dem Anfang des 13. Jahrhunderts spätromanische zweischiffige Hallen entstanden —, es sei an St. Nicolai in SOEST, an St. Eucharius in NÜRNBERG, an St. Peter in BRANDENBURG erinnert. Die „Erzwingung der Schrägsicht durch die beiden Schiffe (an Stelle der bloßen Möglichkeit)“[28]) ist also nichts spezifisch Spätgotisches — die späte Romanik hatte sie schon ebenso gekannt. Es liegt nahe, sie auf das Konto des Spätstils zu setzen, sie der Spätromanik und Spätgotik deshalb zuzuschreiben, weil beide eben Endphasen seien: dies aber würde die Voraussetzung involvieren, daß wirklich Spätromanik und Spätgotik gleichwertig gesetzt werden könnten, daß also beide die letzte Stufe der Raumunterteilung (Division) darstellten; eine Voraussetzung, die an die überlieferte Terminologie von Spätromanik sich klammerte, ohne zu sehen, daß es sich bei dieser Spätromanik um nichts anderes handelt als um den Versuch, einen „addierten“, zusammengesetzten Raum ins Divisive umzusetzen. Spätromanik und Hochgotik laufen durchaus parallel: die Absicht ist die gleiche, den Körper aufzulösen und dadurch den überlieferten Raum umzubilden. Die Verschiedenheit des Formenapparates verhindert trotzdem eine völlige Identität auch in der Einstellung gegenüber dem wesentlichen Problem der Raumform. Die Spätromanik arbeitet mit einem rückständigen Formenapparat, der sie immer wieder in die Bahnen eines Totalitätsstils zurückzudrängen bestrebt ist, die Gotik verwendet den neuen Formenapparat, der, aus einer divisiven Einstellung heraus geschaffen, zur endlichen Bildung eines divisiven Raumes auch geeignet ist. Die Spätstufe einer bloßen Phase (der Romanik) kann nicht mit der Spätphase einer ganzen Epoche (Spätgotik) gleichgesetzt werden. — Der Spätstufe als solcher kommt das Moment der zweischiffigen Halle nicht zu.

Schließlich darf man auch die Tatsache nicht vergessen, daß seit dem Aufkommen der zweischiffigen Halle im 13. Jahrhundert die Tradition nicht mehr abreißt. — Von den spätromanischen Hallen der norddeutschen Tiefebene läuft ein direkter Strang weiter ins 14. Jahrhundert und von da ins 15. Innerhalb dieses Stranges steht auch ein Bau wie die ANGERMÜNDER Franziskanerkirche in ihrem zweiten Zustand.

Die zweischiffige Halle ist nicht spät, sie ist gotisch. Der Raum ist unterteilt, man muß seitlich der Mittelachse stehen, da sie ja von der Pfeilerreihe eingenommen wird, und muß so den Bau in einer Schräglinie aufnehmen. Unterstrichen wird die Betonung dieser Blickrichtung durch die Lage des Chors, der, in der Mittelachse liegend, niemals von vorn, stets nur schräg gesehen werden kann. Darin liegt denn auch die neue Einstellung zum Gottesdienst, das buchstäbliche „Beiseiteschieben" der Vorgänge am Meßaltare klar. Nur insofern der Partialitätstil notwendig später ist, als der Stil der Totalität, kann die Raumform der zweischiffigen Halle als ein spätes Motiv gelten.

Daß die Spätromanik den Gedanken, den sie aufgenommen hatte, doch nicht durchführen konnte, liegt darin begründet, daß der Formenapparat, mit dem sie arbeitete, noch nicht reif war für die Schaffung eines völlig divisiv gedachten Raumes. Die Verwendung der streng getrennten Einzeljoche, der abschließenden, die Hauptachse betonenden Pfeiler und Kapitelle steht hindernd im Wege. Es ist unmöglich, den Gedanken der Schrägsicht in einem Bau durchzuführen, dessen Teile noch nicht verschmolzen sind, der dem räumlichen Hinübergleiten von Joch zu Joch, von Schiff zu Schiff, Widerstand entgegensetzt. Erst wenn diese Verschmelzung vor sich gegangen war, wurde es möglich, auch die Blickführung neu zu regeln. Der neue Formenapparat arbeitete die neugeschaffene Raumform um; erst dann konnte sie voll ausgenützt werden. — So erklärt sich die relativ seltene, immer nur anlaufsweise versuchte Verwendung der zweischiffigen Halle in der Hochgotik. Man empfand den Formenapparat als inadäquat dem zu schaffenden Raum und verzichtete auf ihn, bis man die geforderte Morphologie zur Verfügung hatte: sobald dies der Fall war, griff man zu. Hierin liegt die Bedeutung der Bettelorden auch auf diesem Felde: sie haben den neuen Raum nicht geschaffen, aber sie sind an seiner Umbildung in erster Linie beteiligt. Die Trennung der Joche fällt weg, Rippen und Gurte werden gleichgebildet, die Scheidbogen zum wenigsten ihnen angeähnelt; die Gewölbeglieder sitzen nicht mehr auf den Trägern auf, sie entwachsen ihnen direkt, breiten sich nach allen Seiten gleichmäßig aus. Der neue, vom romanischen Erbe befreite Formenapparat ermöglicht die Schaffung eines wirklich unterteilten Raumes.

Wieder, und dieses Mal in ganz entscheidendem Grade, werden hier Zusammenhänge des Kirchenbaues der Bettelorden mit profaner Architektur deutlich. Schon für die spätromanische zweischiffige Halle ist es sehr wesentlich, daß sie eigentlich nur für kleinste Kapellenbauten in Anwendung kommt, für Bauten also, deren hochkirchlicher Charakter zum wenigsten nicht ausgesprochen klar zutage lag. Trotzdem wahrte in ihnen die Beibehaltung einer eigenen Apsis die sakrale Haltung des Baues. Fällt der Chor aber weg, wie in den Bettelordenskirchen von PIRNA und ANGERMÜNDE II, wie in allen französischen Dominikanerkirchen (AGEN, PARIS), so ist die Verwandtschaft mit den großen zweischiffigen Sälen der Klöster, Burgen, Rathäuser, wie sie zum mindesten seit der Mitte des 12. Jahrhunderts nachweisbar sind, evident. Die zweischiffige Halle gilt als profane Raumform — hier lassen sich auch Gründe aufzeigen: sie verhindert den eigentlichen Meßdienst, indem sie die Richtung auf den Altar unmöglich macht, dagegen leistet sie einem freien Hin und Her, wie es unter Gleichgestellten, die in einem Raume sich versammeln, üblich ist, Vorschub. An Stelle der Richtung tritt die Ziellosigkeit — Zusammenhänge mit der Umstellung des Gottesdienstes von der hochfeierlichen Messe auf die profane Predigt seien hier nur angedeutet, etwas näher mag das Schlußkapitel darauf eingehen.

Bei den Kirchen in STRASSBURG und DRESDEN treten dann die Erinnerungen an den Profanbau zurück. In DRESDEN freilich trübt sich dann auch gleichzeitig die Reinheit des Gedankens eines einheitlichen, nachträglich unterteilten Raumes: der Chor wird verdoppelt, die Schrägansicht also nicht mehr notwendig gefordert. Erst im 15. Jahrhundert führt eine Anzahl von Bauten den Gedanken der zweischiffigen Halle mit gemeinsamem Chor (NAMEDY, BORNHOFEN) rein durch.

*

HISTORISCHER TEIL

GRUPPIERUNG DER BAUTEN

Daß die Arbeit nicht darauf ausgehen kann, unter den deutschen Bettelordenskirchen die sämtlichen Kirchen der Orden innerhalb der Grenzen des Deutschen Reiches — vor oder nach 1919 — zu verstehen und sie zum Gegenstand der Untersuchung zu machen, ist eigentlich so selbstverständlich, daß es unnötig erscheint, darüber viel Worte zu verlieren. Eine solche Aufzählung und Aneinanderreihung, selbst wenn sie nach Ordensprovinzen oder Landschaften geordnete Gruppen zusammenstellte, hat nicht mehr als deskriptive Bedeutung. Sie kann dem Kunsthistoriker, wenn er seine Aufgabe richtig versteht, nur Material liefern — ist als solche wertvoll und, wo die Arbeit nicht vorher geleistet worden ist, unumgänglich zu leistende Vorarbeit für die Behandlung, ehe zur eigentlichen Sichtung und Verwertung des Materials geschritten werden kann[29]). Aber auf diese Verwertung eben kommt es an. Von diesem Standpunkt aus gesehen, wird es verständlich erscheinen, daß es notwendig war, den Begriff „deutsch" anders zu fassen, um zu brauchbaren Resultaten zu kommen. Die politischen Grenzen des Reiches kommen nicht in Frage. Die Verschiedenheiten sind zu groß, um alle, innerhalb ihrer liegenden Bettelordenskirchen auch im kunstgeschichtlichen Sinne als Einheit fassen zu können. Es ging nicht an, die elsässischen Kirchen, die mit den schwäbischen absolut übereingehen, wegzulassen, die ganz verschieden gearteten westpreußischen einzubeziehen, einzig weil das eine Gebiet 1783 an Deutschland gekommen, das andere 1919 verlorengegangen ist. Freilich konnten auch nicht die historischen Grenzen des Deutschen Reiches — oder der deutschen Kultur oder der deutschen Sprache — um 1300 ohne weiteres zugrunde gelegt werden. Auch hierbei hätte sich das Bild verzerrt. Böhmen, Mähren, die Niederlande waren in politischer, in kultureller, in sprachlicher Hinsicht überwiegend deutsch — für unsere Arbeit ist dies bedeutungslos, wenn nicht auch die Übereinstimmung unter den zu behandelnden Objekten groß genug ist, um eine gemeinsame Behandlung zuzulassen. Die Aufgabe lag vielmehr so, daß aus dem vorliegenden Material ein möglichst klares Bild der wesentlichen Grundeigenschaften einer Bettelordenskirche nördlich der Alpen zwischen Vogesen und Elbe etwa gewonnen werden mußte. Die Objekte wurden zusammengenommen und die der Mehrzahl von ihnen gemeinsamen Züge festgelegt. So fand sich, bei allen Abweichungen im einzelnen, durch Übereinanderdecken der verschiedenen sich ergebenden Bilder (so wie man zur Feststellung von Sprachzentren Karten übereinanderlegt, um so in dem Gebiet, in dem die sämtlichen Bilder der Sprachenkarten sich decken, das Zentrum zu erhalten) doch je ein Grundtypus für die verschiedenen Raumformen des Saales, der Flachdeckbasilika, der gewölbten Basilika und der Halle. Diese Idealtypen ordnen sich nun zu einem klaren Bilde: einzig der Typus des Saales bleibt außerhalb stehen. Die flachgedeckte Basilika greift auf Vorromanisches zurück und bereitet damit der gewölbten Basilika den Weg zur Spätgotik. Gewölbebasilika und Halle gehen in der Grundhaltung, die in der Schließung der Wand, der Verwendung des queroblongen Joches ihren Exponenten findet, überein. So fügt sich Rückständigstes als Vorbereitung zu Fortschrittlichstem, verzahnt sich mit ihm. — Dazu kommen gemeinsame Merkmale für alle Raumformen: die eigentümliche Grundrißgestaltung ohne Querhaus, die Verwendung von Hohlkehlprofilen, Achteckspfeilern, der Verzicht auf Kämpferbetonung. Es handelt sich aber bei der Sichtung des Materials, um die es hier geht, weniger um die Einzelformen. Wesentlicher erscheint die Grundhaltung, die hinter der Bettelordensarchitektur steht: hier liegen die beiden Idealtypen gegründet — der vorromanische und der vor-spätgotische.

Ja nach dem Grade, in dem nun die Objekte von dem zugrunde liegenden Idealbild abweichen — in dem also die betreffenden Kirchen mehr oder weniger „bettelordensmäßig in deutscher Manier" erscheinen, fallen dann einzelne Randgebiete, an deren Kirchen ganz wesentliche Punkte des Idealtypus fehlen, ab. So teilen zwar die östlichen Gebiete — Böhmen, Schlesien, West- und Ostpreußen — das Charakteristikum der Querschiffslosigkeit mit den übrigen Bettelordenskirchen in Deutschland. Doch sind die Abweichungen von der unbewußt aufs Spätgotische zielenden Haltung der eigentlichen deutschen Bettelordenskirchen, besonders in der Frage der Queroblongität der Joche, der Turmlosigkeit, in dem ganzen dort noch reaktionär hochgotischen Habitus zu groß, als daß es möglich wäre, sie gemeinsam zu betrachten. Die Bauten würden unvermittelt nebeneinanderstehen und kein einheitliches Bild ergeben.

Innerhalb des so als deutsch im Sinne der Bettelorden festgelegten Gebietes, des Gebietes also, in dem die Idealtypen rein oder annähernd rein zu finden sind, unterscheiden sich dann die einzelnen Landschaften durch die Bevorzugung bestimmter Raumformen. Diese Bevorzugung ist bedingt durch die landschaftlichen Gewohnheiten außerhalb der Ordensarchitektur: vor dem Auftreten der Bettelorden schon war die Halle in Westfalen herrschend, wie die flachgedeckte Basilika in Südwestdeutschland. Man wird feststellen können, daß die ersten Bettelordenskirchen — vor der Mitte des 13. Jahrhunderts — sich der heimischen Architektur im Ganzen anschließen, höchstens unter Betonung der größeren Einfachheit. Die Beispiele sind dünn gesät, man mag in Süddeutschland GMÜND, am Rhein KÖLN (Sion), SELIGENTHAL und KOBLENZ I nennen. Wichtiges bringt erst die zweite Phase: hier folgte zum Teil der Rückgriff auf Vorromanisches — am frühesten in KONSTANZ — und an ihn anschließend die Umbildung ins Spätgotische. Diese Periode dauert bis rund 1280 — ESSLINGEN, REGENSBURG, KÖLN. Die letzte Phase, mit der norddeutschen Tiefebene als Zentrum, bemüht sich dann um die Umsetzung hochgotischer Typen ins Spätgotische. Um 1350 ist das Ziel erreicht — die übrige Sakralarchitektur nachgerückt —, die Bettelordensarchitektur verliert an Bedeutung für die Entwicklung. Solange sie reift, ist jede Landschaft Träger einer bestimmten Aufgabe, so daß beispielsweise die Verwendung und Ausbildung der flachgedeckten Basilika in ihren beiden Typen in Süddeutschland erfolgt, und gerade hier die charakteristische vor-spätgotische Gewölbebasilika der Dominikaner in REGENSBURG entstehen kann. Die Ausbildung der Halle in der für die Bettelorden bezeichnenden Form

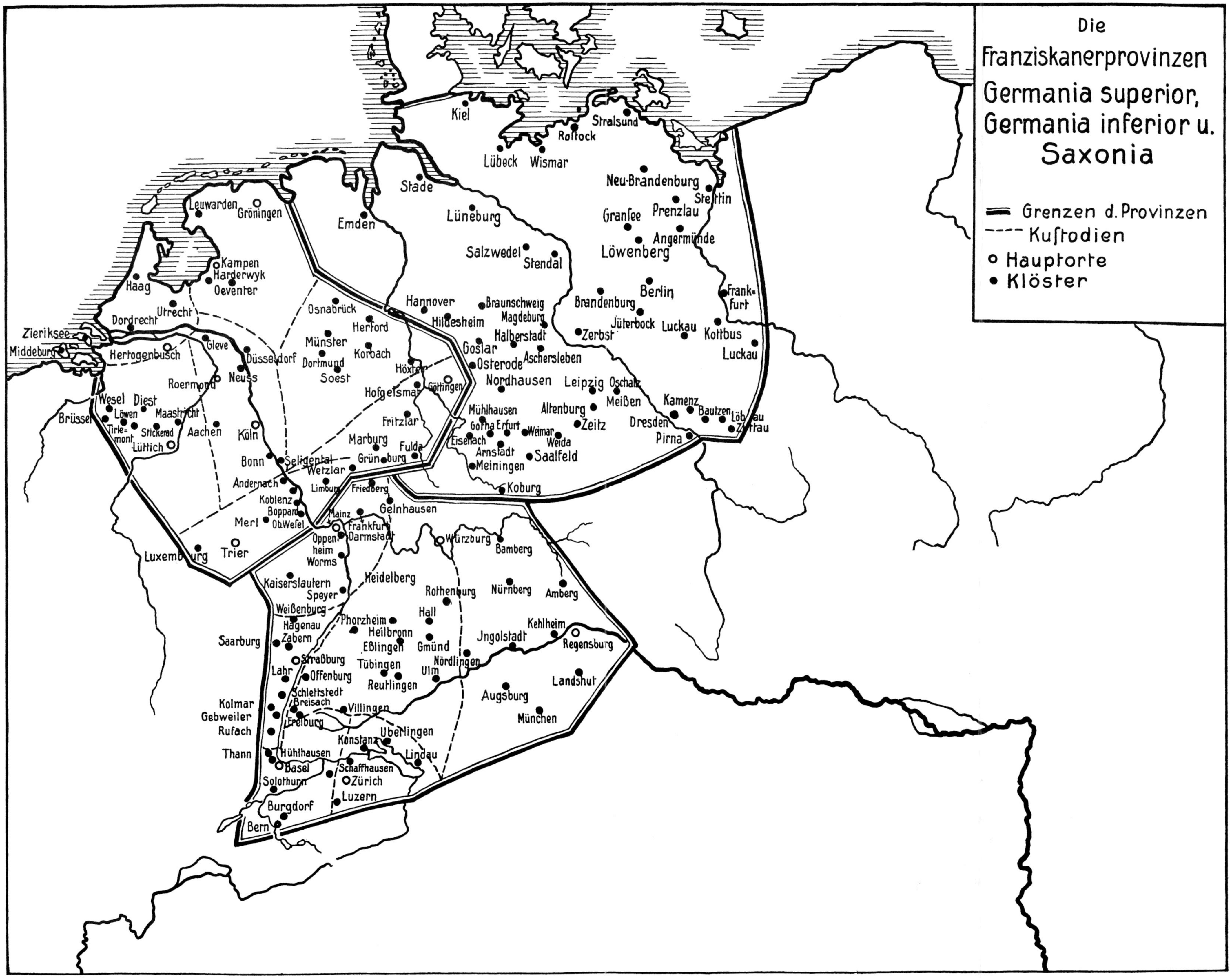
Die
Franziskanerprovinzen
Germania superior,
Germania inferior u.
Saxonia
Grenzen d. Provinzen
Kuſtodien
Hauptorte
Klöster
Kiel
Stralsund
Roſtock
Lübeck
Wismar
Neu-Brandenburg
Stettin
Granſee
Prenzlau
Angermünde
Löwenberg
Stade
Lüneburg
Emden
Leuwarden
Gröningen
Salzwedel
Stendal
Kampen
Harderwyk
Oeventer
Haag
Utrecht
Dordrecht
Zieriksee
Middeburg
Hertogenbusch
Gleve
Düsseldorf
Neuss
Roermond
Wesel
Diest
Brüssel
Löwen
Maastricht
Tirle-mont
Stickend
Lüttich
Aachen
Köln
Bonn
Seligental
Andernach
Koblenz
Boppard
Merl
ObWesel
Luxemburg
Trier
Osnabrück
Herford
Münster
Dortmund
Soest
Korbach
Höxter
Göttingen
Hofgeismar
Fritzlar
Marburg
Fulda
Grünburg
Wetzlar
Limburg
Friedberg
Gelnhausen
Mainz
Frankfurt
Darmstadt
Oppen-heim
Worms
Hannover
Hildesheim
Braunschweig
Magdeburg
Halberstadt
Goslar
Osterode
Aschersleben
Nordhausen
Mühlhausen
Gotha
Erfurt
Eisenach
Weimar
Weida
Arnstadt
Saalfeld
Meiningen
Koburg
Brandenburg
Berlin
Frank-furt
Jüterbock
Luckau
Kottbus
Zerbst
Luckau
Leipzig
Oschatz
Meißen
Altenburg
Zeitz
Kamenz
Bautzen
Löbau
Zittau
Dresden
Pirna
Würzburg
Bamberg
Heidelberg
Kaiserslautern
Speyer
Rothenburg
Nürnberg
Amberg
Weißenburg
Hall
Phorzheim
Heilbronn
Hagenau
Zabern
Saarburg
Eßlingen
Gmünd
Jngolstadt
Kehlheim
Regensburg
Straßburg
Lahr
Offenburg
Tübingen
Ulm
Nördlingen
Reutlingen
Landshut
Schlettstedt
Breisach
Kolmar
Gebweiler
Rufach
Villingen
Augsburg
Freiburg
München
Überlingen
Konstanz
Thann
Hühlhausen
Basel
Lindau
Schaffhausen
Zürich
Solothurn
Luzern
Burgdorf
Bern

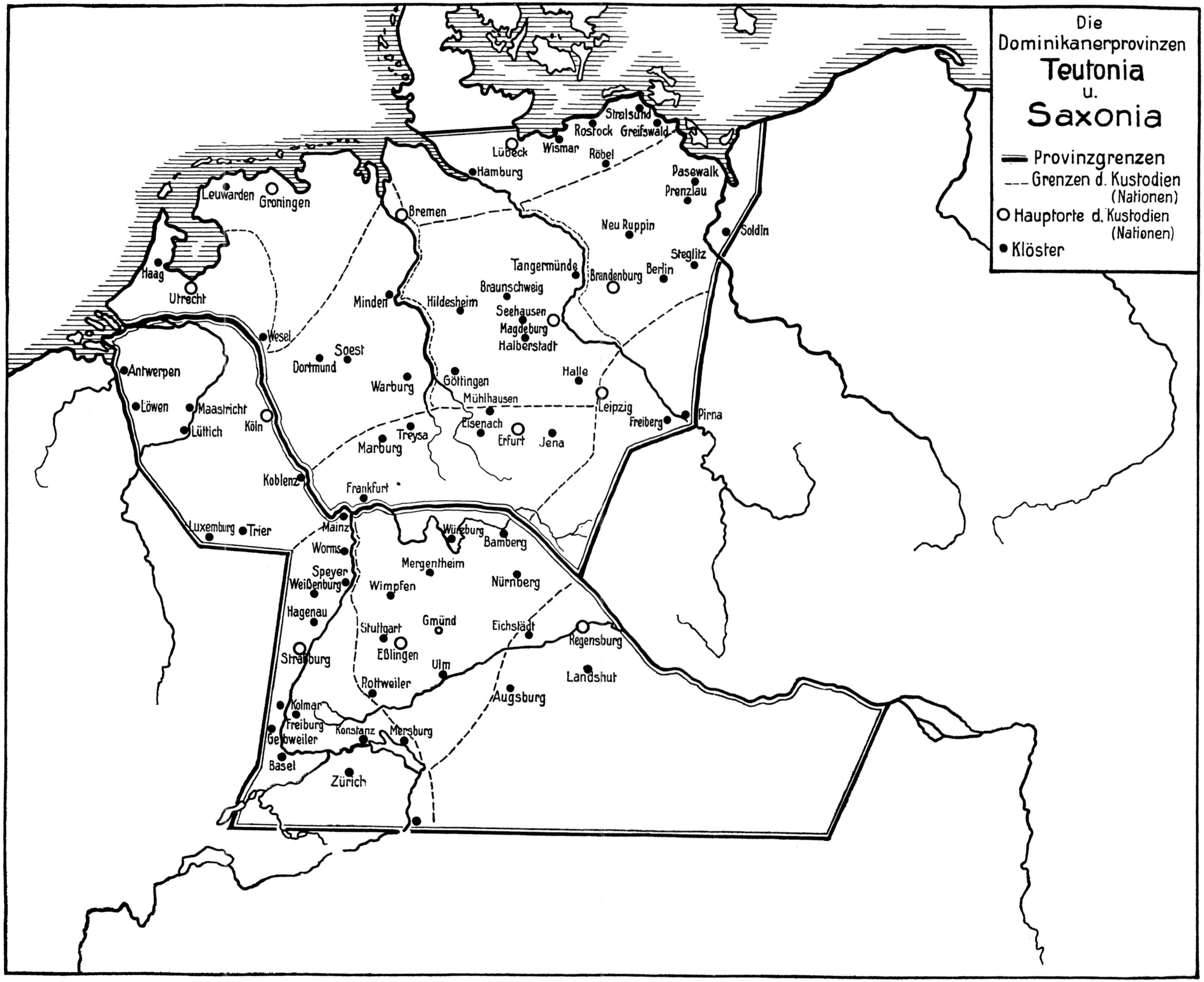
Die Dominikanerprovinzen
Teutonia
u.
Saxonia
Provinzgrenzen
Grenzen d. Kustodien (Nationen)
Hauptorte d. Kustodien (Nationen)
Klöster
Lübeck
Wismar
Rostock
Stralsund
Greifswald
Röbel
Hamburg
Pasewalk
Prenzlau
Leuwarden
Groningen
Bremen
Neu Ruppin
Soldin
Steglitz
Haag
Utrecht
Tangermünde
Brandenburg
Berlin
Braunschweig
Minden
Hildesheim
Seehausen
Magdeburg
Halberstadt
Wesel
Soest
Dortmund
Antwerpen
Göttingen
Halle
Warburg
Mühlhausen
Leipzig
Löwen
Maastricht
Köln
Lüttich
Eisenach
Erfurt
Jena
Freiberg
Pirna
Treysa
Marburg
Koblenz
Frankfurt
Luxemburg
Trier
Mainz
Würzburg
Bamberg
Worms
Mergentheim
Speyer
Weißenburg
Wimpfen
Nürnberg
Hagenau
Stuttgart
Gmünd
Eichstädt
Regensburg
Eßlingen
Straßburg
Ulm
Landshut
Rottweiler
Augsburg
Kolmar
Freiburg
Gebweiler
Konstanz
Mersburg
Basel
Zürich

erfolgt in Westfalen. Dann bringt es aber die größere Spannweite der Orden mit sich, daß die übernommene Form ein weiteres Verbreitungsgebiet erhält, daß sie auch über die Grenzen ihres Heimatgebietes hinausgreift. Die flachgedeckte Basilika vom Typ FREIBURG dringt bis ins Hessische vor und wirkt anscheinend auch in Thüringen weiter, die Halle wandert aus dem Hessisch-Westfälischen bis nach Obersachsen und ins Elsaß. Die Ordensprovinzen spielen dabei nicht die Rolle, die man ihnen zu geben geneigt sein könnte. Es scheint, daß sie auf die Ausgestaltung des Architektonischen keinen Einfluß hatten, daß ihr Wirkungskreis mehr auf organisatorischem und rechtlichem Gebiete lag. Sie gehen auch ziemlich rücksichtslos über die Stammes- und Landschaftsgrenzen weg, abgesehen davon, daß sie sich — schon aus Gründen kirchlicher Wirkungsmöglichkeit — den Sprachgrenzen genau anschließen. So umfaßt die Minoritenprovinz KÖLN nach der Teilung von 1239 die Bistümer KÖLN, TRIER, OSNABRÜCK, MINDEN, MÜNSTER, UTRECHT und LÜTTICH — d. h. die Baugebiete Rheinland, Westfalen und Flandern, die nichts gemein haben, es sei denn Einzelheiten des Formenapparates. Ähnlich erstreckt sich die Provinz Sachsen vom Erzbistum MAGDEBURG bis nach DRESDEN und ins Thüringische hinunter und im Norden über die Mark weg bis an die Ostsee. Die Provinz Straßburg vereinigt das ganze Gebiet, das durch die Grenzlinien KOLMAR—WEISSENBURG—MAINZ—FRIEDBERG—WÜRZBURG—BAMBERG—REGENSBURG—MÜNCHEN—ZÜRICH—FREIBURG/SCHWEIZ—KOLMAR umrissen werden kann. Höchstens innerhalb der einzelnen Kustodien, in welche die Provinzen unterteilt sind, läßt sich eine gewisse Übereinstimmung feststellen — aber da sie auch hier an die Grenzen der Kustodien sich nicht unbedingt hält, so dürfte sie mehr auf die landschaftliche Gemeinsamkeit als auf die Ordenseinteilung zurückzuführen sein. Bei den Dominikanern, die überdies erst 1303 zur Abtrennung der Provinz Saxonia von der deutschen Provinz schreiten, liegt der Fall ähnlich: zwei Kirchen, die sich geradezu kopieren, STRASSBURG und ESSLINGEN, liegen in verschiedenen Kustodien, Kirchen der gleichen Kustodie wie REGENSBURG und LANDSHUT, haben nichts gemein. Die Landschaften weichen voneinander ab, in dem, was sie den Bettelorden zu bieten haben, nicht die architektonische Einstellung der Ordensprovinzen (vergl. die Kartenbeilagen).

So ergibt sich die Art der Behandlung für den historischen Teil der Arbeit: es muß der Versuch gemacht werden, die einzelnen, landschaftlich gebundenen Typen in ihrer Abwandlung zu verfolgen und deren Verlauf wenigstens im Groben zu skizzieren. Dabei müssen gleichzeitig die charakteristischen Punkte in der Auseinandersetzung zwischen der Architektur der Bettelorden und der Klerikal- bzw. der anderen Ordenskirchen herausgehoben werden.

*

1. SÜDDEUTSCHLAND

Es empfiehlt sich, bei der Behandlung der süddeutschen Bettelordenskirchen von der Dominikanerkirche zu KONSTANZ (Abbildung 3) auszugehen, obgleich oder besser gerade weil sie den Idealtyp einer deutschen Bettelordenskirche noch nicht vollkommen darstellt. Die Reminiszenzen an einen frühromanischen Bau sind hier so stark, daß von der Übereinstimmung der Einzelheiten ausgehend, der Blick notwendig auch auf diejenigen Gemeinsamkeiten geleitet wird, die auch die anderen Kirchen der Orden mit der vorromanischen Baukunst verbinden, ohne daß die Einzelformen dort dies bemerkbar machten.

Die allgemeinen Züge der Kirche sind nicht weiter auffällig: eine Basilika von drei Schiffen (ein weiteres Seitenschiff wurde im 18. Jahrhundert südlich angebaut) und zehn Jochen mit einschiffigem, siebenjochigem Chor[30]). Die Arkaden sind spitzbogig, bis auf die östlichste rundbogig geschlossene. Die Oberwand ist ungegliedert, ziemlich hoch im Verhältnis zu den 15 sehr kleinen, spitzbogigen Fenstern. Das Langhaus schließt nach Osten mit einem tief herabgezogenen, spitzbogigen Triumphbogen, der Chor hat sieben sehr hohe schmale Fenster, deren Maßwerk mit hohlgekehlten Pfosten, wie im Langhaus, aus Nasen und spitzen Drei- und Vierpässen besteht. Langhaus und Chor waren von je flachgedeckt. Das Dach geht in großer Linie einheitlich durch.

Das Seltsamste sind die achtseitigen Würfelkapitelle des Langhauses mit Doppelschildchen, die völlig denen des KONSTANZER Münsters gleichen. Nun ist das Münster kurz nach 1052 begonnen worden. Der heute zerstörte Dom von GOSLAR, zwischen 1047 und 1050 begonnen, hatte nahezu genau die gleichen Kapitelle[31]). Seit der Mitte des 11. Jahrhunderts aber kommen sie nirgends mehr vor, bis sie hier in der KONSTANZER Dominikanerkirche mit ganz geringfügigen Abweichungen — die Schildchen sind gedoppelt, statt einfach — wieder auftauchen. Auch die Bildung der Säulen mit starker Entasis, die sehr steilen Säulenbasen mit plumpen Ecksporen, gehen mit denen des Münsters überein.

Für das Langhaus ergibt sich durch die beim Einbau des Lettners um 1330 zerstörten Wandmalereien ein Terminus vor ungefähr 1275. Die Pacht der Insel erfolgt 1236. Gestützt wird dieser Ansatz durch die Formen des Kreuzganges, die in die gleiche Zeit, mehr auf die Mitte des Jahrhunderts zu, gehören: überquellende Tellerbasen, ähnlich denen in STRASSBURG und ESSLINGEN, die Anordnung von Doppelsäulchen hintereinander mit gemeinsamem Kämpferaufsatz ähnlich spätromanischen Bildungen. Das Langhaus muß, den Basen mit tiefer Kehle zwischen zwei Wulsten nach, früher sein — nicht allzuviel, wie aus der Ähnlichkeit (allgemeiner Art) des Kämpferplattenprofils mit dem der Kreuzgangspfeiler hervorgeht. Der Kapitelsaal mit Säulenbasen ähnlich MAULBRONN-Vorhalle (oder Engelpfeiler) liegt zwischen beiden. Der Obergaden und die oberen Teile des Chors sind vielleicht erst um 1320/30 hinzugekommen. Es bleibt die Tatsache, daß die unteren Teile des Langhauses an genau zwei Jahrhunderte alte Vorbilder sich anschließen. Nur die Stellung der Kapitelle — senkrecht zur Längsachse des Mittelschiffes statt parallel zu ihr — ist verändert. Aus dieser Umstellung, so unbedeutend sie scheinen mag, spricht das neue gotische Gefühl. Das archaische Motiv erfährt eine Umdeutung: die Ecke stößt afrontal ins Mittelschiff. — Die Deckplatte freilich ist völlig verändert: an Stelle des kleinteiligen Profils des 11. Jahrhunderts tritt die entwickelte romanische Form aus Platte, Wulst und Kehle.

Trotzdem wäre das Problem völlig verkannt, wenn man, wie Gröber in seiner ausgezeichneten Monographie über das KONSTANZER Münster, die Dominikanerkirche als „noch spätromanisch" bezeichnen wollte: das Wesentliche ist gerade, daß es sich durchaus nicht um einen spätromanischen Bau handelt, daß vielmehr der Anschluß viel weiter nach rückwärts gesucht wird, an eine Kirche, der nicht nur spätromanische Probleme natürlich völlig fremd waren, deren Architektur sogar die romanischen nicht völlig klar zum Ausdruck bringt.

In diesem Falle läßt sich also das Zurückgreifen auf ein vorromanisches Muster einwandfrei nachweisen. So erklären sich auch andere Besonderheiten des Baues: der flache Schluß des Chors ist im Münster ebenso vorhanden; dorthin weisen auch die vierseitigen Würfelkapitelle (der Schild ist bezeichnenderweise nicht umrandet), die den tief herabhängenden Triumphbogen tragen, und das rechtwinklige Profil der Arkaden, das von den sonstigen Gewohnheiten der Bettelorden so stark abweicht. So gesehen, gewinnt auch die lockere Haltung des Baues, der tiefe Triumphbogen neuen Sinn. Wie die Einzelheiten, so ist auch die Gesamthaltung des Raumes auf vorromanische Bauten zurückzuführen[32]).

Wesentlich verändert wirken dann schon die nächstfolgenden beiden Flachdeckbasiliken der Bettelorden in Süddeutschland. Hatte KONSTANZ noch in einer ganzen Anzahl von Formen den Rückgriff auf Vorromanisches betont, so halten REGENSBURG und ESSLINGEN nur noch die vorromanische Grundhaltung fest. Im Formenapparat setzt die Gotik — in der eigentümlich vor-spätgotischen Abwandlung der Bettelordensarchitektur — sich durch.

Die Minoritenkirche in REGENSBURG (Abbildung 2 und 17) vertritt vorbildlich den Typus, der für die flachgedeckte Basilika charakteristisch wird. Sieben Joche, das östliche dem Lettnereinbau zuliebe schmäler gehalten, das zweite von Osten etwas verbreitert, im Mittelschiff Flachdecke oder offenes Sparrendach, das letzte bestimmt in den Seitenschiffen, wo über dem sehr niedrigen Ansatz der jetzigen Decke des 18. Jahrhunderts keine Spur von Balkenlöchern für eine ältere Flachdecke zu sehen ist. Die Sockel und Basen der Rundpfeiler zeigen die für das dritte Jahrhundertviertel charakteristische Form: flache, leicht quellende Tellerbasen, gegen den Schaft mit zwei schmalen Ringchen abgeschlossen, der Sockel polygonal. Die Form des Kapitells — ein niedriger Kelch, mit schmalem Halsring und polygonaler Deckplatte — ist ziemlich selten: einzig in ALTENBERG findet sich noch ein ähnlicher Typ. — Die Fenster sind aus den Achsen der Arkaden gerückt, die Arkadenbogen abgefast, noch nicht hohlgekehlt, wie in den späteren Bauten. Eigentümlich berührt der rückständige Formenapparat am Westportal und in der kleinen Kapelle nördlich des Chors: hier stehen Knospenkapitelle mit den charakteristischen langen Stengeln der Frühzeit, starke plumpe Schaftringe und steile Tellerbasen den weit entwickelteren Formen des Langhauses gegenüber.

Freilich erinnern auch dort einzelne Momente daran, daß das Ende des Jahrhunderts noch nicht erreicht ist: das Hochrücken des Kämpfers an der östlichen Langhausarkade (an Stelle der Stelzung) ist kennzeichnendes Merkmal der Frühzeit (MARBURG). So wird man im Ganzen — die entwickeltste Form, die Tellerbasen sind natürlich maßgebend — etwa auf die Zeit der Ostjoche der Dominikanerkirche, kurz vor 1270, kommen. Das Maßwerk scheint in seiner Echtheit zweifelhaft[33]). Es würde, wenn echt, dem des Chores recht nahe stehen — und doch muß das Langhaus, schon des Dachgesimses wegen (einfache statt der doppelten Kehle), vor diesem fertig gewesen sein[34]).

Etwa gleichzeitig, vielleicht etwas nach REGENSBURG dürfte der Bau der ESSLINGER Franziskanerkirche (Abbildung 11 und 18) begonnen sein. Die Kirche geht mit der in REGENSBURG aufs engste zusammen.

Das 1840 zerstörte Langhaus läßt sich nach Zeichnungen und Berichten einwandfrei rekonstruieren[35]). ESSLINGEN hat, von REGENSBURG abweichend, 8 Joche, der offene Dachstuhl läßt sich für die Seitenschiffe einwandfrei nachweisen, die spitzbogigen Arkaden haben das doppelte Hohlkehlprofil. Die noch im Verband sitzenden Ansatzsteine der Langhaushochwände ergeben eine ungewöhnliche Höhe und Schlankheit für das Mittelschiff. Die Fenster des Obergadens waren ziemlich hoch, die der Seitenschiffe auffallend klein. Der Triumphbogen ist tief herabgezogen, wie schon in KONSTANZ; er ist abgekantet und hat einen gleichfalls abgekanteten Unterzug auf Pyramidenkonsole. Der Lettner besteht aus 7 Jochen; er zieht sich in halber Jochweite durch die ganze Breite des Langhauses. Da die Anlage der zwei östlichen Seitenschiffsfenster, und der Ansatz der östlichsten Arkadenbogen auf Konsolen auf ihn Rücksicht nimmt, muß er dem Langhaus gleichzeitig sein.

Die Basen der Rundpfeiler waren offenbar ganz flach, auf achteckigen Sockeln, wie in der Dominikanerkirche von ESSLINGEN und in REGENSBURG (Minoriten), die Form der Kapitelle ist nicht einwandfrei festzustellen. Bei den sonstigen Analogien zur Dominikanerkirche, vor allem in der Form der Portale und Scheidbogen könnte Heideloffs Angabe „achteckig, ähnlich der Dominikanerkirche" dahin richtigzustellen sein, daß es sich wie dort um ein Kelchkapitell handelte, das nach oben ins Achteck überging.

Für die Fassade ist dadurch eine glänzende Lösung gefunden, daß das Kaffgesims quer über die ganze Front läuft und die drei Westfenster auf ihm aufsitzen. Die Seitenschiffsfenster werden dadurch hoch hinaufgerückt, das ganze Bild außerordentlich klar: das Portalgeschoß als Sockel, die Gruppe der drei Fenster darüber aufgebaut. So drückt die Fassade nicht mehr das Nebeneinander der drei Richtungen aus, die, vertikal nach oben strebend, trotz ihrer Verklammerung noch einen Rest von Romanischem in sich tragen, so daß jedes Schiff seine eigene Fassade hat, die Fassade klar den Aufbau der Raumkuben zum Ausdruck bringt: sie ist zur Einheit zusammengezogen und dann im Grunde willkürlich unterteilt worden — so daß statt der logisch-durchsichtigen eine überlogische Teilung vorgenommen wird, die einem neuen Gesetze gehorcht.

Es wird deutlich, daß zwischen KONSTANZ auf der einen und ESSLINGEN-REGENSBURG auf der anderen Seite ein Bindeglied fehlt. Der neue Typus, in seiner eigentümlichen Mischung von Vorromanischem und Vor-Spätgotischem, braucht eine vorbereitende Stufe, anders geartet als das rein archaische KONSTANZ. Nun ist deutlich, daß in den Einzelheiten die ESSLINGER Kirche an die dortige Dominikanerkirche sich anschließt, und daß die direkte Ableitung von dort her anzunehmen ist[36]). Trotzdem ist die Frage damit nicht gelöst: die Dominikanerkirche ist gewölbt und erst unter Abzug ihrer Gewölbe würde sich der Typus ergeben, der als Vorstufe der Franziskanerkirche anzusehen wäre. Die Dominikanerkirche selbst muß auf dieses Vorbild zurückgehen. Es ist möglich, daß es in der gegen die Mitte des Jahrhunderts geweihten WORMSER Dominikanerkirche, die bei dem Brande von 1689 untergegangen ist, zu suchen war. Solange außer den wenigen Plänen und dem Baubefund, die damals aufgenommen wurden, nichts weiter sich findet, bleibt dies Hypothese[37]).

Mit geringen Modifikationen ist der Typ über ganz Süddeutschland verbreitet. Außer WORMS, REGENSBURG und ESSLINGEN gehören ihm in reiner Form die heute zerstörten Bauten der Dominikaner in WÜRZBURG (um 1280) und ULM (um 1290) an. Im 14. Jahrhundert (nach 1356) folgen die Langhausbauten der Franziskaner und Dominikaner in BASEL.

Die sämtlichen Kirchen sind sich ähnlich: alle haben, wie ESSLINGEN bzw. REGENSBURG, acht oder sieben Joche. Für alle ist die große Höhe des Obergadens, die für WORMS in dem 1697 aufgenommenen Baubefund ausdrücklich erwähnt wird, charakteristisch. Die Westfassade ist überall rein basilikal aufgebaut, also im Sinn von REGENSBURG, nicht von ESSLINGEN, in ULM nach dem Befund der Ausgrabungen und nach alten Stadtplänen vielleicht mit Vorhalle[38]). Die Pfeilerbildung ist nicht einheitlich: für WORMS, das in den übrigen Punkten mit den anderen, späteren Kirchen durchaus übereingeht, sind Rundpfeiler gesichert. In WÜRZBURG sollen sie quadratisch gewesen sein, obgleich der *Neumann*sche Plan[39]) in diesem Punkte nicht absolut zuverlässig erscheint. In ULM waren sie nach dem Grundriß achteckig. Wenn diese Angabe begründet ist, so würde die Kirche als Anregung für die Flachdeckbasiliken mit achteckigen Pfeilern, die im 14./15. Jahrhundert in der süddeutschen Ordensarchitektur auftauchen, von Bedeutung sein. In erster Linie kämen dafür die Franziskanerkirchen in AUGSBURG (nach 1398) und UEBERLINGEN in Frage; die Entwicklung rollt freilich nicht mehr allein innerhalb der Ordensarchitektur ab: für AUGSBURG springt die Pfarrkirche St. Moritz als Vermittlerin ein. Charakteristisch für diese Bauten ist die starke Verschmelzung zwischen Sockel und Pfeiler einerseits, zwischen Arkaden und Pfeiler andererseits; der als ungotisch empfundene Rundpfeiler wird ersetzt durch eine Form, die gotischer gedacht ist, die nicht haltlos im Raum steht und von jeder Seite gesehen werden kann, sondern die diagonale Einstellung vorschreibt. Der achteckige Pfeiler weist unbedingt in das Seitenschiff hinein. Die vorromanische südwestdeutsche Flachdeckbasilika wird ins Gotische umgedeutet, ohne daß sie doch ihren alten Charakter ganz verlöre.

Als Ableger dieser Gruppe, speziell der REGENSBURGER Minoritenkirche, muß die ganze Gruppe der bayerischen Bettelordenskirchen betrachtet werden. Doch handelt es sich bei ihnen um keine direkte Nachfolge, das zugrunde liegende Vorbild wird in wesentlichen Punkten modifiziert[40]).

War ein hervorstechendes Charakteristikum der REGENSBURGER Kirche die Verwendung von Rundpfeilern gewesen, so treten in dieser bayerischen Gruppe kreuzförmige Pfeiler an ihre Stelle. Es wird damit ein Moment hineingebracht, das an Stelle der Verbindung der drei Schiffe untereinander die strenge Scheidung romanischer Räume setzt. Es stimmt dazu, wenn auch die Oberwand des Mittelschiffes in diesen bayerischen Bauten durch Lisenen gegliedert wird, anstatt als ungeteilte Fläche über den Arkaden zu stehen. Die Fenster werden dadurch gleichfalls in das System eingebunden, stehen nicht außerhalb der Achsen, wie in REGENSBURG. All diese Gedanken sind von dem Stil der Bettelorden aus nicht zu verstehen: sie erklären sich aus der bayerischen Tradition, die in der Reihe MOOSBURG (1170/80—1230), INDERSDORF (1264/80) FÜRSTENFELD (1266) vorbereitet worden war. Die Bettelordenskirchen fallen aus dieser Reihe nicht heraus. Auch das Fehlen des Querhauses ist für Bayern nichts Neues. Es hatte sich hier im Zusammenhang mit der ravennatischen Tradition niemals durchgesetzt.

In der Einschiffigkeit des Chors freilich liegt eine Neuerung: Bayern hatte bisher stets den Schluß in drei Apsiden verwendet. Wenn schon FÜRSTENFELD zum einschiffigen Chor übergeht, so ist anzunehmen, daß es dabei durch die etwa gleichzeitige REGENSBURGER Minoritenkirche angeregt ist. Gleichzeitig ist damit ein annäherndes Datum für den Bau der REGENSBURGER Kirche gegeben. Denn bei den Bettelorden ist dieser Schluß die Regel, während er sonst nirgends vorkommt (bestimmt nicht bei den Zisterziensern, wie *Graf* a. a. O. für FÜRSTENFELD annimmt). Es kann kein Zufall sein, daß er annähernd gleichzeitig mit FÜRSTENFELD von den Bettelordenskirchen in INGOLSTADT (Franziskaner), MÜNCHEN (Franziskaner und Augustiner) und LANDSHUT (Dominikaner) in das Gebiet eingeführt wird, in dem er von da an maßgebend bleibt[41]).

Der Zusammenhang der Gruppe mit der REGENSBURGER Minoritenkirche wird durch die Übereinstimmung von Einzelheiten gesichert: bei INGOLSTADT ist der Zusammenhang direkter Natur, es ist die gleiche Art, den Lettner durch Verschiebung der östlichen Arkaden einzubauen. Die übrigen Kirchen schließen sich an INGOLSTADT an, ohne große Veränderungen: alle sind (oder waren — die MÜNCHENER Franziskanerkirche ist nur aus der Rekonstruktion Grafs bekannt) flachgedeckt, haben quadratische Pfeiler mit Vorlagen, sechs bis acht Joche, gewölbten, in fünf Achteckseiten geschlossenen Chor. Es ist eine Rückübersetzung des Typus einer flachgedeckten Basilika der Bettelorden ins Romanische. Nur die LANDSHUTER Dominikanerkirche springt durch die Bildung ihrer Chorstreben aus der Reihe: die Galerie über dem Dachgesims ist nach *Graf* auf den REGENSBURGER Domchor zurückzuführen, die Durchbrechung der diagonal gestellten Strebepfeiler hängt wohl vom Chor der REGENSBURGER Dominikanerkirche, der in diesem Punkt hochgotisch beeinflußt ist, ab. Festhalten an romanischem Bauempfinden im Innern des Langhauses (das übrigens auch in der Lisenengliederung des Hochschiffes außen deutlich wird) mischt sich mit Konzessionen an die Hochgotik.

Einige süddeutsche Pfarrkirchen haben sich der Gruppe der eigentlichen Flachdeckbasiliken der Bettelorden vom Typ ESSLINGEN angeschlossen: die unsystematische Flachdeckbasilika, durch keine Art von Gruppierung der vereinzelten Glieder zum Rhythmus gebunden, stand offenbar der süddeutschen Einstellung näher, als die streng gegliederte französische Gotik. So ist es in hohem Maße bezeichnend, wenn die Kilianskirche in HEILBRONN von der WIMPFENER Reduktionsgotik der 80er Jahre des 13. Jahrhunderts, in der die Türme und der zwischen ihnen liegende Chorhals begonnen sind, um 1300 zu einem flachgedeckten Langhaus auf Rundpfeilern mit einfachen Kelchkapitellen übergeht. Die Arkadenbogen sind leicht gekehlt, in der Art der ESSLINGER Kirchen, und ebenso lassen sich die Kelchkapitelle, soweit sie alt sind (sie sind zum größten Teil im 16. Jahrhundert überarbeitet) — weit ausladend mit zurücksetzender Deckplatte —, von dort herleiten. Sie sind übrigens nicht ganz unähnlich denen in der REGENSBURGER Minoritenkirche. Das Nebeneinander der reduzierten Hochgotik im Turmjoch und der Bettelordensgotik im Langhaus macht den Unterschied besonders deutlich. Dort vielgliedrige Dienstbündel, aufgelöst, starke Gegensätze von Licht und Schatten. Hier glatte Wand, das Spiel des Lichtes in den Kehlen der Scheidbögen fein nüanciert, das glatte Kelchkapitell in wohltuender Rundung dem aufgelösten, zittrigen, unterschnittenen REIMSER Laubwerk dort gegenüberstehend. Die Westvorhalle setzt dann 1330/40 wieder mit dem Klang der reduzierten Gotik ein.

Ein ähnlicher Bauvorgang läßt sich an der ESSLINGER Stadtkirche beobachten: den spätromanischen, mit gotischen Einzelformen durchsetzten Türmen (vielleicht aus dem ELLWANGER Schulkreis) schließt sich ein Langhaus an, das unter dem Einfluß der Bettelordenskirchen steht. Die Pfeiler sind hier achteckig, die Scheidbogen haben das gleiche Profil wie in der Franziskanerkirche, die turmlose Westfassade folgt im basilikalen Aufbau der Dominikanerkirche. Dem Stil der Bettelorden widersprechen nur die Laubwerkkapitelle mit ihren starken Unterschneidungen und dem reichen Deckplattenprofil, die wohl die Jahrhundertgrenze überschreiten werden.

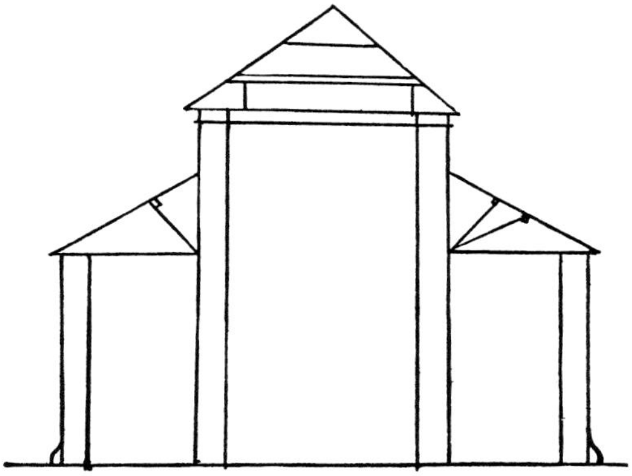

Figur 2. WÜRZBURG, Franziskanerkirche. Querschnitt von 1574.

Im 14. und 15. Jahrhundert schließen sich noch verschiedene Kirchen an: NEUFFEN mit kämpferlosen Arkadenrundpfeilern, wie in den Bettelordenskirchen von FREIBURG, ROTHENBURG, BASEL und dem üblichen Hohlkehlprofil der Scheidbogen, die Stadtkirche in BIBERACH, die drei Kirchen in RAVENSBURG, St. Stephan in KONSTANZ — mit achteckigen Pfeilern und ebensolchen Kelchkapitellen, die Fenster des Obergadens in KONSTANZ und NEUFFEN nicht in den Achsen der Arkaden. Das vorromanische Element hält sich, von den Bettelorden wieder aufgenommen, in Oberdeutschland bis zum Ende des Mittelalters.

Die zweite Reihe der flachgedeckten Bettelordenskirchen in Süddeutschland hebt mit der WÜRZBURGER Franziskanerkirche an. Sie und die von ihr abhängige Gruppe hat mit der ersten Reihe nichts zu tun. Sie nimmt in ihrem Ursprung eine Sonderstellung ein.

Das wesentliche Charakteristikum der Franziskanerkirche in WÜRZBURG (Figur 2) — einer dreischiffigen Basilika von sechs Jochen mit vierjochigem, platt geschlossenem kreuzrippengewölbtem Chor — ist die geringe Überhöhung des Mittelschiffes gegenüber den Seitenschiffen. Der Umbau von 1611 bis 1615 unter Bischof Julius, der die Basilika durch Einziehung niedriger Netzgewölbe zur Halle machte, hat den ursprünglichen Eindruck verwischt. Indes läßt er sich aus dem Baubefund unter Zuhilfenahme eines Querschnittes von 1574 (Ordin.-Archiv Wzbg.) leicht rekonstruieren. Die Ortsteine der drei Schiffe geben in der Westfront klar die alte Höhe an. Der Obergaden war auffallend niedrig — etwa $2^1/_2$ m über dem Ansatz der Seitenschiffsdächer. Die Dächer hatten wenig Neigung. Die Fenster des Obergadens sind — wegen seiner geringen Höhe — notwendig Okuli. Der Querschnitt wirkt durchaus wie der einer italienischen Basilika. Besonders seit der Wiederherstellung des Jahres 1921 kommt dieser Charakter ausgezeichnet zur Geltung. Die lichtweiße Farbe, aus der nur die Bänder der Arkadenbogen heraustreten, macht den Raum ganz leicht und frei.

In Italien ist das Motiv der flachgedeckten Basilika mit niedrigem Obergaden wohl als Reduktion aus der Entwicklung der Gewölbebasilika zu verstehen. Von der Halle mit Emporen (S. Ambrogio) führte der Weg durch Hochtreiben des Mittelschiffs zur gewölbten Basilika mit Emporen, und von hier aus durch Rückbildung zur Basilika ohne Emporen (Dehio, Kirchl. Baukst. I, S. 444f.). Dieser letzten Gruppe bleibt das Rudiment, die Seitenschiffskämpfer von denen des Mittelschiffs in möglichst geringem Abstand zu halten, so daß die Konstruktion von den pseudo-basilikalen Hallen Oberitaliens sich nur wenig entfernt. Daraus folgte die Notwendigkeit, wie schon in den Emporenbasiliken, die Fenster des Obergadens ganz klein zu bilden. Das ist die Raumform von S. Teodoro in Mailand (2. H. 12.), des Doms von Trient (M. 13.), von Sa. Maria Novella in Florenz (1278), Sa. Maria sopra Minerva in Rom (1280). Griff man von dieser Form aus auf die Flachdecke zurück (Sa. Croce-Florenz, S. Francesco-Gubbio), so blieb das Verhältnis der Seitenschiffe zum Mittelschiff bestehen, trotzdem es im Grunde sinnlos geworden war. Dies ist die Raumgestaltung der Würzburger Franziskanerkirche. Aus der deutschen Entwicklung heraus ist sie nicht zu verstehen. Die Einzelformen weisen den gleichen Weg nach Italien. Die Okuli, an die man zuerst denken möchte, sind freilich auch am Domchor vorhanden — dort wohl als burgundischer Import um 1240 zu deuten — und es ist nicht notwendig, daß das Motiv den Umweg über die von Burgund abhängigen italienischen Zisterzienserkirchen gemacht hat. Der dreieckige Rahmen auf Hornkonsolen im Ostgiebel könnte gleichfalls aus der italienischen Zisterzienserarchitektur stammen; in Fossanova wird das Radfenster des Ostgiebels von einem solchen Rahmen auf Säulchen gefaßt; das Motiv ist wie alle Zisterziensermotive burgundischer Herkunft (Pontigny) und taucht, direkt von dort kommend übrigens auch am Mainzer Westchor auf. Erst im Zusammenhang mit dem nicht burgundischen Querschnitt des Baues wird die italienische Herkunft auch der Einzelformen wahrscheinlich.

Die spitzbogigen Arkadenbögen sitzen auf Rundpfeilern mit Kelchkapitellen und viereckiger Deckplatte, die Scheidbogen sind rechtwinklig geschnitten und nur am Rande schwach gekehlt. Die Kehle selbst setzt erst ein Stück oberhalb des Kämpfers mit blattförmigem Anlauf ein — die charakteristisch spätromanische Form. Die scharfe Betonung des Zusammensetzens der Glieder aus einzelnen Teilen — Schaft, Kapitell, Deckplatte —, das Aufsetzen des Bogens über dem Kämpfer macht den Zusammenhang mit Romanischem, das den Bettelorden sonst fremd ist, klar. Es liegt der Versuch vor, das System einer romanischen Gewölbebasilika Italiens ins Vorromanische zurückzuübersetzen: der Rundpfeiler ist an die Stelle des Bündelpfeilers getreten, die Okuli, dort durch die Schildbogen der Gewölbe gehalten, sitzen hier verloren in der unverhältnismäßig großen Wandfläche. Diese Rückübersetzung machte es unmöglich, die Vorteile, die der Raum im Sinne der Bettelorden bot, gleich auszunützen. Die hallenmäßigen Anregungen, die in ihm lagen, mußten erst von den romanischen Rudimenten gereinigt werden. — Schon diese Erwägungen zeigen, daß der Bau verhältnismäßig früh angesetzt werden muß, die Einzelformen (Fenstermaßwerk des Chors, die Laubmasken der Westarkaden) bestätigen das überlieferte Datum des Baubeginnes 1250. Die Westteile mögen um 1280 entstanden sein[42]).

Es ist nicht ohne weiteres abzusehen, wie der Prozeß der Umwandlung der rückständigen WÜRZBURGER Kirche, welche die Gruppe einleitet, in den äußerst fortgeschrittenen Typ von FREIBURG, der als Nächstes folgt, vor sich gegangen ist. Von den Daten, die für den Baubeginn von FREIBURG angegeben werden — 1246 und 1262 —, könnte das letzte (Grundstückserwerbung) mit dem Baubeginn des Chors in Beziehung stehen — das Maßwerk freilich stammt frühestens aus den 80er Jahren, das Langhaus schließt unmittelbar an. In dem Zeitraum von 20 Jahren, der FREIBURG von WÜRZBURG trennt, muß die Wandlung stattgefunden haben. Vielleicht läßt sich an den elsässischen Kirchen der Bettelorden — es käme hier freilich nur RUFACH in Frage, das nach den überlieferten Daten vor FREIBURG begonnen sein dürfte — der Vorgang genauer verfolgen. Die übrigen Kirchen, auch des Elsaß, sind sämtlich in den letzten 20 Jahren des Jahrhunderts begonnen.

Der Chor der FREIBURGER Franziskanerkirche besteht aus drei Jochen und $^5/_8$-Schluß, das Langhaus, höher als der Chor, zählt sieben Arkaden. Das Gewölbe des Chors sitzt auf kurzen Diensten mit Kelchkapitellen, im Vorchor sind je drei zu einem Bündel vereinigt; die Dienste schließen mit kegelförmigen Konsolen mit Kugelendigung, ähnlich wie im Chor der Dominikanerkirche in WIMPFEN. Rippen und Gurten haben das gleiche Birnstabprofil. Die Arkaden des Langhauses mit ausgesprochenem Hohlkehlprofil verschneiden sich ohne Kämpfer mit den schlanken Rundpfeilern, die Okuli des Obergadens sind mit je zwei spitzbogigen Schlitzen, die den Dachraum des Seitenschiffes beleuchten, in eine Spitzbogenblende zusammengefaßt. Ob diese Anordnung ursprünglich ist, erscheint zweifelhaft.

Es liegt kein Grund vor, die Bauzeit des Chors von der des Langhauses wesentlich zu trennen. Die Formen der beiden Bauteile gehen eng zusammen — das Fenstermaßwerk im Chor und in den vier Ostjochen des südlichen Seitenschiffes ist identisch, alle Pfosten hohlgekehlt. Etwas später als der Chor mag das Langhaus ja wohl sein: das Profil der Scheidbogen ist über das Birnstabprofil der Rippen doch wesentlich hinausgewachsen. Aber es ist nicht nötig, mit dem Beginn des Langhauses über 1280 hinauszugehen: die Vollendung dürfte, den westlichen Fenstern des südlichen Seitenschiffes nach zu schließen, wo sphärische Vierecke vorkommen, in den Anfang des 14. Jahrhunderts fallen. Der Turm im Süden ist 19. Jahrhundert. Das alte Treppentürmchen liegt im Nordosten.

Die wesentliche Neuerung der FREIBURGER Kirche gegenüber der WÜRZBURGER ist im 2. Kapitel behandelt worden: es ist die leichtere und freiere Gestaltung des Langhausaufbaues, die Ausschaltung der letzten romanischen Rudimente, die WÜRZBURG anhafteten, die Umsetzung ins Vor-Spätgotische. Der Raum wird luftig, die Stützen stehen in ihm, ohne das freie Fluten aufhalten zu können — hier liegt Berührung mit dem Vorromanischen — die Schwere der Obermauer ist völlig verloren, durch den Wegfall der Kämpfer ist die ganze Wand zusammengezogen, die Kraft vermag von unten auf durchzuschießen. Zur Spätgotik gegensätzlich ist neben der Beibehaltung des basilikalen Schemas vor allem die Flachdecke, die dem Raum das Verfließende, Auseinanderfallende vorromanischer Bauten zurückgibt.

ROTHENBURG, angeblich 1285 begonnen, der Chor 1309 geweiht, geht in keinem Punkt über FREIBURG hinaus. Es dürfte fast gleichzeitig sein: nur die Basis der Pfeiler ist tellerförmig an Stelle der Kehle zwischen Wulsten in FREIBURG. Im übrigen ist die Ähnlichkeit auch in den Einzelheiten groß. Der Pfeilersockel ist völlig gleich — quadratisch mit geschwungenem Ablauf (und beide übrigens mit der Deckplatte in der WÜRZBURGER Franziskanerkirche und dem Sockel in der Dominikanerkirche Sa. Maria Novella zu Florenz verwandt). Das Maßwerk der Seitenschiffsfenster gleicht dem der älteren Teile von FREIBURG. Der Lettner mit fünf kreuzgewölbten Jochen ist gleichzeitig mit dem Langhaus begonnen, die Vollendung dürfte, den spitzen Maßwerkformen der Zwischenfenster nach, etwas später erfolgt sein, wie denn die ganze Kirche längere Zeit anscheinend mit einem Notdach in halber Mittelschiffshöhe gedeckt war[43]).

Die elsässischen Kirchen, die sich hier anschließen müßten — in KOLMAR, GEBWEILER, SCHLETTSTADT und RUFACH — sind mir nur aus wenigen Notizen bei *Dehio* bzw. im Inventar bekannt. Es ergibt sich aus diesen die Zugehörigkeit zu der hier behandelten Gruppe: die Seitenschiffe sind überall hoch, die Arkaden ohne Kämpfer, die Pfeiler meistens rund, abweichend nur in der Franziskanerkirche KOLMAR, wo Achteckpfeiler auftreten. Hier ist das Datum 1292 für den Erweiterungsbau des Langhauses überliefert. Es ist zum wenigsten bemerkenswert, daß auch in der Predigerkirche in ERFURT, die dieser Gruppe offenbar nahe steht, gleichfalls Achteckpfeiler verwendet werden.

Der Typus, wenngleich für den Südwesten besonders charakteristisch, hat, nicht umgestaltet wie in ERFURT, sondern ohne wesentliche Veränderungen, weiter nach Norden zu Verbreitung gefunden. Die Franziskanerkirche in LIMBURG a. d. Lahn nimmt ihn auf, wobei sie freilich das steile Kapitell der Rundpfeiler beibehält. So kommt auch das weite Durchfluten des Raumes um die Stützen herum nicht im gleichen Maße zustande, wie in der südwestdeutschen Gruppe. Das Kapitell hält auf. Es kommt hier freilich dazu, daß die Seitenschiffe auffallend schmal sind. Die Dominikanerkirche in FRANKFURT, eine Halle (mit Rundpfeilern wie LIMBURG) hat die gleichen schmalen Seitenschiffe; Halle und „hallenmäßige Basilika" treffen sich hier.

Neben diesen beiden scharf zu trennenden Gruppen der flachgedeckten Basilika, die spezifisch süddeutsch sind, finden sich noch andere Bauformen in dem Gebiet. In einigen Beispielen tritt die gewölbte Basilika auf, zuerst in einer Form, die der flachgedeckten Basilika des ersten Typus noch verhältnismäßig nahe steht und auch noch als ausgesprochen süddeutsch bezeichnet werden kann, insofern, als sie sich außerhalb des Gebietes nirgends findet.

Die Dominikanerkirche in ESSLINGEN (Abbildung 7 und 23) ist eine dreischiffige gewölbte Basilika von elf Jochen mit kurzem, in fünf Seiten des Achtecks geschlossenem Chor, der dadurch gewonnen ist, daß im letzten Joch des Langhauses zwischen dem nördlichen Seitenschiff und dem Mittelschiff eine Wand gezogen ist. So entsteht eine Art Abseite[44]). Im Süden liegt, den zwei östlichen Jochen entsprechend, statt dessen die Sakristei. Es wäre möglich, daß hier der zisterziensische Chor vom Typ Fontenay die eigentümliche Grundrißgestaltung beeinflußt hätte. Beziehungen zu den Zisterziensern machen sich in Orden des öfteren geltend. Und es ist auffallend, daß der Chor und die nördliche Abseite durch eine Tür in der Zwischenmauer verbunden sind, eine Eigentümlichkeit, die sich nur dann erklärt, wenn man den ganzen Ostteil als einheitliche Chorpartie im Gegensatz zum Langhaus betrachtet.

Die Stützen des Langhauses sind starke Rundpfeiler auf achteckigem Sockel mit sehr flachen überquellenden Tellerbasen. Die kelchförmigen Kapitelle gehen nach oben ins Achteck über und laden dann weit zu einer deckplattenartigen Verdickung aus, die, unten leicht ausgehöhlt und oben leicht geschweift, am ersten einem überfallenden Blumenkelch gleicht. Die Arkadenbogen mitsamt ihrem Unterzug sind hohlgekehlt.

Die Gewölbe des Chorpolygons sitzen auf Diensten mit flachen Tellerbasen und runden Kelchkapitellen mit auffallend starkem Halsring. Im Langhaus folgen kurze Dienste mit gleichen Kapitellen, die auf Konsolen in Höhe des Arkadenscheitels endigen. In den Westjochen treten an Stelle der Dienste einfache halbachteckige Pyramidenkonsolen. An der gleichen Stelle ändert sich das Gewölbe: die Rippen, die in den Ostjochen einfach hohlgekehlt waren, bekommen ein doppeltes Hohlkehlprofil, der Schildbogen fällt weg. Auch die Wandkonsolen in den Seitenschiffen ändern sich. Die Verschiedenheit rührt von einer Neuwölbung der Westjoche 1482 her. Die Wölbung der Ostjoche ist alt — im Formenapparat und in der Konstruktion identisch mit der Sakristeiwölbung — und von jeher geplant, wie die Strebemauern unter Dach (Dehio) beweisen. Der Triumphbogen fehlt, die Wölbung geht in einheitlichem Zug zum Chor durch. Am Äußeren fallen die starken Strebepfeiler der Seitenschiffe, das Fehlen von Verstrebungen am Hochschiff und die glatte, horizontal nicht unterteilte Westfassade auf. (Ursprünglich schloß das Mittelschiff doch wohl mit einem Westgiebel, das heutige Dach entstammt anscheinend dem 18. Jahrhundert.)

Die Datierung der Kirche ist nicht ganz einfach; die überlieferten Daten, 1233 für die Niederlassung, 1268 für die Weihe, geben nicht mehr als einen terminus post quem. Ein Vergleich mit der gleich zu besprechenden Dominikanerkirche in STRASSBURG, deren Baubeginn 1254 feststeht, führt darauf, daß die Form der achteckigen Pfeilersockel den runden in STRASSBURG voraus ist, daß auch die Basen in ESSLINGEN flacher, demnach entwickelter sind als in STRASSBURG, schon über das Basenprofil des dortigen Münsters (Langhaus) hinausgehen. Auch das Rippenprofil, hohlgekehlt statt abgefast, zeigt die spätere Form. Dagegen treten im Maßwerk Formen auf, die weit rückständiger sind als die dortigen: die drei Fenster in gemeinsamer Blende finden Parallelen im zweiten Viertel des Jahrhunderts in WETZLAR (südliche Sakristei) und RIDDAGSHAUSEN; das gewöhnliche Maßwerk der Seitenschiffe aus zwei Spitzbogen und Kreis darüber, in eine Steinplatte geschnitten, geht nur wenig über die Form der Ostwand des südlichen Querhauses im STRASSBURGER Münster hinaus. Erst das jüngste geht mit dem der STRASSBURGER Dominikanerkirche überein — es tritt ähnlich um 1260 an den ältesten (burgundischen)[45]) Teilen des FREIBURGER Langhauses auf (Abbildung bei Dehio, Deutsche Kunst II, 22). Das ESSLINGER Langhaus müßte demnach kurz nach STRASSBURG (um 1255 also) begonnen sein: das Maßwerk wird sogleich eingesetzt, man hält sich auch offenbar nicht an das Neueste —; nur an den bevorzugten Stellen (Chor, Ostende des nördlichen Seitenschiffes, Westfassade) verwendet man die vornehme, in der STRASSBURGER Schwesterkirche allgemein auftretende Form. Sehr spät kann das nicht gewesen sein (vgl. FREIBURG — Münster), 1268 mag tatsächlich die Schlußweihe angeben[46]).

Schwierigkeiten bietet die Fensterform in den Ostjochen des südlichen Seitenschiffes. Während die beiden anderen Formen sich im STRASSBURGER Münsterkreis nachweisen lassen, stammen die drei Fenster in gemeinsamer Blende aus der Zisterzienserarchitektur: aus einem Kreis also, der v o r dem Ausstrahlen der vom STRASSBURGER Münster

(Johanniskapelle) ausgehenden Strömung die Architektur beherrscht hatte. Sollten die beiden Ostjoche der Südmauer in ESSLINGEN einem früheren Plane entstammen, der während seiner Ausführung von den STRASSBURGER Einflüssen abgelöst wurde, so daß sich das Datum des Baubeginns also nach oben verschöbe?

Es erscheint im höchsten Grade eigentümlich, daß die älteste Kirche der Bettelorden in Süddeutschland (von KONSTANZ abgesehen) ein Gewölbebau ist. Der logische Ablauf wäre zweifellos der, daß der Typus der vorromanischen Kirchen, der sich in Süddeutschland länger als anderswo gehalten hatte, zuerst von den flachgedeckten Kirchen der Orden aufgenommen und erst später vom Gewölbe ergriffen wird. Hier liegt ein scheinbarer Widerspruch[47]).

Nun enthält aber die ESSLINGER Dominikanerkirche eine ganze Anzahl von Momenten, die auf den vorromanischen Typus zurückweisen. Die Verwendung des Rundpfeilers als Arkadenstütze ließe sich zur Not noch aus der burgundischen Frühgotik (Notre Dame de DIJON) bzw. den rheinischen Zisterzienserkirchen (MARIENSTATT 1243, ALTENBERG 1255, die aber auf nordfranzösische Vorbilder zurückgehen) erklären. Das Aufsetzen der Gewölbe auf kurze Dienste aber, die mit dem Arkadengeschoß nicht verbunden sind, ist aus dem festgefügten hochgotischen System, das auch in BURGUND und MARIENSTATT zugrunde lag, nicht herzuleiten. Es war gerade darauf ausgegangen, ein Glied zum anderen zu ziehen, die sämtlichen Glieder als einheitliches Gefüge zu fassen und fest zu verbinden. In ESSLINGEN wirkt das Gewölbe des Chors ganz deutlich als aufgeklebt, als hinzugedacht zu einem gegebenen Wandaufbau. (Es ist bezeichnend dafür, daß man ursprünglich die Gewölbe tatsächlich für nachträglich aufgesetzt hielt. Indes scheidet dies durch die von *Dehio* beobachtete Verwendung von verhehlten Strebemauern unterm Seitenschiffsdach aus.) Die Obermauer des Außenbaues ohne Strebepfeiler, ohne die Andeutung irgendwelcher Gliederung, die der hohen Romanik und Gotik notwendig gewesen war, weist ebenfalls auf flachgedeckte Bauten hin. Der Raum, der hier zugrunde liegt, ist die flachgedeckte Basilika mit Rundpfeilern und ohne Querhaus.

Die Schwierigkeit liegt demnach darin, daß eine Form, die tatsächlich Voraussetzung für die ESSLINGER Dominikanerkirche ist, sich vorher nicht nachweisen läßt. Man könnte nun annehmen, daß der Bau, der als Vorbild diente, heute verschwunden ist, und es ist oben WORMS dafür genannt worden. Notwendig ist diese Hypothese nicht: daß die Absicht vorlag, auf die flachgedeckte Basilika zurückzugreifen, zeigt die wenig spätere Entstehung der Minoritenkirchen in ESSLINGEN und REGENSBURG. Die Dominikaner in ESSLINGEN taten gleich den nächsten Schritt und wölbten den Bau ein. Die stilistische und die chronologische Abfolge schiebt sich um wenige Jahre — im höchsten Falle zehn — aneinander vorbei.

Die Dominikanerkirche in STRASSBURG, 1870 zerstört, geht eng mit ESSLINGEN zusammen (Figur 3). Aus dem Bestand, der 1870 zugrunde ging, hat Salomon als ersten Zustand eine dreischiffige Basilika von zehn Jochen mit einschiffigem Chor aus einem Joch und $^7/_{10}$-Schluß herausgeschält. Die Unterschiede gegen ESSLINGEN sind nur ganz gering. Der Chor ist frei hinausgeschoben, nicht zwischen die Seitenschiffe eingeklemmt, so daß die flüchtige Ähnlichkeit mit FONTENAY wegfällt. Der aufreißende, hochgotische $^7/_{12}$-Schluß tritt an Stelle des $^5/_8$-Schlusses. Im übrigen liegt hier ein Zusammenhang vor, der über die allgemeine Verwandtschaft der Bettelordenskirchen untereinander hinausgeht, so daß von gegenseitiger Abhängigkeit die Rede sein kann. Rundpfeiler, Kapitelle, Basen, das Aufsitzen der Gewölbe auf Konsolen und die Scheidbogen, die Konstruktion mit verhehlten Strebemauern sind identisch. Nur in Kleinigkeiten lassen sich Unterschiede feststellen: die Rundpfeiler stehen auf runden statt achteckigen Sockeln, die Gewölbeglieder sind einfach abgeschrägt, so daß hier also ältere Formen vorliegen; das Fenstermaßwerk, von der Idee der durchbrochenen Platte losgelöst, hängt mit den spätesten ESSLINGER Fenstern zusammen. Als Tag der Grundsteinlegung ist der 25. Juni 1254 durch die Auffindung des datierten Grundsteins[48]) und durch Urkunden gut festgelegt. Das zeitliche Verhältnis von STRASSBURG und ESSLINGEN ist oben dargelegt worden.

Der Formenapparat der beiden Kirchen geht zum Teil auf die ältesten gotischen Partien des Straßburger Münsters zurück: dort finden sich in der Johanneskapelle und im Kapitelsaal die abgefasten Rippen und Gurte, im Kapitelsaal außerdem auch eine Vorform des Eßlinger Fensters: die beiden Spitzbogen und

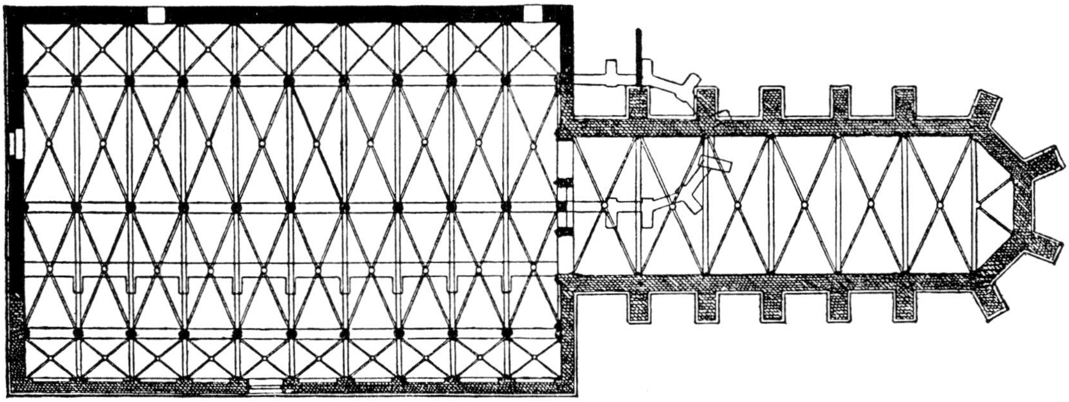

Figur 3. STRASSBURG, Dominikanerkirche. Grundriß.

der krönende Kreis sind direkt in die Wand geschnitten, nicht in eine eigens eingesetzte Platte. Die Kapitelle des Kapitelsaales reihen sich etwa zwischen die des südlichen Querschiffportales und die des Engelpfeilers ein. Die Straßburger Dominikanerkirche übernimmt die Rippenform des Kapitelsaales wörtlich, Eßlingen lehnt sich z. T. an das dortige Maßwerk an. Die Dominikanerkirche in Straßburg geht dann zum richtigen Maßwerk über, freilich zu einer Form, die an der des Straßburger Hochschiffs gemessen, immer noch rückständig ist. Auch die Nasen des Eßlinger Nordportals lassen sich aus Straßburg herleiten, wo sie im Triforium des Langhauses auftreten (1260/70). Es ergibt sich so für die Gruppe von Straßburg und Eßlingen eine willkommene Bestätigung der Bauzeit durch den Zusammenhang mit der meist gut datierbaren wichtigsten oberdeutschen Bauhütte[49]).

Ein letztes Mal tritt dieser Typ der „flachgedeckten Basilika mit Gewölben", eigenartig gemischt mit dem Typus der eigentlichen Flachdeckbasilika, in PILSEN (Franziskaner) auf. Daß die REGENSBURGER Minoritenkirche hier von Einfluß gewesen ist, macht das einfach gefaste Profil der Scheidbögen mit Unterzug, das niedrige und steile Kelchkapitell des nordöstlichen Rundpfeilers deutlich. Auf diese REGENSBURGER Formulierung hat später der FREIBURGER Typ gewirkt und den Wegfall der Kapitelle an sämtlichen anderen Pfeilern veranlaßt. Schon im ersten Plan aber wurde das Nordostjoch gewölbt, mit Rippen eines frühen Profils (Birnstab zwischen kleinen Wulsten), das im folgenden Joch dem langgezogenen Birnstab weicht. Das Aufsitzen der Gewölbeglieder auf den Kelchkapitellen der Rundpfeiler und auf Wandkonsolen ist wie in ESSLINGEN (Dominikaner) gelöst.

Einzelheiten im Langhaus und in dem dreijochigen, polygonal geschlossenen Chor machen für die späteren Teile eine Bauzeit in der ersten Hälfte des 14. Jahrhunderts wahrscheinlich.

ESSLINGEN und STRASSBURG sind eigentlich, wie schon oben hervorgehoben wurde, flachgedeckte Basiliken mit Gewölben, und das Ausgehen vom Gedanken der Flachdeckbasilika scheint sicher. Die REGENSBURGER Dominikanerkirche[50]) kann mit ihnen nicht auf eine Stufe gestellt werden, wie sie auch nichts mit ihnen gemein hat, von einem ganz anderen Bausystem ausgeht. Sie stellt etwas Neues dar, in ihr ist die Gewölbebasilika in Süddeutschland zum erstenmal konsequent durchgedacht. Sie setzt im Langhaus die Gewölbe und die Stützenreihe in feste Verbindung und ent-

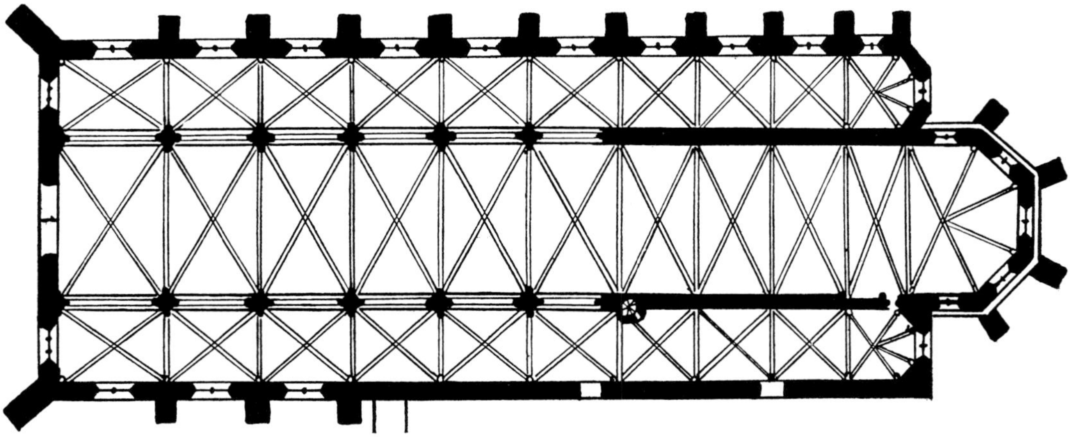

Figur 4. REGENSBURG, Dominikanerkirche. Grundriß.

fernt sich damit von der lockeren Haltung, die in ESSLINGEN und STRASSBURG noch immer zugrunde lag.

Der Grundriß der Kirche (dreischiffige Basilika, sechs Joche, Chor dreischiffig aus drei bzw. vier Jochen und $^5/_8$-Schluß) weicht wesentlich von dem bei dem Bettelorden sonst üblichen ab durch die den Chor begleitenden Nebenchöre (Figur 4). Es ist anzunehmen, daß hier die lokale REGENSBURGER Tradition ausschlaggebend war. Der Dreiapsidenschluß hatte von St. Emmeram bis St. Jacob die dortige Chorbildung beherrscht.

Dieser Chorteil der Dominikanerkirche scheint ziemlich früh begonnen zu sein. Im Hochchor sitzen die Gewölbe auf verhältnismäßig kurzen Diensten mit Hornkonsolen. Es ist die gleiche Stufe, auf der ESSLINGEN und STRASSBURG im Langhaus stehen, die Bindung des Baues ist noch nicht strikt durchgeführt.

Die Bettelorden haben in fast keiner ihrer Kirchen die Dienste des Vorchors bis zur Erde geführt, ausgenommen die französisch beeinflußte rheinische Gruppe. In den ganzen norddeutschen Hallenkirchen, in den Chören der flachgedeckten Basiliken in Südwestdeutschland sitzen die Gewölbe des Chors auf Konsoldiensten. Der praktische Zweck, an den Wänden das Gestühl aufstellen zu können, mag mitgespielt haben. Ausschlaggebend war er nicht: man hätte einer Kollision zwischen den bis zur Erde gehenden Diensten und dem Chorgestühl ausweichen können, wie man das ja auch in den rheinischen Bettelordenskirchen und im Hochchor der großen, französisch beeinflußten Kathedralen konnte. Offenbar handelt es sich hier um ein Rudiment, das sich aus der Gewohnheit herleitet, vom Gedanken der flachgedeckten Basilika auszugehen, und das den Bettelorden noch weiter anhaftet.

Die Vergleichung der Einzelformen weist auf frühe Zeit. Im nördlichen Nebenchor findet sich ein Kelchkapitell mit angehefteten Vogelleibern, von denen je zwei in einen gemeinsamen Kopf zusammenlaufen (Abbildung 26). Der zeitliche Zusammenhang mit ähnlichen Kapitellen im Kreuzgang von St. Emmeram und an der BAMBERGER Gnadenpforte ist unverkennbar[51]) (Abbildung 27). Damit kommt der nach den Ablässen und Urkunden frühest mögliche Ansatz — nach 1243, vor 1246 — für diese Teile der Dominikanerkirche in Betracht. Andere spätromanische Einzelformen (Menschenkopfkonsolen, die Aussetzung einer Kehle mit Blüten, Knospenkapitelle mit Hundsköpfen statt der Knospen) mischen sich mit solchen der früheren (Basen der Dienste im Chorpolygon, Dienste für Schildbogenrippen über den Polygondiensten der Nebenchöre) und der entwickelteren französischen Gotik, die im Maßwerk der Fenster mit Diensten und Wulsten vor dem Pfosten (einige Fenster des Vorchors gehen statt dessen mit denen der jüngeren Teile von ESSLINGEN zusammen), vor allem an der Gestaltung der Streben am Hauptchor, sich geltend macht (Abbildung 24). Sie sind in Höhe der Fensterbank durch rechteckige Durchbrechungen zum Laufgang verbunden. In zwei Drittel Höhe setzen über einem Absatz mit drei Giebelchen runde Fialen auf: ein durchaus französisches Motiv, hier einmal wirklich eine Reduktion, wie am Chor der LANDSHUTER Dominikanerkirche. Aus dem festgefügten System des Strebewerkes ist das Fialenmotiv und der Laufgang herausgenommen und außerhalb des Zusammenhangs verwendet. Wesentlich ist nur, daß es sich auch hier dem Charakter der Bettelordensgotik insofern einfügt, daß die Fialen nicht über das Dachgesims hinausschießen und so den Kontur zerreißen.

Zwischen der Erbauung der Ostteile und der des Langhauses muß eine größere Unterbrechung liegen: am Beginn der nördlichen Abseite lassen sich mehrere Zustände feststellen, die nacheinander geplant und wieder aufgegeben wurden[52]). Sie dürften immerhin eine gewisse Zeit in Anspruch genommen haben. Vor Mitte der 60er Jahre konnte man kaum an den Bau des Langhauses gehen; auf die Zeit gegen 1280 weist dann das Portal im zweiten Langhausjoch von Osten, das sich zwischen das Nordportal und das Portal des südlichen Nebenchores am Dom einreiht.

Die Pfeiler des Langhauses sind achteckig mit vier vorgelegten Runddiensten, die Deckplatte fehlt. Zum Auffangen der beiden Seitenteile der hohlkehlprofilierten Scheidbogen dienen Konsolen in halber Pyramidenform. Sie stellen wohl eine Art rudimentärer Kämpferplatte dar. Die vordere Seite des Pfeilers setzt sich im ersten Joch als wenig vorspringende Rücklage auf der Hochwand fort. Auf ihr liegt der Dienst mit Kelchkapitell und halbachteckiger Deckplatte. Die Rippen und Gurten sind hohlgekehlt, die Fenster — zweiteilig mit Nasen und rundblättrigem Dreipaß in den zwei östlichen Jochen, in den vier folgenden abwechselnd mit rundblättrigem Vierpaß und einer Herzform — beginnen erst über der Kämpferlinie.

Verschiedene Anzeichen sprechen hier deutlich für die Übernahme des Systems des Langhauses aus den Kirchen der Zisterzienser in Italien. Am charakteristischsten ist vielleicht die Rücklage des Dienstes, die aus der französischen Gotik bestimmt nicht hergeleitet werden kann, während sie den Zisterziensern durchaus gewohnt ist. Dort hatte sie freilich innerhalb des ganzen, auf Romanisches noch stark eingestellten Gedankenganges ihren Sinn gehabt, den Dienst von der Wand abzusondern, die Zusammensetzung des Pfeilers aus einem Kern mit vier isolierten Vorlagen auf der Hochwand weiter verspüren zu lassen. Hier wird dieser Gedanke schon während des Baues des ersten Joches völlig zurückgedrängt, die Lisene verfließt in den westlichen Jochen völlig in der Wand. Trotzdem kann über den Ursprung des Systems kein Zweifel sein. Auch die Lage der Fenster innerhalb des Schildbogens (so daß sie die Kämpferzone nicht durchschneiden), die bei reduzierten Bauten nur ausnahmsweise vorkommt, ist ein Charakteristikum zisterziensischer Architektur. Auch dieses Motiv ist umgedeutet: das Kämpfergesims der Zisterzienser ist weggefallen — die beabsichtigte Trennung der Geschosse also zugunsten der Zusammenziehung der Wand aufgegeben. Einzelheiten, wie die Hornkonsolen im Chor und die Bevorzugung des Knospenkapitells in den Abseiten, weisen ebenfalls auf zisterziensische Einflüsse.

Mit der Umbildung der Wand im Sinne der vertikalen Zusammenziehung hängt die Umbildung des Rundpfeilers mit vier Diensten, der aus dem französischen System hierher in das zisterziensische versetzt worden war, zusammen; er soll mit der Wandfläche zusammengehen, sich nicht als Gesondertes loslösen; so entsteht unter Mitwirkung des Scheidbogenprofils die achteckige Form. Damit erklärt sich gleichzeitig der Wegfall der Kämpferplatten. Der Pfeiler geht direkt in die Wandfläche über.

Für die Übertragung des dienstbesetzten Rundpfeilers an sich könnte die KÖLNER Minoritenkirche oder die von dort abhängige Kirche von THOLEY verantwortlich sein. Der Rundpfeiler mit vier Diensten, der auch dem achteckigen REGENSBURGER Pfeiler fraglos zugrunde liegt, ist in Deutschland, außer im Kreis der TRIER-MARBURGER Schule, nicht sehr häufig — in Süddeutschland kommt er m. W. gar nicht vor. Es liegt nahe, an die rheinischen Bettelordenskirchen zu denken, und zwar wegen des ungehemmten Durchlaufens des Mittelschiffsdienstes an den späteren, durch THOLEY vertretenen Typ. Im Zusammenhang damit ist auch die Verwendung lisenenhaft flacher Streben außen an den zwei östlichen Jochen der Hochwand erwähnenswert. Die Ostjoche der KÖLNER Minoritenkirche bieten eine Parallele dazu — in der gleichen Art wie in REGENSBURG, daß die Streben am unteren Rande des Dachgesimses abbrechen, dieses nicht um sie herum verkröpft ist, wie in dem für die Form wahrscheinlich vorbildlichen Typ von MÜNSTER-MAIFELD[53]). Auch der Laufgang am Chor weist auf die KÖLNER Minoritenkirche.

Von den vier östlichen Arkaden und den zwei östlichen Jochen des Obergadens scheiden sich die westlichen Teile durch die Verwendung anderer Fensterformen und Hochwandstreben und durch Anbringung eines Schaftringes an den Mittelschiffsdiensten etwas über Kämpferhöhe. Er ist als Rückgriff auf das System der französischen Hochgotik zu verstehen. Das direkte Vorbild dürfte dabei in AMIENS zu suchen sein; dort aber hatte es durch das Vorhandensein eines Kapitells am Pfeilerkern (das durch den Schaftring mit dem Dienst zusammengeklammert wurde) einen Sinn gehabt, der hier schon völlig vergessen ist. Die Differenz zwischen der Höhe der Kämpferplatten der Laibungsdienste und des Schaftringes macht dieses Mißverständnis evident[54]).

Die Vollendung des Baues dürfte den Formen der Westfassade nach in das erste Viertel des 14. Jahrhunderts fallen (vgl. Südquerhaus — Dom)[55]).

Die REGENSBURGER Dominikanerkirche ist die letzte gewölbte Basilika der Bettelorden in Süddeutschland[56]). Sie ist neben der ERFURTER Predigerkirche der reinste Bau, den die Orden auf deutschem Boden geschaffen haben. Der ruhige Zusammenklang der Raumteile, das zarte Spiel der ganz schwachen Glieder auf der großen Fläche der Wand, die unendliche Feinheit und Präzision der technischen Ausführung sind schlechthin vollendet. Die Kirche ist frei von Dissonanzen. Der Stil der Bettelorden prägt sich in ihr ganz klar aus.

Zur gleichen Zeit etwa werden an verschiedene ältere flachgedeckte Basiliken und Säle gewölbte Chöre angebaut. Diese Gewölbebauten gehen über REGENSBURG nicht hinaus, nehmen stilistisch die gleiche Stufe ein. Alle sind sehr hoch und schlank, die Dienste des Polygons gehen bis zur Erde, die des Vorchors sitzen auf Konsolen. Im Maßwerk schließen sie sich an die großen süddeutschen Bauschulen, vor allem an STRASSBURG an. Es wären hier die Chöre der Franziskanerkirchen in ESSLINGEN und ULM, der Dominikanerkirchen in WÜRZBURG[57]) und WIMPFEN zu nennen.

Von größerer Bedeutung ist nur der Chor der ULMER Dominikanerkirche. Er besteht, wie alle anderen, aus vier Jochen und dem Polygonschluß in fünf Seiten des Achtecks. Auffallend ist die enge Verschmelzung von Diensten und Gewölbegliedern. Der Dienst am Beginn des Polygons zeigt eine Übergangsform: die drei Glieder, die schon weit oberhalb verschmelzen, gehen ohne Kämpfer in den Runddienst über. Das würde etwa dem unmittelbaren Herauswachsen der Scheidbogen aus den Rundpfeilern in der FREIBURGER Gruppe entsprechen. Im Polygon und im Vorchor wird der Dienst dann völlig verdrängt; die Rippe läuft dort bis zum Boden, hier (die drei Glieder verschmolzen) bis zu einer Konsole in ein Drittel Fensterhöhe. So wird eine ganz enge Zusammenziehung von Gewölbe und Wand erreicht.

Dem steht freilich entgegen, daß gerade mit dieser Form ein Weg beschritten wird, den die Bettelorden sonst meiden. Das Dienstbündel wird völlig zerfasert, das Licht erhält Gelegenheit einzudringen, tiefe Schattentäler hervorzurufen, der Kontur ist bewegt und stachlig. Es ist die zweite Form der Spätgotik, die dem style flamboyant entspricht, nicht die beruhigende, auf die Schließung der Wandfläche gerichtete, welche die Bettelorden einleiten.

Für ULM dürfte dabei der Chor der STRASSBURGER Dominikanerkirche nach dem 1307 begonnenen Umbau, direkt Pate gestanden haben: die Ähnlichkeiten sind mannigfacher Art. Neben dem Durchlaufen der Rippen ist das Fenstermaßwerk nahe verwandt, und bezeichnend erscheint auch die Anordnung von zwei kleinen Luken seitlich über jedem Fenster.

Nach Straßburg könnte dies Verschmelzen von Rippen und Diensten vielleicht aus Mainz übertragen sein, wo es in der Nordostkapelle des Langhauses zum ersten Male auftaucht — wahrscheinlich 1296 — dann öfters in den ersten 2 Jahrzehnten des 14. Jahrhunderts in den Kapellen der Südseite. Auch die Formen des Maßwerks, abgesehen von den Daten, beweisen, daß Straßburg hier der empfangende Teil ist. Die Anregungen lagen schon lange bereit, gerade die Bettelorden hatten, wie schon angedeutet, mit der Streichung der Arkadenkämpfer eine Stufe geschaffen.

Im Zusammenhang mit den gewölbten Basiliken der Bettelorden sind zwei Kirchen zu nennen, die, außerhalb des Ordensverbandes stehend, und ohne daß man ihre Abhängigkeit von einer bestimmten Ordenskirche nachweisen könnte, doch durchaus den

Stil der Bettelorden zur Schau tragen. Es handelt sich um St. Moritz in INGOLSTADT und St. Nikolaus in HAGENAU. Beide haben, obgleich im Grundriß durchaus verschieden — INGOLSTADT hat nur sechs, HAGENAU elf Joche im Langhaus, außerdem noch eine Art von Nebenchören und quadratische Chorjoche —, nahezu das gleiche System. Die Joche sind ausgesprochen queroblong, die Arkadenbogen, abgefast, ohne Kehle, sitzen auf Rundpfeilern mit Kelchkapitellen (in HAGENAU mit, in INGOLSTADT ohne Laubwerk), über diesen steigt je ein Dienst mit eigenem Sockel zum Gewölbe auf. Die Wahrung der Wandfläche, das geringe Relief der Dienste, die kleinen Fenster, vor allem die Verwendung der Rundfenster stimmen durchaus zum System der Bettelorden. Die Bauten könnten beinahe ein Zwischenglied zwischen dem Typus von ESSLINGEN und REGENSBURG bilden. Die Einzelformen sprechen dagegen: das stark bewegte Laubwerk in HAGENAU (soweit es aus den Zeichnungen bei Kraus und Woltmann sich erkennen läßt), ist vor der STRASSBURGER Westfassade nicht denkbar, St. Moritz stammt dem Profil der Kapitelle und Konsolen nach erst aus der Mitte des 14. Jahrhunderts. Auch das Maßwerk in INGOLSTADT, wenn es auf echte Reste zurückgeht (die Kirche war im 18. Jahrhundert völlig überarbeitet), läßt keine frühere Datierung zu.

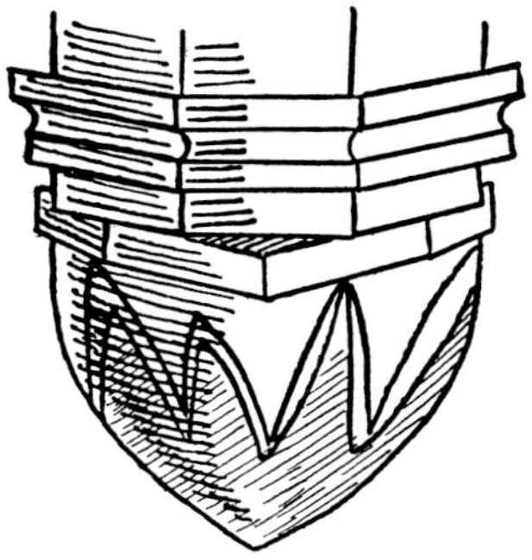

Figur 5. FRANKFURT A. M., Dominikanerkirche. Konsole.

Die Halle war für Süddeutschland durch die Basiliken der FREIBURGER Gruppe zum mindesten schon angeregt, wenn sich der dort ausgesprochene Wille, zur Halle zu gelangen, in ihnen auch nicht auszuwirken vermag. Mit dem Chor der 1689 abgebrannten Dominikanerkirche in WORMS tritt dann die Halle bei den Bettelorden in Süddeutschland zum ersten Male auf. Der Chor wird am Anfang des 14. Jahrhunderts dem älteren Langhaus angefügt, 1313 erfolgt die Weihe. Er läßt sich als dreischiffige Halle mit kurzer, in fünf Achteckseiten geschlossener Apsis rekonstruieren. Aus den Zeichnungen, dem Baubericht von 1697 und der Aufnahme *Merians* ergibt sich, daß er im Mittelschiff queroblong in vier Jochen, in den Seitenschiffen quadratisch gewölbt war. Die Fenster waren offenbar ziemlich lang; über die Form der Pfeiler, wie über die ganze weitere Ausgestaltung lassen uns die Quellen völlig im unklaren. Die Verwendung des queroblongen Mittelschiffsjoches spricht ziemlich sicher für hessische Anregungen.

Es ist mit Wahrscheinlichkeit anzunehmen, daß das Langhaus der FRANKFURTER Dominikanerkirche (Abbildung 28) diese Übertragung vermittelt hat. Der Chor scheint ziemlich früh, um 1240, entstanden zu sein, das Langhaus stammt in seiner Substanz aus späterer Zeit, abgesehen von der Überarbeitung des 15. Jahrhunderts. Es muß aber schon der älteste Bau auf Halle angelegt gewesen sein. Neben der Übereinstimmung der Einzelformen am Chorbeginn und im Chor selbst (Kapitelle, Deckplatten) geht dies deutlich aus der Anordnung der Dienste am Chorbeginn hervor: die Konsole in der Kehle steht mit dem ersten Dienstkapitell im Verband; die Fortsetzung der Kehle über der Konsole in leichter Krümmung macht es wahrscheinlich, daß sie zu dem alten Scheidbogen selbst gehört (Abbildung 29). Die Blätter der Scheidbogenkonsolen (Figur 5) gehen, breit und fleischig, mit denen im Chor zusammen.

Es wird damit das ganze Problem des Eindringens der Halle nach Hessen aufgerollt. Denn der Chor samt dem Chorbeginn steht mit den ältesten Teilen von St. Elisabeth in Marburg in Verbindung: die Knospenkapitelle, sehr altertümlich, mit wenigen breiten Blättern und starken Knollen, die aufgelegten, am Rande zerfetzten Blätter der Rippenkonsole, die flachen, nicht quellenden Tellerbasen auf runden Konsolen, gehen mit der zweiten Bauzeit von St. Elisabeth (Obergeschosse der drei Konchen und Untergeschoß der zwei Querhauskonchen) zusammen. Noch nach Vollendung dieser Teile plante man (nach Hamanns und Kästners Feststellungen) den Bau als Basilika fortzusetzen. Erst in Höhe des ersten Fenstergeschosses des Langhauses entschloß man sich, zur Halle überzugehen. Wir hätten es demnach in Frankfurt mit einer Halle zu tun, die mit Teilen der Elisabethkirche gleichzeitig ist, die älter sind als der dortige Hallenplan. Die Daten 1238 für die Grundsteinlegung, 1245 für den „Bau des Chors", Weihe bestimmt vor 1259 — stützen diese Annahme. Es bliebe demnach nur die Möglichkeit, entweder anzunehmen, daß St. Elisabeth seit 1235 oder mindestens 1240/45 (Beginn der II. Bauperiode), als Halle geplant war — was nach den erwähnten Forschungen ausgeschlossen ist — oder daß die Dominikanerkirche in Frankfurt ihr vorangeht, was den Hallenplan anlangt. Die Queroblongität der Joche wird dabei durch die Queroblongität des Vorchorjoches und, was wichtiger erscheint, durch die Stellung des Rippendienstes gegen das Mittelschiff gesichert [58]).

Es wird nötig sein, auf die Einzelheiten der Frage einzugehen: woher kam die Halle? Woher gerade in dieser Form, d. h. mit queroblongen Jochen, in der Form, in der sie als hochgotische Halle, von Marburg ausgehend, Bedeutung erlangt? Denn Marburg bleibt, auch wenn es chronologisch erst an zweite Stelle gerückt wird, doch das Zentrum, von dem die Bewegung weiter ausstrahlt.

Die Formen der Frankfurter Kirche, die nicht mit den Marburger Ostjochen zusammenhängen, geben einen Anhaltspunkt: die Anordnung der Dienste (je drei auf Konsolen über einem unteren Dienst stehend) geht mit der in der Ramersdorfer Kapelle zusammen (Abbildung 30). (Die Konsolen sind hier quadratisch)[59]). Diese Kapelle aber ist eine von Westfalen abhängige, in den Einzelformen burgundisch beeinflußte Halle mit quadratischen Jochen. Das Hallenmotiv zum mindesten muß von dorther nach Frankfurt übertragen worden sein. Der Formenapparat freilich geht zum größeren Teil auf die ältesten Marburger Teile zurück. Auch der Pfeiler am Chorbeginn, der ausgesprochen hochgotisch anmutet — seine Dienste sind durch Kehlen miteinander verbunden — findet in den Vorchorjochen der Marburger Konchen seine Parallele.

Wenn damit die Herkunft des Hallenmotivs an sich aus Westfalen auf dem Umwege über Ramersdorf wahrscheinlich wird, so bleibt doch noch offen, wie die Umwandlung des quadratischen Joches in das queroblonge vor sich gehen konnte. In Westfalen war sie bis dahin völlig unbekannt, die Halle mit quadratischen Jochen in allen drei Schiffen war eben erst aus Südwestfrankreich eingedrungen — Ramersdorf folgt zeitlich unmittelbar auf Paderborn und Herford. In Bayern und Böhmen war die Halle mit queroblongem Mittelschiffsjoch zwar bekannt: der Formenapparat aber weist in durchaus andere Richtung, Anregungen aus dem südostdeutschen Hallengebiet scheinen für Frankfurt ausgeschlossen. Es bleibt nur die Möglichkeit, anzunehmen, daß die Bettelorden aus ihrer Vorliebe für die Basilika, und zwar in ihrer gotischen Form, d. h. mit queroblongen Mittelschiffsjochen, die den schnellen Ablauf des Schiffes als Einheit ermöglichen, auch zur Verwendung der französischen Travée im Hallenschema kamen. Die basilikal bedingte Form wird auf das fremde Substrat übertragen.

Mit dem Chorbeginn aber, der von der Ostwand des Langhauses kaum zeitlich zu trennen sein dürfte, war auch die außergewöhnliche Schmalheit der Seitenschiffe festgelegt. Eine der westfälischen entgegengesetzte Einstellung wird damit klar. Dort sind alle Schiffe gleichwertig, hier überwiegt das Mittelschiff ausgesprochen. Auch dies ist eigentlich basilikal gedacht — wie denn in der Raumgestaltung der hochgotischen Halle überhaupt ein stark basilikales Moment liegt. Das Mittelschiff herrscht, die Seitenschiffe sind zugeordnet.

Es ist auffällig, daß dieses frühe Aufnehmen der hochgotischen Halle in der Bettelordensarchitektur keine Fortführung findet. Die Hallenkirchen der Orden, die in Mittel- und Norddeutschland seit 1280 entstehen, schließen sich an Marburg an, nicht an Frankfurt. Ob die Halle in Worms von Frankfurt abhing, läßt sich nicht mit Sicherheit feststellen, bei Straßburg ist es durchaus nicht nötig. Vielleicht aber hat Frankfurt auf die Gestaltung der Halle in Marburg Einfluß gehabt und so indirekt auch auf die norddeutschen Hallen der Bettelorden. Wenn Worms direkt von Frankfurt abhängig gewesen sein sollte, so war doch sicher nicht die Halle maßgebend, die 1240 geplant war.

Die Ausführung scheint sich hinausgezögert zu haben; schon die Unstimmigkeiten am Chorbeginn (Wechsel des Deckplattenprofils) beweisen es; die Rundpfeiler des Langhauses gehen mit dem Chorpfeiler nicht überein, dürften erst aus dem vierten Viertel des 13 Jahrhunderts stammen, wo auch 1279 Altarweihen gemeldet werden. Von dieser zweiten Fassung geht vielleicht WORMS aus.

Die Umstellung der Ordenskirchen auf den MARBURGER Kreis wird in den Bauten von FRITZLAR und TREYSA kenntlich. Der Aufbau des Raumes schließt sich im ganzen der späteren Nachfolge von St. Elisabeth an: herrschend ist das queroblonge Joch im Mittelschiff, das quadratische in den Seitenschiffen, dazu kommt die MARBURGER Dachform mit Querdächern. Dabei lassen sich wesentliche Unterschiede doch nicht verkennen: es ist sehr bezeichnend, daß FRITZLAR (der Formenapparat, besonders das fliegende, leicht verknitterte Laubwerk mit nur wenigen großen Beulen weist auf etwa 1330) den Rundpfeiler mit vier Diensten abwechselnd durch den einfachen Rundpfeiler — man vergleiche das FRANKFURTER Langhaus — und durch den Achteckpfeiler ersetzt. Das Hereinziehen der Streben ins Mittelschiff ist ein Motiv, das zwar schon in HAINA, kurz nach dem Langhaus von St. Elisabeth, also zwischen 1250/60, auftritt, aber doch von den Bettelorden auffallend gern übernommen wird. Hier, in FRITZLAR, ist es schon ein ziemlich spätes Beispiel, die frühesten Fälle finden sich in KÖLN und DUISBURG (s. unten S. 87). — TREYSA hängt völlig von FRITZLAR ab. Beide Kirchen haben nur ein Seitenschiff.

Ob der Umbau der STRASSBURGER Dominikanerkirche (1870 zerstört), der 1307 in Angriff genommen, 1345 vollendet wurde, von WORMS und FRANKFURT angeregt war, läßt sich nicht mit Bestimmtheit sagen (Figur 3). Zwar sind auch hier in den Hauptschiffen queroblonge, in den Seitenschiffen quadratische Joche verwendet. Da man aber so vorging, daß man das Mittelschiff und das nördliche Seitenschiff der 1254 begonnenen alten Basilika beibehielt und nur an Stelle des südlichen Seitenschiffes ein zweites Hauptschiff in gleicher Breite und Höhe wie das alte Mittelschiff, südlich von diesem dann ein schmäleres Seitenschiff ansetzte, ist es auch möglich, daß der queroblonge Grundriß der Joche des zweiten Hauptschiffes durch den Grundriß des alten bedingt war. Der alte Chor fiel, an seine Stelle trat, in der Achse der neuen mittleren Pfeilerreihe liegend, ein Chor von fünf Jochen mit $^5/_8$-Schluß.

Damit ist der Übergang zur zweischiffigen Halle mit dem neuen Formenapparat vollzogen. Die eigentliche Spätgotik hebt an. Es ist richtig, daß die Erfüllung der Absicht der schrägen Blickführung hier noch nicht vorliegt, daß sie gestört wird durch die Tatsache, daß es sich hier um einen Bau handelt, bei dem die Beibehaltung der südlichen Hochschiffswand im Innern des Raumes störend wirken mußte. Für die zugrunde liegende Absicht ist das nicht so wichtig. Denn daß diese in der Tat darauf ausging, eine zweischiffige Halle zu schaffen, wird schon aus der Stellung des Chores in der Pfeilerachse klar. Die direkte Anregung könnte in diesem besonderen Falle von den südfranzösischen Dominikanerkirchen ausgegangen sein. Dort hatte sich die zweischiffige Halle schon seit der Mitte des 13. Jahrhunderts durchgesetzt (Jacobins-TOULOUSE, AGEN, die zerstörte Jakobinerkirche in PARIS). Die Ableitung von dort gibt auch für die eigentümliche Gestaltung des südlichen Seitenschiffes in STRASSBURG eine Erklärung.

Die Strebebogen sind hier nach innen gezogen, so daß sie etwa in Kämpferhöhe der alten Arkaden auf Konsolen ansetzen und zum Pfeiler der südlichen Pfeilerreihe hinübergeschlagen sind. Über ihnen steigt dann eine Scheidemauer zum Gewölbe auf, die in Höhe der Gewölbekämpfer von einem Spitzbogenfenster durchbrochen wird. Es entsteht so eine Reihe von Kapellen. Gerade dies aber könnte auf südfranzösische Anregungen zurückgehen. Die Schaffung von Kapellenreihen durch Hereinziehung der Strebepfeiler ist dort nicht nur in den genannten Dominikanerkirchen, sondern auch in den Pfarrkirchen üblich.

Freilich ist das Motiv hier in STRASSBURG umgebildet. Die Kapellen sind nur scheinbar getrennt. Man kann von der einen zur andern gelangen, abgesehen davon, daß dem Blick durch die Öffnungen der Kapellen hindurch Schrägblicke geradezu aufgedrängt werden. Dem gleichen Zweck, die einzelnen Kapellen in Beziehung zu setzen und Durchblicke zu gewähren, dienen die oberen Öffnungen. Sie ermöglichen es, den „interessanten" Gewölbeausschnitt zu erfassen.

Die Gestaltung der Einzelformen bricht in dem Umbau der Dominikanerkirche aus der Reihe der für die Bettelorden sonst charakteristischen heraus. Wie die Herunterführung der Rippen zum Sohlbankgesims, drängen auch die anderen Formen, die Profilierung der Fenster, der Pfeilerbasen, auf eine Zerfaserung der Fläche hin. Eigentümlich ist die Pfeilerform, deren acht Seiten konkav eingezogen sind unter nochmaliger Kehlung der Kanten. Hier kann man davon sprechen, daß sie über das bei den Bettelorden Erreichte hinausgehen: ihnen ist sonst der einfache achteckige Pfeiler eigentümlich, der vom Raum überhaupt nicht berührt wird: hier versucht der Raum zwar in den Pfeiler einzudringen, aber ohne daß er ihn in seiner Substanz angreifen könnte. Der Pfeiler gibt nach und der Raum gleitet ab. Dies ist die letzte Stufe, die über den achteckigen Pfeiler hinaus in der Spätgotik erreicht wird.

Zwei weitere Bauten in Franken vertreten den Hallentypus bei den Bettelorden, die Dominikanerkirchen in Nürnberg und Bamberg (die Nürnberger Kirche 1807 abgebrannt). Es ist dabei wesentlich, daß Nürnberg pseudo-basilikal angelegt war, die Abneigung gegen die Halle also auch hier hervortrat. Die gekehlten Arkaden sitzen auf einfachen Rundpfeilern, die Gewölbe im Mittelschiff auf Konsolen, im Seitenschiff auf Diensten. Gegen einen Zusammenhang mit der niedersächsischen Gruppe der pseudo-basilikalen Kirchen spricht die Pfeilerform, — Rundpfeiler kommen in Niedersachsen nirgends vor. Wohl aber werden Beziehungen zur Freiburger Gruppe wahrscheinlich. Es ist für diese letzten auch beachtlich, daß (nach der Zeichnung Chr. Wilders von 1807 im Kupferstichkabinett des German. Nat.-Mus.) keine Kämpfer vorhanden sind, die Scheidbogen also einfach auf den Pfeilern aufsitzen: vielleicht handelt es sich um ein Mißverstehen bei der Übernahme des direkten Herauswachsens der Scheidbogen aus den Pfeilern, vielleicht um ein Mißverständnis des Zeichners. Dem Maßwerk nach ist der Bau ungefähr im 2. Viertel des 14. Jahrhunderts entstanden. Wenn er in der durch die Zeichnungen überlieferten Form von Anfang an erbaut war, handelt es sich um eine Verquickung des Hallengedankens, der eben damals von Österreich und Böhmen aus nach Westen vordrang, mit dem Typus der Freiburger Gruppe[60]).

Die Bamberger Kirche ist eine wirkliche Halle, aber flachgedeckt; es handelt sich also auch hier um ein gründliches Mißverstehen der Hallenidee noch in der zweiten Hälfte des 14. Jahrhunderts. Der Umbau um 1500 durch Dominique Clarian hat die Substanz des Baues nach den wenigen vorhandenen Formen nicht angetastet. Der Chorbau ist auf die Jahre 1380/87 durch Überlieferung festgelegt.

Es stehen neben den entwickelteren Typen, die Süddeutschland beherrschen, eine Anzahl von Saalkirchen. Sie in eine Reihe zu bringen, ist schwierig, besonders, da die letzten Bauten dieses Typus von den zuerst geschaffenen sich wesentlich kaum unterscheiden. Einzelformen, soweit sie vorhanden sind, lassen die Aufstellung einer Reihe zwar zu. Eine Entwicklung aus ihr herauszulesen ist unmöglich, da der Raum als solcher keine Abwandlung erfährt.

Größere Bedeutung hat nur die Franziskanerkirche in SCHWÄBISCH-GMÜND dadurch, daß hier dem Saal mit offenem Sparrendach ein leicht eingezogener Chor mit zwei quadratischen Kreuzrippengewölben und plattem Schluß angefügt ist. Der Formenapparat — plumpe Birnstabrippen, Deckplatten aus Wulsten und Kehlen, Knospenkapitelle mit blütenartig aufgelösten Endknollen und Konsolen mit dem zerfetzten Laubwerk von Reims — deutet etwa in das vierte oder fünfte Jahrzehnt des 13. Jahrhunderts. Es ist dies der einzige Fall unter den frühen süddeutschen Saalkirchen, in dem der Chor mit dem Langhaus organisch verbunden ist[61]).

Die übrigen Saalbauten der Landschaft können zusammengefaßt werden: für sie ist charakteristisch die geringe Länge im Verhältnis zur Breite, die grundsätzliche Verwendung des offenen Dachstuhls, mit einem Wort, die völlige Negierung jeder künstlerischen Tendenz, die Vernachlässigung der bestimmten „Richtung" des Baues, in dem Sinne, daß der Raum nach irgendeiner Seite strebend empfunden werden könnte. Die Franziskanerkirchen in ULM (1870 zerstört) und LINDAU gehören hierher, dazu die Dominikanerkirchen in ROTTWEIL und WIMPFEN. Bei WIMPFEN fällt die außergewöhnliche Niedrigkeit des Langhauses auf, das alte Dachgesims ist in halber Höhe des jetzigen Langhauses noch zu sehen. In LINDAU und VILLINGEN wird der Versuch gemacht, durch die Anordnung einer Gruppe von drei Fenstern die Westfassade einigermaßen zu gestalten. Das mittlere Fenster reicht in den Giebel hinein, die Höhe der Erstreckung der Fassade so betonend. Es steht das im Gegensatz zu der Art, wie in der wahrscheinlich sehr frühen ULMER Kirche in der Südwand vier größere Fenster mit drei kleinen Luken wechseln und die völlige Gleichgültigkeit gegenüber jeder Gestaltung deutlich machen.

Am Anfang des 14. Jahrhunderts sind diesen Kirchen sämtlich einschiffige Chöre mit polygonalem Schluß angebaut worden, offenbar in der Absicht, sie nach dem Altare auszurichten, den Bau dort seinen Ablauf finden zu lassen. Es ist bezeichnend, daß die Franziskanerkirche in VILLINGEN, die um 1300 entstanden ist — das Maßwerk der Westfront, in dem neben dem rundblättrigen Vierpaß einmal der spitze auftritt, spricht dafür — von Anfang an mit langem, polygonal geschlossenem Chor erbaut war, daß sie auch schon im Langhaus wesentlich gestreckter ist als die ganz frühen Saalkirchen. Es ist die gleiche Tendenz, die im Anfang des 14. Jahrhunderts in Thüringen sich geltend macht.

*

2. RHEINLAND[62]

Deutlicher als in den anderen Teilen des Reiches stellt sich im Rheinland die Tatsache heraus, daß in den ersten Bauten der Bettelorden von einem eigenen Stil, der aus der Reihe des Gewohnten sich herauslöst, noch nicht eigentlich die Rede sein kann. Die einfache Tatsache, daß die ersten Ordenskirchen am Rhein früher entstanden sind, als in den anderen Gebieten, daß also der Ordensstil sich noch nicht herausgebildet hatte, macht diese Erscheinung einigermaßen erklärlich. Dazu kommt noch, daß im Süden der Anschluß an die nie ganz ausgestorbene, vorromanische Architektur und im Zusammenhang damit die Schaffung eines Neuen leichter war, als am Rhein, wo die architektonische Entwicklung weit vielgestaltiger gewesen war, wo gerade am Anfang des 13. Jahrhunderts die spätromanische Baukunst in einer Fülle von Werken sich entfaltete, die sonst nirgends auch nur einigermaßen — weder quantitativ noch qualitativ — ihresgleichen findet.

Es wird diese Tatsache, daß nämlich die Bettelorden hier einer reichen bodenständigen Architektur sich anschließen, es auch begreiflich machen, daß sie längerer Zeit bedürfen als die süddeutschen Kirchen, bis sie zur eigentlichen Ordensarchitektur übergehen. Nur ein Charakteristikum ist schon den ältesten Kirchen am Rhein mit denen der Bettelorden in Süddeutschland gemein: das Fehlen des Querhauses. Hier zeigt sich, daß das Motiv ursprünglich von nicht-stilistischen Ursachen ausgeht, daß es also nicht von Anfang an als Kampf gegen das retardierende Moment der Vierung ausgedeutet werden kann. Im Rheinland ist es eine bloße Reduktion des üblichen Kirchenschemas — in SION und SELIGENTHAL des spätromanischen, in KÖLN des hochgotischen, ohne daß seine Bedeutung für das Stilistische begriffen wäre.

Die erste Kirche der Minoriten in KÖLN, im Sionstal gelegen und Anfang des 19. Jahrhunderts abgebrochen, ist von Boisserée abgebildet worden (Abbildung 33). Sie schließt sich durchaus der kölnischen Architektur an: eine Basilika von drei Schiffen mit fünf queroblongen Jochen und halbkreisförmiger Apsis ohne Querhaus, das System aus spitzbogigen Arkaden, drei vereinzelten Triforienblenden in jedem Joch und Fächerfenstern. Vor dem ersten und dritten Pfeilerpaar von Westen liegt eine Vorlage, von zwei $^3/_4$-Diensten begleitet, die übrigen Quergurten sitzen auf einem Dienst, der von der Sohlbank des Triforiums aufsteigt. Die Nachwirkungen des Systems mit sechsteiligem Gewölbe sind deutlich spürbar: in dem hier (bei vierteiligem Kreuzrippengewölbe) völlig unbegründeten Stützenwechsel und, damit zusammengehend, in der Verschiedenheit der abwechselnd rechteckigen und aus drei Wulsten bestehenden Quergurte. Der Bau steht zwischen St. Kunibert — das System schließt sich dem dortigen Langhaus an, auch die Vorlagen und die Zwischendienste sind durchaus entsprechend — und Groß-St. Martin, mit dem er das vierteilige Gewölbe gemeinsam hat, freilich in der rückständigeren Form, daß die Schildbogen hier nicht spitz, sondern gestelzt halbkreisförmig verlaufen. Damit käme man ungefähr in die 30er Jahre; St. Kunibert ist ca. 1210—1247, St. Martin nicht vor 1240 entstanden. Das Chorgewölbe — Halbkugel mit unterlegten Rippen — erinnert an den 1227 geweihten HEISTERBACHER Chor. Der ganze Formenapparat ist der rheinischen Architektur entnommen. Einzig das Fehlen des Querhauses macht eine Ausnahme. Aber es ist hier ohne stilistische Bedeutung.

SELIGENTHAL (vor 1247 bzw. 1256 vollendet), eine rudimentär dreischiffige Basilika (das südliche Seitenschiff fehlt) von drei Jochen mit einem Chorjoch und halbkreisförmiger Apsis, nimmt eine eigentümliche Stellung ein: im ganzen kann es als eine Reduktion der rheinischen Spätromanik, die SION vertritt, betrachtet werden. Es verhält sich den Forderungen der „großen Architektur" gegenüber lax. So kommt es zur Verwendung der Flachdecke im Mittelschiff, zur Weglassung des einen Seitenschiffes. Einzelne Punkte, die ungegliederte Langhauswand, die primitiven rohen Pfeiler, der Wegfall der Arkadenkämpfer gegen das Mittelschiff zu, mögen gleichzeitig retrospektiv auszudeuten sein. Aber diese Formen mischen sich dann mit anderen, die durchaus dem Formenapparat der ersten Hälfte des 13. Jahrhunderts entnommen sind, wie die $^3/_4$-kreisförmigen Fünfpaßfenster des Obergadens, die Wulstrippen mit Schaftringen in den Chorgewölben, so daß der Bau als Ganzes nicht zusammengeht. Er ist nicht vollständig umgedeutet, wie die retrospektiven Flachdeckbasiliken der Bettelorden in Süddeutschland; was rückständig anmutet, ist doch hier mehr Verzicht auf feierliche Repräsentation.

In verschiedenen Punkten, vor allem in der Wölbung der Seitenschiffe bei flachgedecktem Mittelschiff, geht SELIGENTHAL mit dem ersten Plan der Dominikanerkirche in KOBLENZ einigermaßen zusammen, der in den drei östlichen Jochen noch erkennbar ist. Freilich sind die Pfeiler dort weiter entwickelt: sie sind kreuzförmig mit einer weiteren Vorlage nach dem Seitenschiff. Dementsprechend tragen die spitzbogigen Arkaden noch einen Unterzug, sind nicht einfach rechtwinklig geschnitten, wie in SELIGENTHAL. Auf der Seitenschiffsvorlage sitzt ein Gurt, rechtwinklig mit abgefasten Kanten. Die plump birnstabförmigen Rippen scheinen angeklebt, es war möglicherweise hier ursprünglich mit Gratgewölben gerechnet. Dieser Bauteil dürfte 1240/45 entstanden sein. (Niederlassung 1239, 1245 im Bau)[63]).

Die Form des kreuzförmigen Pfeilers mit einer Seitenschiffvorlage fällt wieder aus der Architektur der Bettelorden heraus. Die verhältnismäßig große Kompliziertheit der Bildung — wenngleich aus Zusammensetzung der an sich einfachsten Teile entstanden — stellt ihn bei aller Verschiedenheit beispielsweise vom kreuzförmigen Pfeiler mit Ecksäulen und Halbsäulenvorlagen doch auf die gleiche Stufe mit diesem. Er ist eine typisch spätromanische, zum mindesten eine späte Form. Auch hier handelt es sich also um eine Vereinfachung des entwickelten spätromanischen Systems, nicht um eine retrospektive Umgestaltung im Sinne der süddeutschen Flachdeckbasiliken der Orden.

Im weiteren Verlaufe des Baues lösen sich verschiedene Einflüsse ab. Zuerst treten burgundisch-zisterziensische Formen (Dienstbündel auf Hornkonsolen, stark knollige Knospenkapitelle) bei der Einwölbung der drei Ostjoche des Mittelschiffes auf. Mit den folgenden Jochen, bis zum fünften Joch von Osten (von hier aus setzt ein vollständiger Neubau des 15. Jahrhunderts ein) löst dann der Einfluß der französischen Gotik aus dem TRIER-MARBURGER Kreise den vorigen ab. Die Rundpfeiler mit vier Diensten auf runden Sockeln mit Tellerbasen, das Knospenkapitell, das Arkadenprofil in seiner reichen Gliederung stammt von dort. Es ist die Stufe, auf der die Ostjoche der KÖLNER Minoritenkirche stehen — man darf den gleichen Einfluß aus dem TRIERER Kreis (MÜNSTER-MAIFELD) vermuten. Auch der Chor — im $^7/_{12}$-Schluß ohne Vorjoch — hängt, wie die Einzelformen, vor allem die Blattkapitelle beweisen, von dort ab. Er geht mit den westlichen Teilen von St. Elisabeth (Verschmelzung der Maßwerkwulste, leicht gebeulte Einzelblätter) zusammen (1270/80).

Die ganze rheinische Gruppe der Bettelordenskirchen steht ein wenig außerhalb des Stiles der Bettelorden. In dem einen oder anderen Punkt weicht jede der dortigen Kirchen davon ab. Der unmittelbare Einfluß der Spätromanik auf die frühen, der französischen Hochgotik auf die späteren Bauten war zu stark. Wenn sich daneben Bettelordensmäßiges durchsetzt, so entsteht eine nicht sehr erfreuliche Mischung.

Wesentlich für den Eindruck der KÖLNER Minoritenkirche ist die Verwendung von offenen Strebebogen überm Seitenschiffsdach (Abbildung 35). Es liegt darin ein entschiedener Widerspruch zur grundsätzlichen Stellungnahme der Bettelorden gegenüber der Hochgotik. Die Silhouette des Baues bekommt das Zerrissene hochgotischer Architektur, der Freiraum ist mit dem Baukörper verbunden, der Binnenraum „äußert" sich gleichsam, trägt Teile des ihm zugeordneten Körpers nach außen, statt sich abzuschließen. Das Verlaufen der Strebebogen an den flachen Lisenen des Obergadens im älteren Ostteil entfernt sich von der Hochgotik. In ihr liegt etwas vom Empfinden für die Geschlossenheit der Wand, das den Bettelorden eigen ist.

Doch ist das direkte Vorbild anderswo zu suchen. Es ist schon oben an die Kirche in Münster-Maifeld erinnert worden: in ihr hatte das zisterziensische System der italienischen Ordenskirchen mit französischen Gedanken sich durchdrungen. Ihr Strebesystem zeigt die gleiche Mischung. Charakteristisch ist vor allem die geringe Erhebung der Strebebogen über das Dach der Seitenschiffe, die mit den unter Dach verhehlten Strebemauern der Zisterzienser noch einigermaßen verwandt erscheint. Die Strebepfeiler sind äußerst flach gebildet. Dazu kommt dann, daß das Dachgesims von den Streben der Hochwand nicht überschnitten wird, daß es sich vielmehr um sie verkröpft. Der Chor der Zisterzienserkirche in Marienstatt (1243 begonnen) zeigt hier ein ähnliches Motiv; die Strebepfeiler schieben das Dachgesims in der Art von reduzierten Fialen in die Höhe. Gerade dies Motiv des Abschlusses macht aber auch den Unterschied zwischen dieser Lösung nnd der von hier beeinflußten der Kölner Minoritenkirche klar. Durch die Verkröpfung des Dachgesimses um die Streben wirken sie in Münster-Maifeld als relativ selbständige Glieder. Sie lösen sich von der Wand los, wirken plastisch, während sie in Köln dem Zusammenhang der Wand durchaus eingebunden sind und nur als Linien auf der Fläche aufgefaßt werden können. Das durchlaufende Dachgesims drängt sie zurück. Es handelt sich deutlich um eine Umsetzung des immer noch hochgotisch beeinflußten Münster-Maifelder Körperempfindens in den Stil der Bettelorden. Bei der weiteren Verbreitung des Motivs in Altenberg z. B. (1255), wird das Hochgotische wieder mächtiger. Die Hochwandstreben verstärken sich, wirken plastischer. Die im Ostteil von Köln-Minoriten eingeschlagene Richtung setzt sich in den dortigen Westjochen fort. Die Hochwandstreben fallen ganz weg, die Mauer wird zur einheitlichen Fläche.

Am Chor herrscht die Hochgotik noch wesentlich stärker. Die Strebepfeiler mit Pultdach und einschneidendem Giebel (auch dies ein Stück hochgotischen Empfindens) sind von einem Laufgang durchbrochen, eine Form, die in TRIER und MARBURG üblich ist, in MARBURG in der gleichen Form der Durchbrechung.

Die gleichen Änderungen wie am Außenbau lassen sich auch im Innern feststellen (Abbildung 34). Der Chor und die Arkaden der beiden Ostjoche stehen unmittelbar unter französischem Einfluß. Dies wird deutlich in der Verwendung des $^7/_{12}$-Schlusses, in der Art, wie die Dienste angeordnet sind, so daß unterhalb der Fensterbank ein Dienst ohne Basis und Kapitell aufsteigt, um den sich das Gesims verkröpft und daß erst über diesem die Dienstbündel — ein Dienst für jede Rippe — mit eigenen Sockeln und Basen aufsitzen. In dieser Anordnung steckt die ganze Vielteiligkeit der früh- und hochgotischen Körperbildung, die den Körper stets aus einer Anzahl von Gliedern zusammensetzt, ihn niemals als Masse faßt. Starke $^3/_4$-Rundpfeiler im Verein mit dem vielteiligen Quergurt trennen Chor und Langhaus. Die beiden Räume stehen gesondert nebeneinander.

Eine Parallele zum System des Chors in der Kölner Minoritenkirche bietet der Chor der Dominikanerkirche in Frankfurt. Es liegt hier eine Formulierung vor, die der in Köln angewandten vorausgeht. Das Sohlbankgesims ist nicht durchgeführt, die Dienste schweben frei auf runden Konsolen, während unter jedem Dienstbündel ein kurzer Dienst aufsteigt. Diese Anordnung hängt wieder mit der in der Ramersdorfer Kapelle angewandten eng zusammen. Auch dort sitzen die Dienstbündel des Langhauses in Sohlbankhöhe auf Konsolen, gestützt von einer kurzen Wandvorlage. Freilich ist das Aufsitzen der oberen Dienste dort weniger motiviert, die Tragfläche ist geringer. So präsentiert sich Frankfurt wohl als Zwischenform zwischen Köln und Ramersdorf (Abbildung 29 und 31).

Diese gleiche Einstellung beherrscht auch noch die beiden Ostjoche der KÖLNER Kirche mit ihren vielteiligen, aus Birnstäben und Kehlen bestehenden Scheidbogen. Erst vom dritten Joch ab tritt etwas Neues ein: das hochgotische Profil wird von einem einfachen abgefasten Scheidbogen mit ebensolchem Unterzug abgelöst. Die Fensterleibungen des ganzen Obergadens verlieren durch vorgelegte Runddienste die Gliederung, die im Chor herrscht. Die Hochwand ist in allen acht Jochen ganz glatt gehalten, die Fenster setzen erst in Höhe der Gewölbekämpfer an. Über dem vorderen der vier Dienste des Rundpfeilers steigt, ohne eigenen Sockel wie im Chor, ein Dienst hoch, auf dessen Kapitell die Gewölbeglieder ruhen. Das Kapitell zerfällt entsprechend den fünf aufgefangenen Gewölbegliedern in fünf Knospen mit eigenen Deckplatten. Es dringt hier ein Moment ein, das, der Hochgotik fremd, auf dem Wege zur Spätgotik liegt. Es ist der erste Schritt zum Wegfall des Kämpfers. Die Rippen zerfasern das Kapitell. Die hochgotische Gewohnheit, ein Dienstbündel zu verwenden, die hier zugunsten des im Sinne der Bettelorden liegenden Einzeldienstes unterdrückt ist, führt zur Lockerung der Kapitellform. Freilich ist die Zerfaserung selbst, als eine Form der Auflösung, nicht bettelordensmäßig gedacht. 30 Jahre später, um 1300, wird das Motiv allgemein üblich — es wäre vor allem eine Gruppe, der u. a. der Kapitelsaal in MAULBRONN und die Sakristei der Dominikanerkirche WIMPFEN zugehören, zu erwähnen. In den Westjochen macht die aufgelöste Form dem einfachen unverzierten Kelchkapitell mit halbachteckiger Deckplatte Platz.

Der Einfluß der Bettelordensarchitektur setzt also hier mit dem dritten Joch ein. In den Ostteilen weisen alle Einzelformen — das Maßwerk der Fenster mit großem Kreis und vorgelegten Pfostenrunddiensten, das schaftringartige Herumführen des Kaffgesimses um den Vierungspfeiler, die runden Basen der Dienste, die Öffnungen des Laufganges — auf den Kreis von MARBURG und TRIER. Die Grundstücksschenkungen geben Daten für den Baubeginn zwischen 1245 und 1248. Die beiden östlichen Arkaden mit reichem Scheidbogenprofil mögen etwas jünger sein (achteckige Sockel statt runder), müssen aber samt den zwei folgenden Pfeilern wegen der Blattwerkkapitelle noch derselben vor 1257 (Ablaß zum Jahrestag der Chorweihe) beendeten Bauperiode angehören. Sie ähneln dem fünften Joch der KOBLENZER Dominikanerkirche, ohne daß doch mehr als eine gemeinsame Quelle zu vermuten wäre. Es fragt sich nur, woher der neue kurz vor 1260 einsetzende und bis gegen das Ende des Jahrhunderts, wo die Kirche vollendet wurde, anhaltende Einfluß gekommen sei.

Es liegt nahe, den Umschwung zur Bettelordensgotik mit den süddeutschen Kirchen der Bettelorden in Zusammenhang zu bringen. Schwierigkeiten macht aber die Tatsache, daß zu der fraglichen Zeit in Süddeutschland noch kein Bau existierte, dessen Gewölbe mit der Arkadenreihe durch Dienste fest verbunden war. Die Dienste von ESSLINGEN und STRASSBURG, den Kirchen, die schon im Bau waren, setzten oberhalb des Arkadenscheitels auf Konsolen ab, und in der REGENSBURGER Dominikanerkirche war man über den Chor noch nicht hinausgekommen. Daß trotzdem auch in KÖLN ein Resultat erzielt wurde, das dem im REGENSBURGER Langhaus erreichten durchaus ähnelt, liegt an der Gemeinsamkeit der Quelle — diese freilich dann wieder tiefer begründet in dem Bauwollen der Orden. Die italienischen Kirchenbauten der Zisterzienser haben das System der Wandgestaltung nach KÖLN wohl nicht direkt übertragen, sondern auf dem Umweg über die Gruppe MÜNSTER-MAIFELD—CARDEN, die sich stark an die erwähnten Bauten anlehnt, vorbereitet (Abbildung 36).

Der Einfluß dieser Gruppe auf KÖLN hatte sich schon im Strebewerk bemerkbar gemacht. Auch im System des Langhauses ist in MÜNSTER-MAIFELD das zisterziensische Vorbild, das im Querhaus auch im Formenapparat ganz deutlich ist, noch durchzuspüren: das zisterziensische Kämpfergesims ist dort noch beibehalten. Der durchlaufende Mittelschiffsdienst liegt vom Kämpfer ab auf einer Rücklage. Diese fällt bei der Übernahme in KÖLN weg. Als ein Rückfall muß dagegen das Beibehalten des Pfeilerkämpfers angesehen werden. Der Mittelschiffsdienst kann nicht durchlaufen, wie in MÜNSTER-MAIFELD, er setzt in der Art der französischen frühen Hochgotik über dem Kämpfer des Hauptpfeilers, freilich ohne eigenen Sockel, neu an. In einem anderen Punkt löst sich KÖLN von einem hochgotischen Moment, das in MÜNSTER-MAIFELD in das zisterziensische System zugleich mit dem Rundpfeiler eingedrungen war: die Kante des Scheidbogens ist nicht mehr wie dort durch einen birnstabförmigen Wulst zwischen Kehlen aufgelöst, sie ist jetzt, wie schon der Unterzug in MÜNSTER-MAIFELD, einfach abgefast. Es wäre möglich, daß sich hier der Einfluß einer der süddeutschen Bettelordenskirchen, von ESSLINGEN oder STRASSBURG, bemerkbar macht. Am energischsten erfolgt die Lösung von MÜNSTER-MAIFELD in der Behandlung des Formenapparates, in erster Linie des Blattschmucks und des Fenstermaßwerks. Steht MÜNSTER-MAIFELD hier noch völlig in dem von TRIER-Liebfrauen ausgehenden Kreis, so ist KÖLN wesentlich fortgeschritten, vor allem durch den Wegfall der vorgelegten Pfosten. Das Maßwerk wirkt nicht mehr als aufgebaut aus einzelnen Teilen, aus Bogen und darübergelegten Kreisen, sondern als einfache Flächenfüllung.

Die Daten, die sich für die betreffenden Joche in Münster-Maifeld ergeben, passen zu der Annahme, daß Köln von dort abhängig sei. Das Einsetzen des neuen Stiles im dritten Joch der Kölner Minoritenkirche darf nach 1257, dem wahrscheinlichen Jahr der Chorweihe angenommen werden. Für Münster-Maifeld mag die folgende Datierung gelten: Die Formen der dortigen Vierung mit den typisch burgundisch-zisterziensischen Vierungspfeilern mit Dienstvorlagen und Eckdiensten, mit Wirteln und Knospenkapitellen gehören in den Anfang der 40er Jahre. Der Aufbau des Querhauses mit etwas entwickelteren Formen fällt kurz vor 1250. Zwischen 1250/60 dürften, dem Blattwerk nach zu schließen, das dem der Trierer Südkonche gleicht, die beiden östlichen Langhausjoche, die hier in Frage kommen, entstanden sein.

Von KÖLN ist dann eine Kirche abhängig, die außerhalb des Ordensverbandes steht: die Kirche der Benediktiner in THOLEY. Auffallend ist vor allem der Wegfall des Querhauses, besonders in Anbetracht dessen, daß die Bildung des Chors in drei Apsiden (die übrigens auch von den böhmischen Benediktinerkirchen des 14. Jahrhunderts verwendet wird) durchaus noch der alten benediktinischen Lösung von Cluny II entspricht. Dazu kommt dann die Anlehnung an das in KÖLN gestaltete Wandsystem, die Verwendung von Rundpfeilern mit vier Diensten, wobei freilich in dem Punkt über KÖLN hinausgegangen wird, daß der Mittelschiffsdienst jetzt ohne Unterbrechung durch den Kämpfer des Rundpfeilers durchläuft, wie in MÜNSTER-MAIFELD. Trotzdem ist die Annahme des Umwegs über KÖLN notwendig. Das Scheidbogenprofil ist identisch, ebenso die Kelchkapitelle. Daneben scheint doch ein direkter Einfluß von MÜNSTER-MAIFELD, der sich besonders im Fenstermaßwerk äußert, mitzuwirken. Die Proportion des Mittelschiffes ist wohliger als in KÖLN; die Wandfläche ist geringer, sie wirkt nicht als Mittel zur Gestaltung der den Raum umschließenden Körperfläche, sondern ungewollt, als Konzession.

Der Bau muß deshalb herangezogen werden, weil er möglicherweise als Zwischenglied zwischen KÖLN und der Minoritenkirche in BONN Bedeutung hat. Diese Kirche ist eine dreischiffige Basilika, von sechs Jochen mit zweijochigem Chor und Schluß in fünf Seiten des Achtecks. Die Gewölbeglieder — Rippen und Gurten sind gleich und hohlkehlprofiliert — sitzen im Chor auf Diensten, die vom Boden aus durchlaufen. Ihre runden Sockel mit dem karniesartigen geschwungenen Profil der Basen, weisen auf verhältnismäßig frühe Zeit. Für den Baubeginn ist 1275 überliefert. Die hohen Fenster mit dem reichen Maßwerk des KÖLNER Domhochchors reichen freilich, wie die Sediliennische, ins erste Viertel des 14. Jahrhunderts, wie denn die überlieferte Weihe, die doch wohl auf den Chor sich bezieht, erst nach dem 1. April 1317, dem Tag der Kanonisation des hl. Ludwig von Toulouse, des Patrons der Kirche, stattgefunden haben kann.

Mit dem ersten Joch des Langhauses verändern sich die Formen. Die Sockel der Mittelschiffsdienste werden polygonal wie im Langhaus der KÖLNER Minoritenkirche. Die Fenster sitzen auf einem Gesims, das nahezu in Kämpferhöhe (in Höhe des Halsringes der Kelchkapitelle) durchläuft. Hier scheint eine Erinneruug an MÜNSTER-MAIFELD durchzuschlagen: es ist deutlich, daß es sich um eine mißverstandene Übernahme des alten zisterziensischen Kämpfergesimses handelt (das eigentlich eine Fortsetzung des Kämpferplattenprofils über die Wandfläche des Joches weg darstellt). In KÖLN war es ganz weggefallen, ebenso in THOLEY. Hier in Bonn taucht es wieder auf Bei den Langhauspfeilern ist die Verschleifung weit fortgeschritten. Der Mittelschiffsdienst läuft, wie in THOLEY, durch. Das Kapitell fehlt, die Hohlkehle der Arkadenbögen wächst direkt in den Schaft hinein, ihr Unterzug läuft bis zur Basis durch; an den Diensten gegen die Seitenschiffe fehlt gleichfalls das Kapitell, die Gewölbeglieder wachsen einfach heraus. Die Form von THOLEY ist ins Spätgotische umgesetzt[64]).

Es unterscheidet sich diese Art der Verschleifung wesentlich von der sonst bei den Bettelorden üblichen. Das Prinzip lautet im allgemeinen so, daß die einfache Rund- oder Achteckform, an welcher der Raum vorbeigleiten kann, an Stelle des aus dem Kern und einer Anzahl von Diensten zusammengesetzten hochgotischen Pfeilers tritt. Hier wählt man eine andere Lösung: die Glieder behalten ihre Vielteiligkeit, aber sie werden umgewandelt, passen sich der Form der Arkaden an. Die Verschleifung geht von dem Gewölbe und von den Arkadenbögen aus, nicht vom immer engeren Zusammenbau des Pfeilers selbst.

In den vier folgenden Westjochen dringt dann auch dieses andere Prinzip etwas weiter vor: der Seitenschiffsdienst fällt jetzt ganz weg, die Rippen des Seitenschiffs wachsen also direkt aus dem Pfeiler heraus. Dadurch bekommt auch der Sockel eine neue Form: die Absetzung der einzelnen Glieder wird von ihm nicht mehr wiederholt, er läßt sich jetzt mit einer einheitlichen Kurve umfahren. Auch die Deckplatten der Hochschiffsdienste verändern sich leicht. Das Fenstermaßwerk bleibt dem des Hochchors gleich, außer in den Seitenschiffen, wo charakteristische Formen der Mitte des 14. Jahrhunderts auftreten, zum Teil noch spätere aus der zweiten Hälfte des Jahrhunderts, die dann den Übergang zu dem Fischblasenmaßwerk der Westfassade der Seitenschiffe bilden. Das Mittelfenster der Westfassade geht aber durchaus mit denen des Chors zusammen. Es ist mit dem Portal in einer Nische zusammengefaßt. Das Hochschiff hat keine Streben, die Streben der Seitenschiffe sind, wie auch schon in der KÖLNER Minoritenkirche, nach innen gezogen, so daß sich hier spitzbogige Nischen ergeben.

Auf diese beiden letzten Punkte, die Zusammenfassung von Portal und Mittelfenster und die Hereinziehung der Streben könnte die einschiffige Minoritenkirche in DUISBURG Einfluß gehabt haben. In ihrem Chor finden sich starke früh- und hochgotische Reminiszenzen. Die Joche sind quadratisch, durch starke Halbsäulen, ähnlich denen am Chorbeginn der KÖLNER Kirche, getrennt. Vor diesen steht der Dienst für die Rippen und den Gurt, während die Schildbogen auf Konsoldiensten in der Längsachse der Halbsäulen sitzen. Dieses plastische Vortreten starker Glieder vor die Wand steht, wie der Chor der KÖLNER Minoritenkirche, noch unter dem Bann hochgotischen Denkens, wie die ganze Frühstufe der rheinischen Bettelordenskirchen. Die Anordnung der Dienste im Chorschluß von DUISBURG, wo auf der Deckplatte des Rippendienstes noch zwei kleine Dienste mit Sockeln, Basen und Kapitellen für die Schildbogenrippen aufsitzen, läuft dazu parallel: der Einzelteil soll möglichst in seiner Selbständigkeit gewahrt werden, das Ganze soll sich aus Teilen zusammensetzen.

An dem langgestreckten Langhaus ist die Eigentümlichkeit hervorstechend, daß die Strebepfeiler nach innen gezogen und durch Spitzbogen zu großen Blendnischen verbunden sind. Das Motiv findet sich schon in der KÖLNER Minoritenkirche, hier freilich erst vom vierten Joch ab, also nicht notwendig vor Duisburg. Sicher früher kommt es schon im MARBURGER Kreis, in HAINA und WETTER vor, von wo auch schon das Motiv der halben Rundpfeiler im Chor mit Dienstbesetzung übernommen sein könnte. Auf jeden Fall ist es bezeichnend, daß die Bettelorden zu dem Motiv, die Strebepfeiler hereinzuziehen, greifen. Der Charakter der Außenwand soll möglichst als glatte Fläche gewahrt bleiben. Das Sockelgeschoß läuft bis in Höhe der Fensterbank durch, erst von hier an treten die Strebepfeiler schwach heraus. Im Innern werden dadurch innerhalb des Gesamtraumes ihm untergeordnete Teilräume geschaffen; nicht unregelmäßig verstreut, fast zufällig wie in KÖLN, sondern in systematischer Abfolge aneinandergereiht. Ebenso wird die Fassade durch das Zusammenziehen des Fensters, einer Blendgalerie unter ihm und des zweiteiligen Portals zusammengefaßt. Der Bau der Kirche soll in die 70er Jahre fallen. Aus stilkritischen Gründen möchte man eher ein Vierteljahrhundert nach oben gehen.

Die Franziskanerkirche in FRANKFURT weist, soweit die erhaltenen Schnitte und Grundrisse das erkennen lassen, eine gewisse Ähnlichkeit mit DUISBURG auf. Auch hier handelt es sich um einen langgestreckten Saalbau, ursprünglich offenbar mit kurzem Chor. Die Strebepfeiler sind hereingezogen und zu spitzbogigen Blenden verbunden. Die Gewölbe gehören erst den Umbauten des 15. und 16. Jahrhunderts an, die auch das südliche Seitenschiff und den Chor, sowie er beim Abbruch 1786 bestand, anfügten.

Es könnte sein, daß der Bau in seiner Substanz noch der 1271 begonnene Ursprungsbau war, daß also das Hereinziehen der Strebepfeiler in den Binnenraum hier schon vor DUISBURG vorkäme. Dann wäre die Übertragung nach DUISBURG von hier aus wahrscheinlich und FRANKFURT hätte das Motiv dann aus den erwähnten hessischen Bauten übernommen und auf die Saalkirche angewendet. Freilich läßt sich, da die FRANKFURTER Kirche nicht mehr existiert, nichts absolut Feststehendes aussagen.

*

3. NORDDEUTSCHE TIEFEBENE (WESTFALEN, NIEDERSACHSEN, BRANDENBURG)

Die Bedeutung der Bettelordensarchitektur für Westfalen liegt darin, daß sie das queroblonge Joch (und die ebene oder nur leicht steigende Kappe mit tragenden Rippen) (*Kömstedt*) in die dortige Entwicklung hineinträgt. Es ist auffallend, wie sehr das Bild durch diese Neuerung verändert wird.

Um die Mitte des 13. Jahrhunderts stellt sich die westfälische Architektur im großen folgendermaßen dar: die Halle hat sich seit dem letzten Viertel des 12. Jahrhunderts allgemein durchgesetzt. Unter dem Einfluß der Kuppelkirchen des Périgord (ich schließe mich hier an Kästner an[65]) entsteht als erstes die Halle vom Typ Kirchlinde mit quadratischen Mittelschiffsgewölben und ganz schmalen quertonnengedeckten Seitenschiffen. Durch Kombination mit anderen Gewölbeformen (Gratgewölbe statt der Kuppeln im Mittelschiff und Muschelgewölbe in den Seitenschiffen) entstehen die Typen von Maria zur Höhe in Soest auf der einen Seite (rechteckige Seitenschiffsjoche) und die der Gegend um Siegen mit trapezförmigen Seitenschiffsjochen auf der andern Seite. Charakteristisch für diese 3 Gruppen ist die zentrale Bedeutung des Mittelschiffs, zu dem die Seitenschiffe nur im Verhältnis des absolut Untergeordneten stehen, wie die tragenden breiten Quergurten in den Saalkirchen des Périgord. Daneben erwächst aus der Verquickung mit dem Schema der Basilika im gebundenen System die Halle vom Typ Billerbeck — auch sie im gebundenen System und mit Stützenwechsel: das Mittelschiff behält seine überwiegende Bedeutung bei.

Möglichkeiten der Weiterentwicklung bringt ein neuer Einfluß aus dem Poitou, der in Herford und Paderborn (Fig. 6) einsetzt. An Stelle des unbedingten Überwiegens des Mittelschiffes, das die Seitenschiffe zu Kapellenreihen herunterdrückt, tritt jetzt die Reihung von gleichwertigen Jochen in allen drei Schiffen. Auch hier übertrifft das Mittelschiff an Breite noch gerne die Seitenschiffe; quadratische Joche in allen drei Schiffen, wie sie in den vorbildlichen südwestfranzösischen Kirchen die Regel gewesen waren (in der Kathedrale von Poitiers z. B.), kommen nur gelegentlich vor, in Berne oder auch in St. Johannes in Herford, dessen Grundriß wenigstens noch aus dem 13. Jahrhundert stammt. Ein wesentlichstes Charakteristikum dieser Gruppe bleibt die quadratische Bildung der Mittelschiffsjoche bei gleichzeitiger Verwendung kuppeliger Gewölbe. Dadurch wird stets der romanische Charakter in sich geschlossener Raumteile gewahrt. Eine Durchbrechung dieser Geschlossenheit erfolgt zwar schon durch die Verdrängung des kreuzförmigen Pfeilers mit Vorlagen und Eckdiensten (den Paderborn und Herford noch im 3. Viertel des 13. Jahrhunderts verwenden) durch den Rundpfeiler mit 4 oder 8 Diensten, der in Minden im 4. Viertel des 13. Jahrhunderts, in St. Marien in Osnabrück 1306 auftritt. Trotzdem überwiegt auch hier noch die gleichmäßig ruhige Abfolge der weiten Joche, die nach allen Seiten gleichwertig Fortsetzung findet. Die gelegentlich vorkommende Neigung, das Joch des Mittelschiffs leicht unterquadratisch zu bilden, ist so unmerklich, daß sie für den Betrachter kaum eine Rolle spielt. Wirkungsvoll bleibt die weite Öffnung des Joches gegen das Seitenschiff, die das Mittelschiff als Einheit nicht empfinden läßt. Es ist keine bestimmte Längstendenz vorhanden, man könnte ebensogut das Langhaus der Breite nach durchschreiten — kein Zwang zur Richtung nach dem Chor liegt vor. Es ist hier immer noch wesentlich, daß jedes Joch in seinem Auf-sich-Beruhen empfunden wird.

Mit den ersten Kirchen der Bettelorden auf westfälischem Boden tritt für ganz Westfalen an Stelle des quadratischen Joches das queroblonge, es tritt eine Gotisierung der bisher im wesentlichen noch romanischen Halle ein. Die Halle mit queroblongem Mittelschiffsjoch war in Hessen heimisch — entweder seit dem Bau der FRANKFURTER Dominikanerkirche oder seit der Planänderung von St. Elisabeth in MARBURG bei Beginn des Langhausbaues. Selbst wenn die Halle in FRANKFURT vor MARBURG aufgetreten ist, ist WESTFALEN doch von MARBURG beeinflußt. Vor allem ist es die Verwendung des Rundpfeilers mit 4 Diensten, die davon überzeugt. Sicher aber sind für diesen Einfluß, der das ganze späte 13. und die erste Hälfte des 14. Jahrhunderts hindurch herrscht, die Bettelorden als vermittelnder Faktor einzuschalten. 50 Jahre lang kämpfen sie allein für die neue Form, für die Halle mit queroblongem Mittelschiffsjoch: erst um 1330 schließen sich Bauten an, die nicht im Ordensverband stehen.

Von den erhaltenen Ordensbauten steht chronologisch an erster Stelle die Minoritenkirche in MÜNSTER (Figur 7 und Abbildung 14). Eine Urkunde gibt als Erbauungszeit 1270 an. Um 1400 ist ein Umbau erfolgt — die Pfeiler der Nordseite wurden unter Bei-

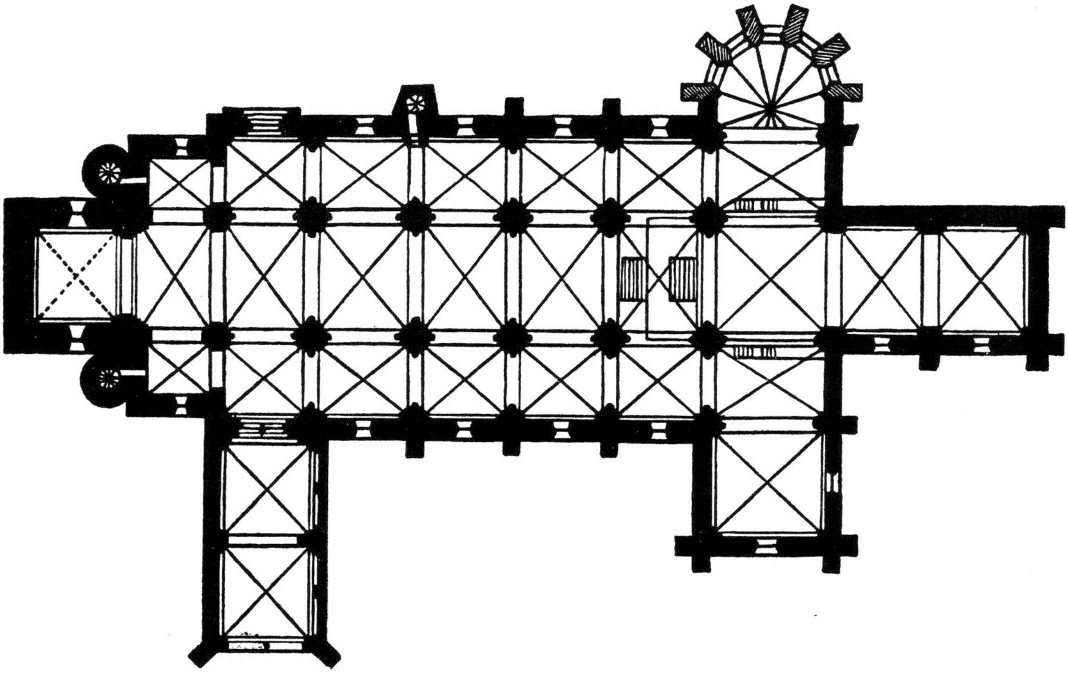

Figur 6. PADERBORN. Dom. Grundriß.

behaltung der Gewölbe zu Rundpfeilern umgearbeitet und im Westen zwei Joche angefügt. Doch ist der Bestand weit genug erhalten, um ein klares Bild vom Bau des 13. Jahrhunderts gewinnen zu können: ein Langhaus von ursprünglich 6 ausgesprochen schmalrechteckigen Jochen (im Verhältnis 1:2) im Mittelschiff, mit quadratischen Jochen in den Seitenschiffen, der Chor 3 Joche und $^5/_8$-Schluß. Die alten Pfeiler sind rund mit vier vorgelegten Diensten auf achteckigen Basen mit Kelchkapitellen und mit halbsechseckiger Deckplatte im gleichen Profil wie die Deckplatte des Hauptpfeilers. Die Gewölbe des Chors sitzen auf Kelchkapitellen mit Blattkonsolen. Rippen und Gurten sind gleich, im Hohlkehlprofil, die Scheidbogen sehr stark, abgefast und mit Unterzug. Das Maßwerk der Fenster besteht im ganzen Bau aus 2 Spitzbogen und einem großen, rundblättrigen Dreipaß darüber, die Pfosten sind einfach abgefast, ohne Vorlagen.

Zur Festlegung des Baues mag diese kurze Beschreibung genügen. Die Gleichheit der Formen verbürgt eine annähernd einheitliche Bauführung für die alten Teile. Es ergibt sich aus ihnen durch Vergleichung vor allem mit der rheinischen und hessischen Gotik eine Ansetzung zwischen 1280 und 1290 als Hauptbauzeit.

Da die übrigen Bettelordenskirchen Westfalens (mit Ausnahme vielleicht der stark verbauten MARBURGER Dominikanerkirche) ausnahmslos Merkmale einer späteren Zeit aufweisen, bleibt als wesentlichstes Resultat, daß mit dieser ersten Kirche der Bettelorden das queroblonge Joch in Westfalen einzieht und in seinem Gefolge die Gesamthaltung der Kirche sich verändert. Der Bau streckt sich, erhält Längsrichtung, die Schiffe bleiben voneinander abgesperrt. Was MARBURG um die Mitte des Jahrhunderts erreicht hatte, setzt sich hier im letzten Viertel durch: die hochgotische Halle.

Unter den Bettelordenskirchen Westfalens steht die Minoritenkirche in MÜNSTER ihrer Raumgestaltung nach isoliert. Im Formenapparat finden sich wohl Beziehungen, vor allem zu der pseudobasilikalen Minoritenkirche in HÖXTER. Sonst aber schließen sich

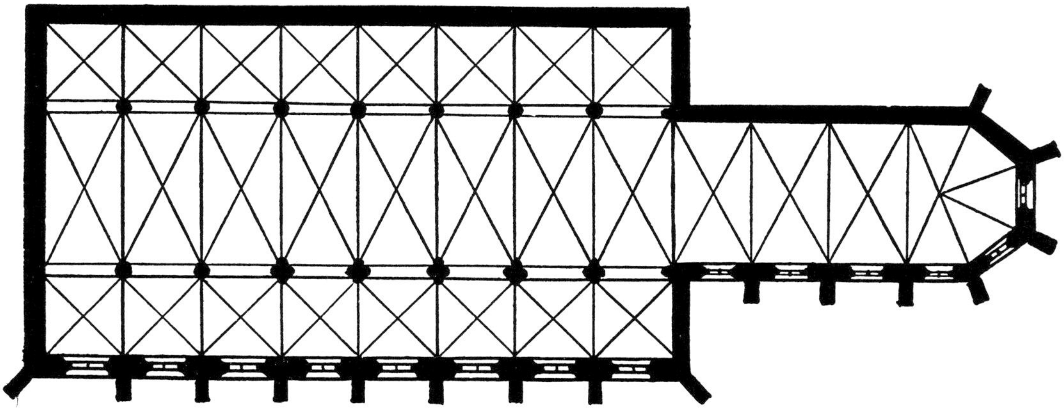

Figur 7. MÜNSTER I. W., Minoritenkirche. Grundriß.

von Ordensbauten nur außerhalb des engeren Heimatgebietes liegende Kirchen, vor allem die der Mark Brandenburg, an den Typ von MÜNSTER an. In Westfalen selbst schlägt schon die — zeitlich etwa ein Vierteljahrhundert später — nächstfolgende Ordenskirche, die Minoritenkirche in SOEST, einen anderen Weg ein. Die erste Richtung hat für Westfalen nur den Wert einer Durchgangsstufe zu neuen Möglichkeiten. So erklärt es sich, daß sie in Westfalen selbst auch unter den Pfarrkirchen nur wenig Nachfolge gefunden hat.

Eigentlich kommen dafür nur 4 Bauten in Frage: die Martini- und die Überwasserkirche in MÜNSTER und, weiter entfernt, zwei Kirchen in ARNSBERG. Aus dem I. Drittel des 14. Jahrhunderts stammt die Martinikirche. Um die Mitte des Jahrhunderts ist die Überwasserkirche entstanden. Die beiden ARNSBERGER Kirchen gehören wohl erst in die zweite Hälfte des 14. Jahrhunderts.

Am nächsten ist die Überwasserkirche (Abbildung 38) mit den Bettelordenskirchen verwandt, speziell mit der MÜNSTERER Minoritenkirche. Der Grundriß, die Pfeiler, sind bis in Einzelheiten hinein mit den dortigen identisch. Der wesentlichste Unterschied besteht — von der Veränderung im Maßwerk und in der Gewölbekonstruktion abgesehen — in der Verwendung eines Westturms. Hier macht sich alte Gewöhnung für Pfarrkirchen geltend.

Noch eines fällt auf: die Überwasserkirche wirkt wohliger als die Bettelordenskirchen. Das Verhältnis von Höhe und Breite des Mittelschiffs ist ein anderes. Die Höhe ist geringer geworden, und dadurch wirkt der Raum weiter und lichter, weniger gepreßt. Trotz der großen Verwandtschaft im einzelnen macht sich ein neues Raumgefühl geltend, das Raumgefühl, das in der späteren Richtung der Bettelordenskirchen Westfalens gleichfalls herrscht.

Dieses neue Raumgefühl ist in der Minoritenkirche in SOEST mit anderen Mitteln erreicht (Figur 8 und Abbildung 37). Das queroblonge Joch hat im Mittelschiff dem fast quadratischen wieder Platz gemacht. Die Seitenschiffsjoche sind längsoblong, die des Chores haben die queroblonge Form beibehalten. Die Rundpfeiler mit 4 Diensten zeigen

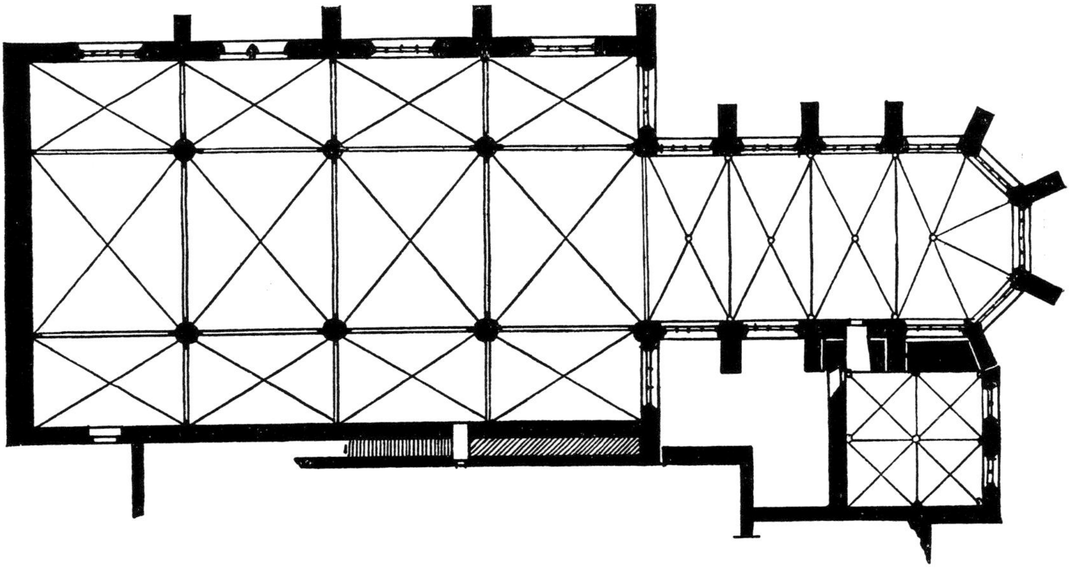

Figur 8. SOEST. Minoritenkirche. Grundriß.

den alten Typ von MÜNSTER. Die Gewölbe des Chors ruhen auf Diensten, die in Sohlbankhöhe abgefangen sind, während die Dienste des Chors bis zur Erde gehen.

Das Maßwerk von Chor und Langhaus geht auf das des Kölner Hochchors zurück, ist aber durch den Wegfall der Rundstäbe weiter entwickelt. Es dürfte demnach die Kirche in den ersten 20 Jahren des 14. Jahrhunderts begonnen sein; der Chor — mit schmal-rechteckigen Jochen — ist wohl der älteste Teil, die Vollendung mag um 1330 liegen.

Dieser neue Typus mit quadratischen Mittelschiffsjochen gleicht dem alten von PADERBORN und HERFORD nur oberflächlich. Der Grundriß ist in beiden Fällen ähnlich. Trotzdem hat sich im Verhältnis der Joche zueinander Wesentliches verschoben: während in den früheren Kirchen aus dem 2. und 3. Viertel des 13. Jahrhunderts die Trennung der Joche durch die Kreuzform der Pfeiler, durch die starken Gurten, durch die kuppeligen Gewölbe besonders betont worden war, lassen die Rundpfeiler in SOEST, die schwachen Gurte mit ihrem rippengleichen Hohlkehlprofil, die Gewölbe mit fast ebenem Scheitel den Raum jetzt als Einheit empfinden. Wesentlich für dies neue Raumgefühl ist vor allem die Konzentration der sämtlichen Joche, hervorgerufen durch die nur wenig überquadratische Bildung des Gesamtgrundrisses des Langhauses. Alle Joche werden aufeinander bezogen: darin liegt der Unterschied wieder gegen den älteren Typus der Bettelordenskirchen mit queroblongen Mittelschiffsjochen, in dem die 3 Schiffe noch als relativ getrennte Einheiten durchzuspüren waren. Freilich mußte diese Art von Kirchen vorangehen, ehe man zu der letzten Form gelangen konnte. Es war notwendig, die Verschmelzung erst einmal innerhalb des einzelnen Schiffes durchzuführen, weil nur hier die Umbildung von Gewölbe und Pfeiler vor sich gehen konnte. Aber diese ältere Gruppe blieb im Hochgotischen stecken. Spätgotische Raumauffassung ist erst seit der Schaffung des SOESTER Typus in Westfalen möglich.

Die SOESTER Minoritenkirche gestaltet als früheste in Westfalen diesen neuen Raum. Erst in einem Abstand von ungefähr 20 Jahren folgen weitere Bauten mit der gleichen Tendenz auf Raumweite: die Wiesenkirche in SOEST 1343[66]), die Paulskirche ebenda, die der Minoritenkirche im Aufbau sehr ähnlich ist, um die Mitte des 14. Jahrhunderts, die Stiftskirche und die Jakobskirche in HERFORD 1350/60. Charakteristisch für all diese Kirchen ist die quadratische Form der Mittelschiffsjoche und die Neigung, auch den Gesamtgrundriß möglichst quadratisch zu bilden. Das einzelne Joch ordnet sich dem Gesamtbild völlig unter. Die Bettelordenskirchen haben ihre Aufgabe erfüllt und weichen neuen Strömungen.

Mit der Gruppe von SOEST geht als Ableger außerhalb des Heimatgebietes die Minoritenkirche in TRIER zusammen. Auch sie hat die weiten, fast quadratischen Joche im Langhaus, queroblonge im Chor. Die karniesförmigen Kapitelle an den Rundpfeilern mit 4 Diensten tragen büscheliges Laubwerk, einzeln verstreut, der Chor schließt in 7 Seiten des Zwölfecks. Diese beiden Momente, mit der märkischen Kirche von NEURUPPIN zusammengehend, weisen noch an das Ende des 13. Jahrhunderts. In RUPPIN findet sich auch die Quadratisierung der Mittelschiffsjoche — auch hier lange, ehe sie im Stammland Westfalen sich durchsetzt. Das Westportal von TRIER samt dem darüberliegenden zweimal dreiteiligen Fenster hängt mit dem Kreis von KÖLN zusammen — vgl. vor allem die Westfassade und dort die Wimperge des Erdgeschosses und das mittlere Fenster. Die durchgängige Verwendung rundblättriger Formen macht die Vollendung von TRIER kurz vorher wahrscheinlich, um 1340.

Die Minoritenkirche von HÖXTER, wenngleich landschaftlich und provinzial (im Sinne der Ordenseinteilung) zu Westfalen gehörig, leitet zum Typ der niedersächsischen Bettelordenskirchen über. Sie bietet wie diese das Beispiel einer pseudo-basilikalen Anlage: die Kämpfer der Mittelschiffs- und Seitenschiffsgewölbe liegen verschieden hoch, ohne daß doch das Mittelschiff eigenes Obergadenlicht hätte. Es ist möglich, daß diese Zwitterform in dem besonderen Fall von HÖXTER durch das Vorbild der rheinischen Basiliken der Bettelorden, wie es in KÖLN und den von dort abhängigen Bauten entstanden war, beeinflußt wurde. Doch bleibt sie auch so noch auffällig und bezeugt die innere Abneigung der Bettelorden gegen die reine Hallenform.

Die Kirche setzt sich zusammen aus einem Langhaus von 4 und einem Chor von 3 Jochen mit Schluß in 5 Seiten des Achtecks. Die Joche des Mittelschiffs sind etwas weniger gestreckt als die des Chors: hier herrscht ein Verhältnis von 1: 2 wie in der MÜNSTERER Kirche, dort eines von ca. 3: 4. Es liegt in dieser Abwandlung (der Chor ist seinem Formenapparat nach älter als das Langhaus) eine Parallele zu der Richtung, in der die Entwicklung der westfälischen Hallen allgemein fortschreitet: man geht vom gestreckten rechteckigen Joch zum weniger gestreckten über. Das Langhaus besteht nur aus dem Mittelschiff und dem südlichen Seitenschiff. Der Lettner ist ein wenig späterer Einbau.

Der Bau, der in seiner Raumform wesentlich Neues bietet, ist in den Einzelformen von MÜNSTER abhängig. Die Form der Pfeiler mit 4 Diensten, die Bildung der Scheidbogen und Unterzüge im Hohlkehlprofil, das Maßwerk, das nur durch die Verwendung von Nasen über MÜNSTER hinausgeht, also in der gleichen Weise bereichert ist wie das Portal dem MÜNSTERER gegenüber, machen diesen Zusammenhang klar. Dabei treten aber im Maßwerk wie in dem von MÜNSTER, noch vorgelegte Wulste und rundblättrige Pässe auf, in beiden Fällen ohne Kapitelle und Sockel an den Dienstpfosten. Das macht eine Entstehung vor 1300 wahrscheinlich. Die Hauptbauzeit von MÜNSTER in das vorletzte, von HÖXTER in das letzte Jahrzehnt zu setzen, erscheint am ersten möglich.

Die Tatsache, daß zwar 1281 ein Ablaß zum Wiederaufbau erteilt, daß aber 1300 ein Bauplatz „zur Verlängerung der Kirche" gekauft wird und 1320 eine neue Weihe erfolgt, würde dem widersprechen. Sind die Daten richtig, so muß der Architekt verhältnismäßig rückständig gewesen sein. Eine absolut genaue Datierung auf Gründe der Stilkritik hin ist niemals möglich. Die stilkritische Chronologie ist stets relativ, sie besagt nur, daß der betreffende Bau um eine bestimmte Zeit entstanden sein müßte, wenn der Architekt mit der stilistischen Entwicklung gegangen wäre. Es bauen aber zu jeder Zeit drei Generationen. Die alten können immer 20—30 Jahre zurück sein[67]).

★

Der Typus der pseudo-basilikalen Halle findet in Niedersachsen (HÖXTER liegt an der westfälischen Grenze am linken Weserufer) seine Fortsetzung: mit der Modifikation, daß hier unter Umständen auf das Gewölbe verzichtet wird und an seine Stelle die Flachdecke tritt. Ihre Verwendung ist bezeichnend: es geht daraus hervor, wie wenig das Wesen der Hallenkirchen hier erfaßt ist. Der Obergaden setzt sich über den Arkaden fort und bricht dann plötzlich ab. Die zwischen den Schiffen vermittelnde Kraft des Gewölbes, die ein Hinübergleiten ermöglicht, fehlt. Mittelschiff und Seitenschiffe stehen hart nebeneinander. Freilich, die Verwendung des Gewölbes ist häufiger, und in einigen Fällen wird auch die Flachdecke zu seinen Gunsten nachträglich entfernt: trotzdem hält sie sich in einigen Beispielen bis zum Ende des 15. Jahrhunderts.

Am reinsten — und schönsten — wird die pseudo-basilikale Halle mit Gewölben durch die Franziskanerkirche in HALBERSTADT vertreten. Die 5 Joche des Langhauses sind im Mittelschiff leicht queroblong, nicht mehr im Verhältnis von 1 : 2 wie in MÜNSTER sondern der späteren Stufe von HÖXTER entsprechend, die das quadratische Mittelschiffsjoch des späteren westfälischen Typus, der durch die Minoritenkirche in SOEST vertreten wird, vorbereitet. Das Verhältnis der Mittelschiffsjoche zu den längsoblongen der Seitenschiffe, die dazu gestimmte Höhe, bringt ein höchstes Maß von Wohllaut in den Raum. Die achteckigen kämpferlosen Pfeiler ermöglichen es, die 3 Schiffe zusammen zu sehen. Sie stellen gegenüber dem Rundpfeiler mit 4 Diensten, der in HÖXTER noch vorhanden ist, ein wesentlich Neues dar, ein Abgehen vom hochgotischen Körpergefühl. Der achteckige Pfeiler in erster Linie ist es neben dem neuen Breiten- und Längenverhältnis der Mittelschiffsjoche zu denen der Seitenschiffe, der den Raum als fast spätgotisch empfinden läßt.

Es fällt auf, daß in HALBERSTADT der Pfeiler zwar kämpferlos ist, daß aber die dem Mittelschiff zugekehrte Seite sich bis zum Gewölbeansatz, leicht vor die Mauer vorspringend, fortsetzt, und daß auf ihr, über der Höhe des Scheidbogenansatzes ein kurzer Konsoldienst für das Gewölbe ruht. In rudimentärer Form wird hier die Gewölbezone, die doch durch den Wegfall des Pfeilerkämpfers mit der Arkadenzone zusammengeschmolzen werden soll, noch betont. Die Tatsache, daß das Gewölbe offenbar nicht von Anfang an geplant war, sondern daß man sich erst dazu entschloß, als man schon in Kämpferhöhe war, wie aus den Unregelmäßigkeiten am Zusammenschluß von Chor und Langhaus hervorgeht, tut dafür nichts zur Sache.

Dieses Rudiment gibt die Möglichkeit, einen außerprovinzialen Einfluß zu erkennen, der bei der Umwandlung dieses ganzen Typus von Bauten mitgespielt haben könnte. Dieser maßgebende Bau ist die Predigerkirche in ERFURT (Abbildung 12). Sie steht mit ihren hohen Seitenschiffen dem Typus der pseudo-basilikalen Halle ohnehin nahe, zum wenigsten, wenn man das System als solches nimmt, ohne den veränderten Raumeindruck, der durch das Vorhandensein der Obergadenfenster erzeugt wird, in Betracht zu ziehen. Die wesentlichste Ähnlichkeit, und diejenige, die für die Weiterbildung der pseudo-basilikalen Halle Niedersachsens am wichtigsten ist, liegt aber darin, daß hier wie dort der achteckige Pfeiler verwendet wird und daß das Gewölbe auf eigenen kurzen Diensten, die über dem Pfeiler aufwachsen, sitzt. Die pseudo-basilikale Halle dürfte eigentlich die Selbständigkeit des Obergadens, der für sie ja nur Restprodukt ist, nicht anerkennen, dürfte so wenig wie mittels des Pfeilerkämpfers, durch die Gliederung der Obermauer mit Hilfe von Diensten diese Zone als gesondertes Geschoß herausheben. Sinngemäß ist das nur in der Basilika, wo hier die Fenster sitzen, wo die horizontale Zweiteilung des Mittelschiffsaufrisses zur Selbstverständlichkeit wird. Wenn sie in der pseudo-basilikalen Halle — und sei es nur an deutungsweise —beibehalten ist, so erklärt sich das eben nur durch den Einfluß eines basilikalen Typus, in diesem Falle durch Erfurt.

Es wäre möglich, daß zwischen HALBERSTADT und ERFURT als Zwischenglied noch GÖTTINGEN sich einschiebt. Die Verhältnisse der Langhausjoche entsprechen sich in beiden Fällen, das Mittelschiffsjoch hat die gleiche, nur wenig gestreckte Rechtecksform, in Göttingen noch etwas schlanker als in HALBERSTADT. Auffällig ist die Art der Wölbung: auf dem Kämpfer der achteckigen Pfeiler sitzt ein Dienst, der die Gewölbeglieder des Mittelschiffs trägt. In dieser Form kommen Beziehungen zu Erfurt heraus, die in HALBERSTADT fehlen. Zum ersten ist der Kämpfer hier noch beibehalten, die Trennung zwischen Arkaden und Gewölbezone also schärfer gezogen, als in der entwickelteren Form von HALBERSTADT, wo beide schon verschmelzen. Zum zweiten aber ist auch in dem Verhalten der Gewölbe selbst eine Änderung festzustellen. In HALBERSTADT wachsen die Dienste gewissermaßen von oben nach unten, das Gewölbe ist der Obermauer, die aus dem Pfeiler herauswächst, aufgestülpt. Das Motiv kommt in den Bettelordenskirchen öfters vor, auch in den Westjochen der ERFURTER Predigerkirche. Aber gerade im ältesten Teile dieser Kirche, der zu der wahrscheinlichen Zeit des Baubeginnes in GÖTTINGEN schon fertig war, am Pfeiler des Chorbeginns, ist die Lösung von GÖTTINGEN verwendet: der Dienst sitzt auf dem Kämpfer des Pfeilers, der für ihn eine eigene Konsole vorschiebt. Von hier also würde GÖTTINGEN abzuleiten sein, und von der Anordnung der Westjoche, in denen die Dienste zwischen den Arkadenbögen auf Konsolen sitzen, das System von HALBERSTADT.

Eine zum mindesten ungefähre chronologische Festlegung der beiden Bauten wäre wesentlich. Für die HALBERSTÄDTER Franziskanerkirche ergibt sie sich aus den Formen des Maßwerks und des Laubwerks. Im Chor steht über zwei rundblättrigen Vierpässen je ein spitzblättriger, im Langhaus treten nur spitze Formen auf. Der eingelegte Kreis im Maßwerk der Chorfenster fällt auf. Er ist eine ganz typische Erscheinung: das Maßwerk verliert den statischen Charakter, man vergißt seine Entstehung aus den trennenden Mauerstücken zwischen 2 Fenstern und dem darüberliegenden, die Gruppe zusammenfassenden Okulus, es wird zur bloßen Füllung, zum Muster, das beliebig über die Öffnung verstreut werden kann. Im Zusammenhang mit dem Laubwerk, das mit dem im Innern des Erfurter Triangels und in den Westjochen der dortigen Predigerkirche zusammengeht, ergibt sich für das Langhaus etwa das 4. Jahrzehnt, für den Chor vielleicht der Anfang des Jahrhunderts[68]). GÖTTINGEN müßte dann, wofür auch die überlieferten Daten sprechen (1296 als Jahr der Rezeption des Konventes durch das Provinzkapitel, 1331 als Jahr der Weihe) ziemlich früh in das 14. Jahrhundert fallen. Sicher vertritt es die frühere Stufe.

Von GÖTTINGEN und HALBERSTADT abhängig scheint die Franziskanerkirche in BRAUNSCHWEIG. Die Betonung des Pfeilerkämpfers ist hier beibehalten, die Dienste sitzen aber nicht mehr unmittelbar auf ihm, sondern auf Laubkonsolen weiter oben. Es ist das System der Erfurter Westjoche, das hier, verspätet, wieder auftaucht. Die Form des Laubwerks (schematisch gebeult), das Profil der Pfeilerbasen, weisen auf das 3. Viertel des Jahrhunderts[69]).

Der Typus wirkt sich auch außerhalb des enger umgrenzten Gebietes aus. In Thüringen muß die 1790 abgetragene Predigerkirche in MÜHLHAUSEN ihm angehört haben.

Diese sämtlichen niedersächsischen Bauten finden ihre Erfüllung in der Dominikanerkirche zu HALLE, dem heutigen Dom (Abbildung 15). Das dreischiffige Langhaus mit seinen 8 Jochen ist hier zur richtigen Hallenkirche geworden; der pseudo-basilikale Charakter ist verschwunden bzw. auf ein Maß herabgedrückt, das zu gering ist, um ins Gewicht zu fallen. Das Mittelschiff ist nur ganz wenig höher als die Seitenschiffe, seine Gewölbe sitzen auf Konsolen über den achteckigen Pfeilern. Das Experiment, das die pseudo-basilikale Hallenform anstellte, ist zugunsten der richtigen Halle erledigt. Die Bettelordensarchitektur hat sich von der Herrschaft des basilikalen Raumgedankens freigemacht. Es ist wahrscheinlich, daß dabei hessischer Einfluß mitgespielt hat. Die Verwendung des queroblongen Mittelschiffsjoches allein würde dafür bei einer Bettelordenskirche nichts beweisen. Es kommt aber hier dazu, daß die alte Dachform, nach den Spuren unter dem heutigen Dach zu schließen, nur ein Satteldach über dem Mittelschiff mit angeschifteten Querdächern über den einzelnen Seitenschiffsjochen gewesen sein kann und daß diese Querdächer aller Wahrscheinlichkeit nach abgewalmt waren. Dies ist aber die speziell hessische Dachform für die Hallenkirche.

Aus der Tatsache, daß der Kämpfer des Pfeilers am Chorbeginn gegen das Seitenschiff zu zum Teil weggeschlagen ist, um dem Gewölbedienst dort Platz zu machen, geht hervor, daß zum mindesten eine Zeitlang während des Baues die Absicht bestand, das Langhaus nicht zu wölben, sondern mit Flachdecke zu versehen, wie das ja in Niedersachsen gelegentlich vorkommt. Die Vereinheitlichung des Raumes würde dadurch jäh unterbrochen, die Reihe der Scheidbogen hart und unvermittelt gegen die Decke anstoßen. Indes ist der Plan offenbar nie zur Ausführung gekommen. Abgesehen davon, daß sich keine Balkenlöcher über den Gewölben finden, sind die Formen an den Gewölbeträgern von Chor und Langhaus durchaus einheitlich, die Rippenanfänger am Triumphbogen sind aus einem Stück gearbeitet, so daß also bei der Einwölbung des Chors auch das Langhaus gewölbt worden sein muß, und zwar wurde damit, wie aus den Ansätzen der Schildbogenrippen in den Ostjochen des südlichen Seitenschiffes und an der Westfront aller drei Schiffe, die in den andern Jochen fehlen, hervorgeht, im ganzen Langhaus gleichzeitig begonnen.

Die Einzelformen bringen nichts Neues: das kämpferlose Herauswachsen der abgefasten Arkadenbogen mit ebensolchem Unterzug aus den achteckigen Pfeilern, tritt wahrscheinlich zur gleichen Zeit in HALBERSTADT auf. Die Rippen des Langhauses sind birnförmig profiliert, nicht im üblichen Hohlkehlprofil; das doppelte Hohlkehlprofil in den Seitenschiffen stammt wohl erst aus dem 16. Jahrhundert. Die oberen Teile des ältesten Bauteils, die Kapitelle an den Diensten des Chorpolygons und an den Dienstbündeln im Vorchor und in den Seitenschiffen, die Konsolen, auf denen diese Dienstbündel aufsitzen, in dem jüngeren Bauteil, dem Langhaus, erinnern mit ihren leicht gebeulten Blättern an das Erfurter Domtriangel [70]). Für die jüngeren Teile ergäbe sich so das 4. Jahrzehnt des 14. Jahrhunderts, die älteren lassen sich durch die Beziehungen zu den Westjochen des MAGDEBURGER Doms auf 1310/20 festlegen. Der Übergang zum Eselsrücken im Maßwerk der Fenster in den Westjochen der Südseite und auf der ganzen Nordseite weist gleichfalls in das 2. Viertel des 14. Jahrhunderts [71]).

Der Typus der pseudo-basilikalen Halle hat sich, trotzdem man schon zur Hallenkirche übergegangen war, in Niedersachsen noch länger gehalten. Der Plan, der in HALBERSTADT und HALLE aufgegeben wurde, den Bau flach zu decken, wurde in der HILDESHEIMER Franziskanerkirche durchgeführt. Die Kämpfer der achteckigen Pfeiler sind auch hier beibehalten, der Obergaden ist naturgemäß ungegliedert, die Raumform wirkt durchaus rückständig, ein Fortschritt gegen die vorangegangenen Variationen des Typus ist nicht festzustellen.

Noch später liegen dann die Dominikanerkirchen in HALBERSTADT und HILDESHEIM, die erste offenbar ein Umbau des 15. Jahrhunderts aus einer Halle aus der Mitte des 14. Jahrhunderts, unter Anbau des heutigen Chors, die andere ein vollständiger Neubau nach 1420. Der Aufriß des Langhauses, den die HILDESHEIMER Franziskanerkirche festgelegt hatte, verändert sich nicht mehr.

★

Die Hallenkirchen der Mark Brandenburg zeigen dann wieder den engsten Zusammenhang mit denen Westfalens. Es kann kein Zufall sein, daß drei von den vier erhaltenen Hallenkirchen der Bettelorden in der Mark 6 Langhausjoche haben, wie die Minoritenkirche in MÜNSTER; daß NEU-RUPPIN, die vielleicht älteste Halle des Gebietes, den in Westdeutschland üblichen, östlich der Elbe aber bis dahin noch unbekannten und auch später nicht mehr gebrauchten Rundpfeiler mit 4 Diensten verwendet; daß alle märkischen Hallenkirchen der Bettelorden in ihrer auffallend niedrigen Höhenproportion, die bisweilen geradezu drückend wirkt, mit den westfälischen Hallen übereinstimmen (MÜNSTER-Minoriten), im stärksten Gegensatz zu den sehr hohen hessischen Hallen.

Die Entwicklung des Hallengrundrisses verläuft in der Mark etwas anders als in Westfalen. An der Spitze steht NEU-RUPPIN (Dominikanerkirche), nicht, wie dort die frühesten Bettelordenskirchen, mit entschieden queroblongem Mittelschiffsjoch, sondern mit ziemlich breiten Rechtecken im Verhältnis 2 : 3 im Mittelschiff, während die Seitenschiffsjoche längsoblongen Grundriß haben (Abbildung 39). Man würde den Bau deshalb an sich gerne in das 2. Viertel des 14. Jahrhunderts setzen und ihn so mit den Hallen mit weiter werdenden Jochen vom Typus der SOESTER Minoritenkirche in Zusammenhang bringen, aber alle Einzelheiten widersprechen dem. Der älteste Teil, die Südmauer der drei westlichen Joche des heutigen Chors umfassend, dürfte mit dem ersten überlieferten Baudatum 1246 zusammengehen. Der Umbau, der im Westen das fünfjochige Langhaus, im Osten den Chorschluß (1 Joch und $^{7}/_{12}$-Schluß) anfügt, weist in seinem Formenapparat auf eine Zeit, die etwa in den beiden letzten Jahrzehnten des 13. Jahrhunderts liegen dürfte[72]). Schon der frühe Schluß in 7 Seiten des Zwölfecks spricht dafür, die starke Brechung wird später als unangenehm empfunden, sie reißt zu stark auf, entspricht den auf Beruhigung zielenden Tendenzen des 14. Jahrhunderts nicht mehr. Dazu stimmen die Einzelformen, die Besetzung der Maßwerkpfosten mit Diensten auf runden Sockeln und Kelchkapitellen, das Auftreten von Knospenkapitellen — zum Teil mit überfallenden Blättern an Stelle der Eckknollen, also 1290—1300 (vgl. auch Anm. 71) — und vor allem die Verwendung des Rundpfeilers mit 4 Diensten im Langhaus. All diese Formen, besonders die des Pfeilers, sind früh, d. h. um 1290 wahrscheinlich, auf jeden Fall früher als die beiden Dominikanerkirchen in BRANDENBURG und PRENZLAU. Es kommt hinzu, daß NEU-RUPPIN eine rückständige Gewölbekonstruktion, in der noch Rundbogen auftreten, verwendet. Da nun aber erst in BRANDENBURG das queroblonge Joch auftritt, das sich in PRENZLAU wieder in die Breite zieht, d. h. dem quadratischen Joch sich wieder nähert, so bleibt die Stellung von NEU-RUPPIN für den ersten Augenblick schwierig.

Eine direkte Ableitung aus dem Typ von PADERBORN kommt hier nicht in Frage. Die Seitenschiffsjoche sind dort nahezu quadratisch, die kuppeligen Gewölbe trennen das einzelne Joch schroff ab, — alles Dinge, die hier fehlen. Die Schaffung eines Baues wie NEU-RUPPIN hat zur Voraussetzung, daß die Halle mit queroblongem Mittelschiffsjoch erst einmal durchgedacht wird. Nur sie gibt Gelegenheit, die Übergänge von Joch zu Joch zu verschleifen, das Gewölbe des Schiffes als Einheit empfinden zu lassen und damit die wohlige Ruhe des Gesamtraumes zu schaffen, die in NEU-RUPPIN maßgebend ist. Außerhalb der Mark, in Hessen und Westfalen (MÜNSTER) war das queroblonge Mittelschiffsjoch schon durchgedrungen: nach der Mark kommt es erst nach Erbauung von NEU-RUPPIN. Es liegt also hier der Fall so, daß der modernere Typ, NEU-RUPPIN, erwachsen aus der vorangegangenen Gestaltung außerhalb der Provinz (in MÜNSTER nämlich) vorbereiteter Gedanken, zeitlich früher liegt und einen rückständigeren Formenapparat verwendet als derjenige Bau innerhalb der Provinz, der den Typ seiner Vorstufe vertritt. Dieser Bau ist die Dominikanerkirche in BRANDENBURG (Figur 9).

Wie in NEU-RUPPIN handelt es sich um eine Halle von 3 Schiffen, hier mit 6 Jochen, der Chor mit 3 Jochen und $^5/_8$-Schluß. Der Chor scheint als erster Teil (1286?) begonnen zu sein. Die östlichsten Joche des Langhauses mit ganz ähnlichen Formen schließen sich, nach einer kurzen Bauunterbrechung — der Chor war ursprünglich länger geplant — um 1311 an. Die Proportion der Langhausjoche im Verhältnis der französischen Travée ist mit ihnen festgelegt. Es ist damit das Prinzip von NEU-RUPPIN zugunsten einer rein hochgotischen Raumgestaltung wieder aufgegeben. Auf die Betonung des Triumphbogens ist verzichtet, Rippen und Gurten haben das gleiche Birnstabprofil. Die Westjoche gehören, den veränderten Formen in Fenstermaßwerk, Strebepfeilern und Hauptgesims nach, in das 3. oder 4. Jahrzehnt des Jahrhunderts.

Entscheidend Neues bringt die Pfeilerform in BRANDENBURG: der Rundpfeiler mit 4 Diensten, der bisher geherrscht hatte, ist durch den achteckigen Pfeiler verdrängt. An

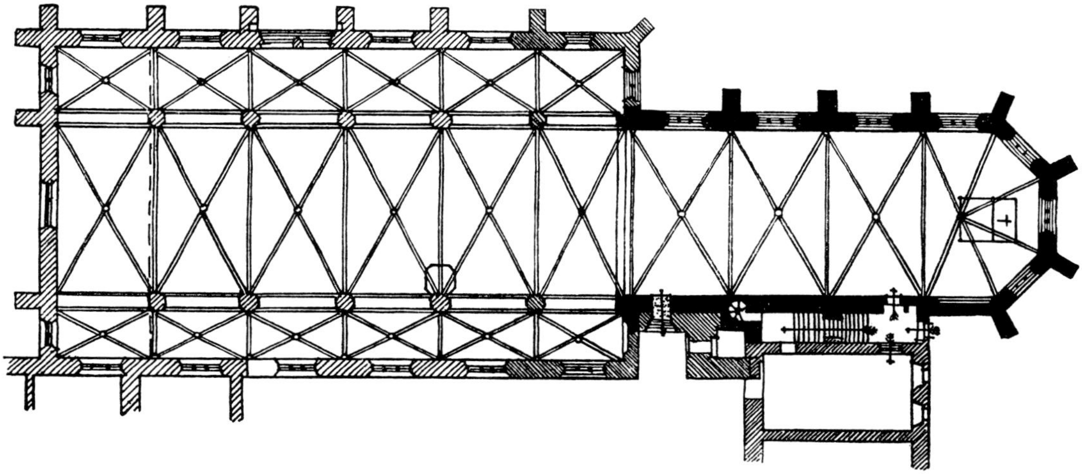

Figur 9. BRANDENBURG, Dominikanerkirche. Grundriß.

Stelle der Zusammensetzung aus einer Anzahl von Gliedern tritt der völlig geschlossene Körper, der den Raum an allen Seiten abgleiten läßt.

Das gleiche Prinzip zeigt sich übrigens in Brandenburg an den Fensterleibungen, die auf der Nordseite von der Westhälfte des zweiten Fensters, im Süden vom zweiten Fenster ab, an Stelle der reichen, mauerauflösenden Gliederung eine glatte Leibung zeigen. Auch hier herrscht das Bestreben, den Körper gegen den Raum abzuschließen.

Der ganze Verlauf der Entwicklung in der Mark läßt es nicht zu, diese neue Geschlossenheit einzig auf Rechnung des Baumaterials, des Backsteins, zu setzen. Denn es geht aus ihr mit aller nur wünschenswerten Deutlichkeit hervor, daß man auch mit dem Backstein die hochgotische Auflösung der Mauer herstellen konnte, daß zum mindesten die technischen Schwierigkeiten nicht unüberwindlich waren. Weder hat man in Chorin auf Fialen und Wimperge verzichtet, noch in Neuruppin auf Knospenkapitelle, oder auf den Rundpfeiler mit 4 Diensten, noch in Berlin (Franziskanerkirche) auf den Bündelpfeiler. Daß sie dem Backstein nicht gemäß waren, sich Abwandlungen gefallen lassen mußten, soll damit nicht bestritten werden. Die Fassade von Chorin zeigt deutlich, wie das Zerrissene hochgotischer Formen sich abschleift, glättet. Aber das Wesentliche, die Auflösung der Wand, mußte nicht aufgegeben werden, wenn der Wille zur neuen Raum- und Körpergestaltung nicht vorhanden war. Das zeigt sich noch um 1400 am Chor der Berliner Franziskanerkirche und an der Brandenburger Fronleichnamskapelle. Das Material des Backsteins war sicher erwünscht zur Herstellung der neuen Geschlossenheit; es ist möglich, daß es die neuen Gedanken gefördert hat. Hervorgerufen hat es sie nicht.

Es läßt sich an den märkischen Hallenkirchen der Bettelorden sehr fein zeigen, wie die Entwicklung von einer völlig getreuen Reproduktion der hochgotischen Formen zur Abschleifung, zur Zusammenziehung der einzelnen Glieder, zur Schließung des Körpers gegen die zerfressenden Absichten des Raumes fortschreitet. Während der Scheidbogen mit abgefasten Kanten in Neu-Ruppin von Birnstäben begleitet ist, wird er in Brandenburg, in seiner Grundform identisch, nur noch von Kehlen und einem ganz glatten Wulst gefaßt. In dem späteren Prenzlauer Bau ist die Zahl der Glieder auf 3 zurückgegangen, auf einen einfachen rechtwinklig geschnittenen Unterzug und zwei Wulste. Ebenso ist die Rippe in Neu-Ruppin noch tief gekehlt, aus einem Birnstab und 2 Wulsten zusammengesetzt. In Brandenburg werden die Kehlen flacher, die beiden Wulste setzen sich weniger scharf ab, sind in die Länge gezogen und gehen ohne Absatz in den Birnstab über. In Prenzlau sind die begleitenden Wulste ganz weggefallen, die Rippe besteht nur noch aus dem sehr langgezogenen Birnstab (Figur 10). In derselben Weise zieht sich das Profil des Hauptgesimses in einer Reihe:

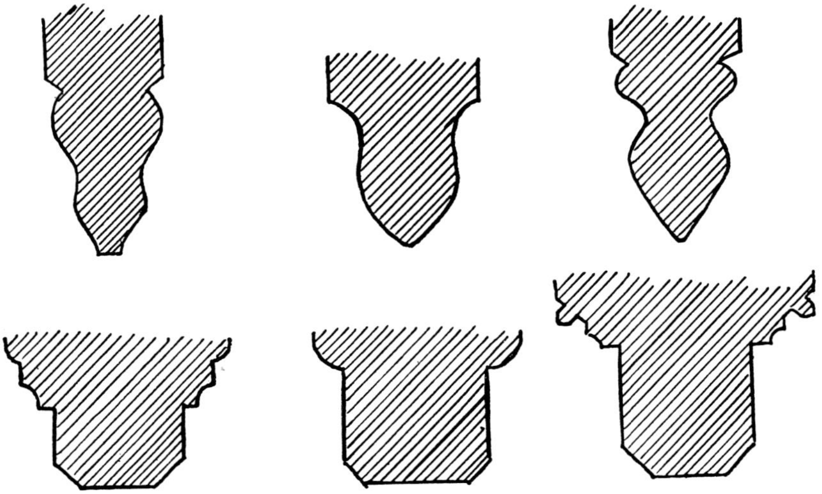

Figur 10. Rippen- und Gurtprofile.

Brandenburg (Chor), Neu-Ruppin (Langhaus), Brandenburg (Langhaus), Neu-Ruppin (Chor), Prenzlau, immer mehr zusammen, verringert die Zahl seiner Glieder, flacht die Kehlen ab, schafft Übergänge. Aus dieser letzten Reihe ergibt sich, daß die entwicklungsgemäße Abfolge durchaus nicht mit der chronologischen vollkommen identisch ist, doch erklärt sich das mit Selbstverständlichkeit aus der verhältnismäßigen Kürze der Zeitspanne, in der all diese Bauten entstanden sind.

Die Dominikanerkirche in PRENZLAU (Abbildung 40) schließt sich in der Gestaltung der Langhausjoche wieder an NEU-RUPPIN an, trotzdem ihr Langhaus etwa 20 bis 30 Jahre später als das dortige erbaut sein muß. Der Bau mag gleichzeitig mit den Ostjochen von BRANDENBURG (um 1310) begonnen sein, das Maßwerk, ohne identisch zu sein, ist in der Haltung ähnlich: es geht direkt (unter Weglassung der Rundstäbe) auf CHORIN (Chorpolygon) zurück. Sonst geht die Kirche mit BRANDENBURG zusammen. Das Langhaus hat 6 Joche, der Chor 1 Joch und $^5/_8$-Schluß, die Pfeiler sind achteckig ohne Dienste. Hier aber handelt es sich nicht nur um eine Umgestaltung des Pfeilers. Durch die gleichzeitige Veränderung der Joche wirkt die Halle selbst weiter und freier als bisher: sie wächst über die Gotik hinaus, wie zur gleichen Zeit die SOESTER Richtung in Westfalen.

Wesentlich anders als dort ist nur die Beibehaltung des längsoblongen Gesamtgrundrisses, hervorgerufen durch die verhältnismäßig große Zahl von 6 Langhausjochen.

Hier äußert sich noch ein wesentlich hochgotisches Gefühl. Die Schiffe können so noch viel mehr als Einheiten empfunden werden, als das in SOEST der Fall ist, wo der Grundriß keine ausgesprochene Richtung angibt, die Wendung vom Mittelschiff aus nach allen Seiten gleichmäßig ermöglicht wird und damit der ganze Raum des Langhauses als Einheit empfunden werden kann[73]).

Die Franziskanerkirche in FRANKFURT A. D. ODER ist in der Weite der Langhausjoche, die sich aus der Stellung der nördlichen Strebepfeiler auch nach dem Umbau des 16. Jahrhunderts noch erkennen läßt, der PRENZLAUER Kirche verwandt. Sie waren noch mehr dem Quadrat angenähert als in PRENZLAU, im Verhältnis 7: 8, so daß sich für die Seitenschiffsjoche ein sehr langgestrecktes Rechteck ergibt. Der platte Schluß des dreijochigen Chors (das Langhaus hat 6 Joche) erklärt sich vielleicht daraus, daß er ursprünglich als selbständiger Saalbau gedacht war und daß man sich erst während des Baues entschloß, die Halle des Langhauses anzufügen. Der Formenapparat, soweit er vom ältesten Bau erhalten ist, in erster Linie die Ostfenster in drei Spitzbogen und drei darübergelegten Kreisen, findet Parallelen im Chorpolygon von CHORIN. Auch die Fenster der nach dem Chorbau angebauten Sakristei kommen von dort, sind aber — die Rundstäbe fehlen — entwickelter. Sie stehen — 3 Dreipässe über 2 kleeblattgeschlossenen Spitzbogen — zwischen dem CHORINER Polygon und dem dortigen Hochschiff (Ostjoche), wo die Dreipässe spitz werden, dürften also, da das Chorpolygon in CHORIN kaum früher als 1300 ist, die Ostjoche des 1334 geweihten Langhauses um 1320 entstanden sein mögen, gegen 1310 liegen. Da aber die Langhausmauern und damit die Jochproportion vor der Sakristei festgelegt waren, muß der Grundriß von FRANKFURT auf 1300/10 gesetzt werden[74])

Die Franziskanerkirche in ANGERMÜNDE steht außerhalb dieser Reihe. Heute eine rudimentär dreischiffige Halle von 11 Jochen mit südlichem Seitenschiff und Chor in 5 Seiten des Zehnecks, war sie ursprünglich eine symmetrisch-zweischiffige Halle von 10 (oder 11) Jochen. Der alte Schluß war möglicherweise platt.

Der Bau ist entstanden durch Umbau eines langgestreckten Saales, dessen Reste im Westen und Süden am Material (Feldstein) leicht zu erkennen sind (Abbildung 41). Seine Fenster sind schmal, spitzbogig, das spitzbogige Westportal besteht aus drei rechtwinklig geschnittenen Unterzügen, ursprünglich vielleicht mit eingestellten $^3/_4$-Säulen. Dieser erste Bau dürfte aus dem 4. Viertel des 13. Jahrhunderts stammen (die Niederlassung erfolgte sicher vor 1292). Später wird der Bau mit Backsteinen aufgehöht, nach Norden verbreitert und nach Osten verlängert. Die Zweiteilung der Westfront durch den (mit dem Umbau in Verband stehenden) Strebepfeiler in der Mitte der Westfront und die zu ihm symmetrischen Fenster stellen die Zweischiffigkeit der Anlage sicher. Die Fenster dieses Baues sind an der Südseite über denen des alten Baues noch erhalten: je drei Spitzbogen sind, durch schmale Pfosten getrennt, in einer Spitzbogenblende zusammengefaßt; es ist eine Weiterentwicklung der Dreifenstergruppe durch Zusammenrücken der einzelnen Fenster und Schwächung der zwischen ihnen liegenden Mauerstücke, eine späte Wiederholung des Vorgangs bei der Entstehung des Maßwerkes überhaupt. Das ursprüngliche Dreifenstermotiv war in das Gebiet schon früher durch die Franziskanerkirche in Prenzlau eingeführt worden. Daß diese zweischiffige Halle gewölbt war, ergibt sich aus den Spuren der Strebepfeiler im Süden (abgekragt wegen eines voraussetzlich mit dem Umbau gleichzeitig angebauten Kreuzganges). Aus ihrer Stellung folgt auch, daß die Strebepfeiler der Nordseite, die bei einem folgenden dritten Umbau umgewandelt wurden, noch an ihrem alten Platz stehen, daß also die Breite der Joche der der heutigen Joche entsprach. Die Joche des zweiten Baues müssen ein Verhältnis von 5: 8 gehabt haben, also fast das Verhältnis der französischen Travée. Ein dritter Umbau verlegt die Pfeilerreihe nach Süden (daher der Strebepfeiler, der das südliche Fenster der Westfront überschneidet), baut den Chor an und erneuert das Maßwerk und die Strebepfeiler der Nordseite. Dieser dritte Umbau ist wegen der Formen des Maßwerks, der Chordienste und des Laubwerks, die mit den späten Teilen von

Chorin (1334 geweiht) zusammengehen, in das 2. Viertel des 14. Jahrhunderts zu setzen. Es ergibt sich demnach für den zweiten Bau die Zeit um 1300. Auch der Plattenfries unterm Dachgesims im Westteil der Südwand paßt in diese Zeit.

Die Zweischiffigkeit der Anlage ist hier in Norddeutschland nicht so auffällig, wie im Süden. Im Anfang des 13. Jahrhunderts wird sie aus Westfalen nach Mecklenburg übertragen. Von den Bettelorden wird sie hier nur aufgenommen und mit Hilfe des neu errungenen gotischen Formenapparates umgebildet.

Es macht sich bei den Saalkirchen der Bettelorden in der Mark die gleiche Tatsache geltend, die auch in anderen Teilen Deutschlands die Entwicklung ihrer Architektur beherrscht: die ersten Bauten haben noch keinen ausgesprochenen Eigencharakter, soweit bei diesen primitivsten Saalbauten davon überhaupt die Rede sein kann. Erst im Laufe der Zeit stellt sich der heraus.

So ist es bezeichnend, daß die Franziskanerkirche in PRENZLAU allen Gewohnheiten der Orden entgegen, wie schon die frühen Chöre der Saalkirchen in SCHWÄBISCH-GMÜND und DUISBURG (dieser allerdings vielleicht verspätet, erst 1272) den langgestreckten Saal mit 5 quadratischen Jochen wölbt. Ein Zusammensehen der Joche wird außerdem noch wesentlich erschwert durch die starkbetonten Halbsäulen, welche die Gewölbeglieder tragen: das Trapezkapitell mit der Betonung seiner Vierseitigkeit unterstreicht die Trennung, ebenso wie die Dreifenstergruppen in jedem Joch, die der Westgruppe überm Altar (die Kirche ist verkehrt orientiert) gleich sind, die Gleichwertigkeit jeder Jochseite betonen. Die Dreifenstergruppe könnte aus Zisterzienserkirchen (RIDDAGSHAUSEN) übernommen sein. Das Gewölbe, das durch die geringe Rippen- und Gurtenbetonung von der scharfen Jochtrennung des Aufbaues absticht, dürfte, wie schon Adler vermutet hat und die starke Busung bestätigt, aus dem 14. Jahrhundert stammen. Die Konstruktion nur aus Spitzbogen spricht dafür.

Nimmt man an, daß ursprünglich statt der Rippen Gratgewölbe geplant oder auch ausgeführt waren (was dem Aufbau nach durchaus wahrscheinlich ist[75]), so wirkt der Bau völlig romanisch: Joch von Joch getrennt, alle Seiten gleichmäßig betont. Der Formenapparat gestattet kaum, über die Mitte des Jahrhunderts hinauszugehen.

Gleichzeitig mit PRENZLAU ist der erste Bau von NEU-RUPPIN zu denken, der in den drei westlichen Jochen des jetzigen Chors noch erhalten ist. Der doppelte Rundbogenfries bestätigt annähernd das überlieferte Datum 1246. Die Kirche war ein einfacher Saal, merkwürdigerweise verhältnismäßig kurz und wohl flach gedeckt.

Die große Längenausdehnung, die in PRENZLAU auffiel, ist auch später beibehalten worden: auf Wölbung wird meistens verzichtet. Der ausgesprochen romanische Charakter, der PRENZLAU beherrschte, wird aufgegeben zugunsten eines Indifferenten, das weder romanisch noch vorromanisch, noch gar gotisch ist. Solche Säle lassen sich aus den umgebauten Kirchen der Franziskaner in SALZWEDEL, BRANDENBURG, ANGERMÜNDE und FRANKFURT A. D. ODER herausschälen. Die beiden ersten stammen bestimmt aus der Zeit kurz nach Mitte des 13. Jahrhunderts. ANGERMÜNDE dürfte im letzten Viertel entstanden sein, FRANKFURT um 1300. Alle sind sehr lang, haben Flachdecke (oder offenes Sparrendach) und sind auffallend niedrig. Nur FRANKFURT war, den Eckvorsprüngen nach, auf Gewölbe angelegt. Noch im 15. Jahrhundert schließt sich die Dominikanerkirche in SOLDIN diesem Typus an.

★

4. THÜRINGEN

Die Behandlung der thüringischen Bettelordenskirchen gestaltet sich nicht ganz einfach[76]. Sie reihen sich aneinander, ohne daß es gelingen wollte, von der einen zur anderen die Brücke zu schlagen. Entwicklungen laufen hier nur immer über ganz kurze Strecken fort und brechen dann plötzlich ab, um einem ganz Neuen, das in dem vorausgegangenen Typus nicht wurzelt, Platz zu machen. Die chronologische Beschreibung der Objekte bleibt bloße Reihung, wird nicht zur Entwicklung im Sinne einer notwendigen und zielstrebigen Abfolge.

Der Grund dafür liegt darin, daß in Thüringen die Typen der Bettelordenskirchen, die in den einzelnen Gebieten sich herausgebildet hatten, — wurzelnd in dort heimischen Formen — zusammentreffen. Ein Einfluß löst den andern ab: auf eine süddeutsche Flachdeckbasilika wie EISENACH folgt eine pseudo-basilikale Halle der norddeutschen Tiefebene, der FREIBURGER Typ wirkt ein, daneben wird ein provinzialer Einfluß, der außerhalb der Ordensarchitektur verwurzelt ist, der des MAGDEBURGER Domes, spürbar. Aus diesem für ein Mischgebiet typischen Verhalten, diesem fortgesetzten Neuaufnehmen soll keine Wertung folgen: gerade durch das Zusammentreffen verschiedenster Einflüsse wird in der Predigerkirche zu ERFURT ein Bau in sonst kaum je innerhalb des Ordens erreichter Kraft und Schönheit erzeugt. Trotzdem aber hat dieser Bau für die Entwicklung innerhalb des engen provinziellen Gebietes keine Bedeutung. Seine Auswirkungen machen sich nur außerhalb der Grenzen bemerkbar. Der Charakter des Mischgebietes steht dem Begriff einer Entwicklung im eigentlichen Sinn — zu der der Gedanke der Ungestörtheit oder zum mindesten der Freiheit von allzu starken Einflüssen gehört — im Wege. (Dies ist denn auch der Grund, daß die Arbeit von *Felix Scheerer*, die sich gerade die Kirchen dieses Gebietes zur Bearbeitung wählte, zum Mißerfolg verurteilt war. Sie blieb in der Aufstellung des Materials stecken, mußte es nach rein äußeren Gesichtspunkten ordnen, weil eben beim Überblick über das Gebiet allein ein irgendwie gerichteter Ablauf sich nicht erkennen läßt.)

Die Dominikanerkirche in EISENACH bietet eine wertvolle Ergänzung der süddeutschen frühen Bettelordenskirchen, insofern auch bei ihr die primitive vorromanische Haltung deutlich wird. Die Dominikaner übernehmen hier 1236 eine im Vorjahr begonnene Nonnenkirche. So kommt es, daß hier eine Krypta vorhanden ist, eine Anlage, die den Bettelorden sonst vollkommen unbekannt war.

Die Dominikaner bauen nun diese Kirche in ihrem Sinne weiter. Die Krypta wurde umgedeutet, d. h. es wird jetzt der Eingang in sie verlegt, ihre östlichen Fenster verengert und ein Portal zwischen ihnen eingebrochen. Der Chor zieht sich über die Krypta nach vorn. Er erhält im Osten eine Gruppe von drei spitzbogigen Fenstern — ohne Maßwerk, wie in der ganzen Kirche, außen in einer Stichbogenblende zusammengefaßt. Seine Datierung ergibt sich aus der Sediliennische der Südwand, die in ihrem Formenapparat — Kelchkapitelle, wulstige Tellerbasen, Bogen mit Wulstablauf und Sternaussetzung, Kämpfer aus zwei Platten, Wulst und Kehle — sich durchaus an die spätromanische, burgundisch beeinflußte Architektur der sächsischen Kirchenbauten dieser Zeit anfügt. Ähnliche Formen zeigt die Doppelkapelle, die mit der Kirchensüdwand im Verband steht: im Untergeschoß Gratgewölbe, durch hohlkehlprofilierte Gurten getrennt, die mittels eines Aufsatzes, der ihren eigenen Querschnitt darstellt, auf Wanddiensten mit Kelchkapitellen ruhen. (Die Datierung des Inventars auf 1400 ist irrig.) Das Langhaus, das sich nach Westen anschließt, ist eine flachgedeckte Basilika mit nördlichem Seitenschiff. Die sechs Arkaden sind spitzbogig, ihr Profil ist einfach rechtwinklig, die Pfeiler sind quadratisch. Der Kämpfer besteht aus zwei Platten mit einer Kehle darunter.

Diese Arkadenreihe wirkt durchaus romanisch. Der quadratische Pfeiler bedingt die frontale Einstellung, alle Teile sind scharf gegeneinander abgesetzt, das Mittelschiff vom Seitenschiff gleichsam abgesperrt. Ein Übergang, wie ihn die süddeutschen Bettel-

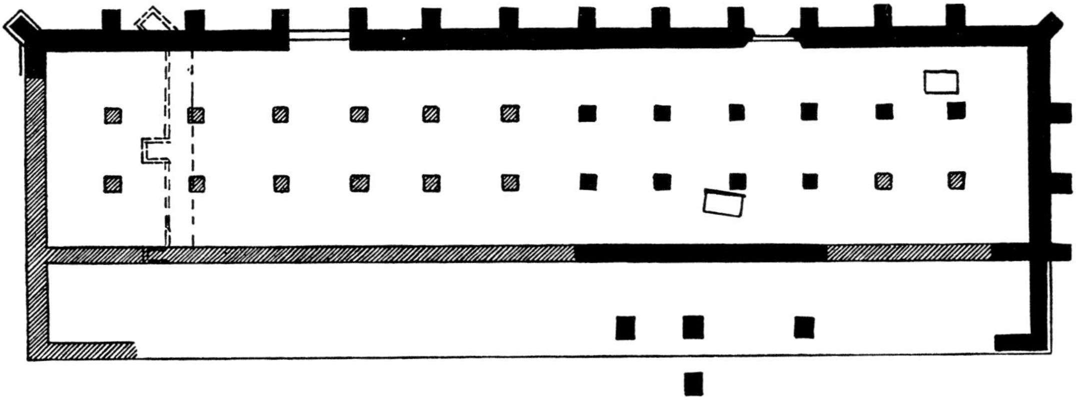

Figur 11. EISENACH. Franziskanerkirche.

ordenskirchen durch die Verwendung des Rundpfeilers und durch die Kehlung der Arkaden ermöglichen, ist nicht gewonnen[77]).

Es ist von wesentlicher Bedeutung, daß die 15 Fenster von Chor und Langhaus nicht in den Achsen der Arkaden stehen. Der Bau kommt so um jede feste Bindung — die Flachdecke unterstützt dieses Gefühl. Arkadenreihe und Fenstergeschoß erscheinen zufällig übereinandergesetzt, es fehlt der Eindruck absoluter Notwendigkeit, der romanischen und gotischen Kirchen eignet. Es liegt hier eine deutliche Beziehung zum vorromanischen Raum vor, genau wie im gleichen Fall der KONSTANZER Dominikanerkirche. Das unmittelbar treibende Motiv könnte hier wie dort in der Möglichkeit besserer Beleuchtung liegen. Daß man sie aber so herbeiführt (und nicht beispielsweise durch Anlage größerer Fenster) beweist doch, daß eine grundsätzlich andere Einstellung zur Bindung des Raumes und seiner Teile untereinander vorliegt, als im romanischen, hochgotischen Bau. Man wollte — oder zum mindesten scheute man sich nicht — den Raum locker zu bilden. Dazu paßt es denn auch, wenn die Fenster von Westen nach Osten fortschreitend wachsen, wenn die der Südseite sämtlich wesentlich tiefer heruntergezogen sind.

Noch vor der EISENACHER Dominikanerkirche soll die dortige Franziskanerkirche in Angriff genommen worden sein (Figur 11). Wahrscheinlich ging die Grundstückschenkung (*Jordan von Giano* berichtet von ihr) von der hl. Elisabeth aus, eine Bulle von 1227, deren Original verloren ist, bestätigte sie. Ausgrabungen der Jahre 1882/84 haben den merkwürdigsten Grundriß freigelegt: ein langgestrecktes Rechteck von 55: 11 m lichter Weite, in 13 Joche und 3 Schiffe aufgeteilt, mit Strebepfeilern. Der Grundriß der einzelnen Joche bildete demnach ein Quadrat von nur 3 m Seitenlänge im Lichten. Der Bau läßt sich nur als Halle rekonstruieren — eine Basilika ergäbe ein geradezu groteskes Mißverhältnis von Breite und Höhe für das Mittelschiff. Schon die Halle müßte ausnehmend niedrig gewesen sein, das Ganze ruft die Erinnerung an Krypten wach. Irgendwelche Beziehungen zu anderen Bauten lassen sich nicht auffinden. Eine Hypothese soll immerhin zur Diskussion gestellt werden: es wäre nicht ausgeschlossen, daß es sich hier um eine Doppelkirche handelt, daß uns also die Ausgrabungen den Grundriß der Unterkirche überliefert hätten, über der sich dann die Oberkirche als Saal erhob. Wenn diese Hypothese sich bestätigen sollte, so hätten wir hier den einzigen Fall, daß die Mutterkirche des Ordens in ASSISI auf einen Bau in Deutschland eingewirkt hätte. — Mit Sicherheit läßt sich indes gar nichts aussagen.

Figur 12. ERFURT. Predigerkirche. Grundriß.

Die Franziskanerkirche in SAALFELD zeigt die Umsetzung der EISENACHER Dominikanerkirche in den eigentlichen Stil der Bettelorden. Der Formenapparat weist auf das Jahrhundertende, soweit die erhaltenen Maßwerkfenster und das Profil der Kämpfer und Basen (Schräge und Karnies über achteckigem Sockel) einen Ansatz gestatten. Das Langhaus schließt platt, das Seitenschiff, nur 3 Joche, liegt im Süden. Die 4 Fenster des Mittelschiffs liegen nicht in den Achsen der Arkaden. Es äußert sich hier, in der verschobenen Fensterstellung, in der Kürze des Seitenschiffs, in der Schrägführung der Westfront, die sich der Straßenflucht anpaßt, in der Verwendung des offenen Dachstuhls im Seitenschiff, die für die Bettelorden charakteristische Laxheit, der Widerstand gegen alles Repräsentative — und gleichzeitig die Lockerheit, die ungebundene Haltung, die mit der vorromanischen Architektur zusammengeht. Wesentlich von der vorausgegangenen Eisenacher Kirche unterschieden ist die Gestalt der Arkaden: die Pfeiler sind achteckig, die Scheidbogen abgeschrägt, so daß die strenge Scheidung zwischen Mittelschiff und Seitenschiff wegfällt, die Schrägsicht erzwungen wird. Der alte Typus ist im Sinne der frühen Spätgotik umgesetzt.

Einen vollständig neuen Gedanken wirft dann die Dominikanerkirche (Predigerkirche) in ERFURT in die Entwicklung (Figur 12; Abbildung 10, 12, 44). Der Bau ist eine dreischiffige Basilika von 15 Jochen mit einem kurzen Chor im $^5/_8$-Schluß. Der

Chor ist um ein Joch nach innen gezogen, so daß, wie in der ESSLINGER Dominikanerkirche, die östlichen Joche der Schiffe getrennt sind. Die Stützen sind schlanke achteckige Pfeiler mit achtseitigen Kelchkapitellen, über ihnen sitzen kurze Dienste auf Konsolen mit Laubkapitellen, welche die Gewölbe tragen. Die Trennung von Arkadenreihe und Gewölbezone, die in Süddeutschland bei den Bettelordenskirchen aus der Mitte des 13. Jahrhunderts üblich war, ist hier beibehalten — abgeschwächt freilich dadurch, daß die Dienste tiefer nach unten reichen, zwischen die Arkadenbogen eingeklemmt werden und so die beiden Zonen zwar nicht zusammengebunden, aber doch verklammert erscheinen. Die Gewölbeglieder sind sämtlich hohlkehlprofiliert. Im Chor treten an Stelle der Konsolen Dienste auf ziemlich hohen achteckigen Sockeln. Die Scheidbogen sind schwach gekehlt mit ebensolchem Unterzug. Die Strebepfeiler des Chors setzen in $^2/_3$ Höhe der Fenster mit einem Giebeldächelchen ab, darüber folgt dann, nochmals abgetreppt eine Art Fiale, mit 3 Giebelchen endigend. Die Fiale bleibt aber unterhalb des Gesimses. Die Bauzeit des Chors läßt sich nur stilkritisch festlegen, die Überlieferung versagt[78]). Das Blattwerk der Kapitelle ist spitz, leicht gebeult, die Blätter fassen, dicht beieinanderstehend und tief unterarbeitet, wie in einem Korb den eigentlichen Kern. Völlig ähnliches Laubwerk findet sich im Chor von ST. SEVERI, auch die Basen, steile Teller mit abschließendem oberen Karniesring, gehen mit den dortigen überein. Beide Kirchen dürften damit auf MARBURG (Westportal 1280, Mausoleum 1290/1300) zurückgehen. Daneben treten noch Knospenkapitelle, eines mit überfallendem Blattbüschel, statt der Knollenendigung auf. So ergibt sich ein zeitlicher Ansatz um 1300[79]).

Mit dem Chor war die auffallende Proportion des Langhauses festgelegt. Das Laubwerk der Kämpfer am Chorbeginn, der in drei Seiten des Achtecks abgeschrägt ist, geht ebenso wie das der beiden ersten Dienstkonsolen mit dem des Chors überein. Die Dienstkonsolen liegen hier ausnahmsweise in Kämpferhöhe. Die Seitenschiffshöhe, die sich so ergibt, ist ganz außergewöhnlich. Sie beträgt mehr als $^2/_3$ der Mittelschiffshöhe. Die Fenster des Obergadens werden dadurch ganz klein, sie verschwinden völlig zwischen den Kappen der Gewölbe. Dadurch entsteht der reizvolle Eindruck, daß das Licht die Gewölbe völlig zerreißt, ohne daß man doch die Lichtquelle wahrnehmen könnte. Das Mittelschiff baut sich aus den Zonen von halbdunkel, dunkel, hell, dunkel auf. Die Seiten der Pfeiler wiederholen, fein abgetönt, den gleichen Akkord, und ebenso spielt das Licht auf dem schwachen Hohlkehlprofil der Arkaden. Licht und Schatten ziehen in ganz großen Bahnen nach hinten, unterstützt mehr durch die Fluchtlinien der Kapitelle, Konsolen, Gewölbekämpfer, als sie unterstützend. Der Hochdrang des Raumes, wachsend aus den schlanken Pfeilern, mit den engen, um so gestreckter wirkenden Arkadenbogen, vereint sich dem Tiefenzug. Er bindet den Raum in der Senkrechten und ermöglicht so den Tiefenstrom des Gesamtraumes.

Es ist nicht unmöglich, daß die Anregung für diese Art des Aufbaus von den südwestdeutschen Flachdeckbasiliken der Gruppe FREIBURG ausgegangen ist, die ungefähr ein Jahrzehnt vor ERFURT einsetzt. Die Tendenz zur Halle, die in beiden Typen liegt — beide Male in der Auswirkung gehemmt durch das bei den Bettelorden überstark wirksame Raumdenken in der Form der Basilika — ist die gleiche. Wesentlich neu ist der Gedanke der Wölbung. Die Art freilich weist, mit Ausnahme der Lösung am Chorbeginn, wo der Gewölbedienst in Kämpferhöhe ansetzt, gleichfalls nach Südwestdeutschland, sie entspricht der in den ersten gewölbten Basiliken der Orden, in ESSLINGEN und STRASSBURG verwendeten. Dorthin weist auch der Grundriß des Chors. Auch der achteckige Pfeiler könnte aus Süddeutschland kommen, aus der REGENSBURGER Dominikanerkirche oder, da er doch offenbar wegen des Fehlens der Dienste hier aus dem Zusammenhang einer flachgedeckten Basilika stammt, aus den elsässischen Kirchen oder aus der ULMER Dominikanerkirche. Notwendig ist die Ableitung gerade dieser Form von irgendwoher nicht. Dabei werden dann freilich noch andere Raumformen von Einfluß gewesen sein. Es mögen hessische Anregungen die Tendenz zur Halle verstärkt haben: der Formenapparat gerade der Ostteile weist (über SEVERI) nach MARBURG, wo sich nahezu jede einzelne Form nachweisen läßt. Je stärker man aber den Einfluß von MARBURG spürt, desto deutlicher wird es, wie stark der Zwang basilikalen Raumdenkens gewesen sein muß, wenn man schließlich doch nicht zur Halle selbst griff.

Der weitere Aufbau des Langhauses läßt sich schrittweise verfolgen. Zuerst müssen die Pfeiler der Südreihe in den östlichen Jochen entstanden sein, es folgen in kurzem Abstand die der Nordreihe. Das Blattwerk ähnelt immer noch dem des Chors, beult sich nur wenig stärker. Trotzdem dürfte, nach den Kopfkonsolen des südlichen Seitenschiffs zu schließen, dieser Bauteil nicht vor 1320 fallen. Nach dem 5. Joch läßt sich im Hochschiff beiderseits eine Baufuge feststellen[80]). Es ist nicht nötig, daß die Unterbrechung, die sie anzeigt, lang gewesen ist. Die Formen verändern sich wohl, aber nicht mehr, als eine Lücke von 10 Jahren es rechtfertigen würde. Die Basen bekommen mehr Hohlkehlen, die einzelnen Teile verschleifen; an Stelle der großen, spitzen, leicht gebeulten Blätter, tritt an Konsoldiensten und Konsolen (der Seitenschiffe) kleines, verknittertes Laubwerk auf. Eine Parallele dazu bietet das Domtriangel, besonders die Kapitelle im Innern. Einem neuen Bauabschnitt könnten die fünf westlichen Joche des Langhauses angehören: die Basen stellen sich als starke geschwungene Hohlkehle dar, Halsring und Deckplatte werden schwächer. Das Blattwerk an Konsolen und Dienstkapitellen wird größer und beult sich stärker. Das Maßwerk der Hochfenster weist ebenfalls in das 2. Viertel des 14. Jahrhunderts; die Westfassade in einfachem basilikalem Aufbau, welche die Trennung der drei Schiffe durch Strebepfeiler, ähnlich denen des Chors, betont, dürfte dem Laubwerk an den Dienstkapitellen nach die Jahrhundertmitte überschreiten, (wie schon die letzten Joche). Eine Festlegung auf Jahrzehnte ist nach 1350 durch Laubwerkformen kaum mehr möglich — die Formen halten sich in der 2. Hälfte des 14. Jahrhunderts mit unglaublicher Zähigkeit. Auf Grund der Plastik wird man gegen 1370[81]) kommen. Das Fenster der südlichen Seitenschiffsfront gehört, wie die des ganzen südlichen Seitenschiffs und ein Teil der Gewölbe, ins 15. Jahrhundert.

Eigentümlich ist die Verwendung von Chorschranken, welche die 4 östlichen Joche des Mittelschiffs, gegen die Seitenschiffe und nach Westen absperren. Das Motiv steht m. W. in Deutschland einzig da; in Frankreich kommt es häufiger vor (vgl. Viollet-le-Duc, Choeur). Sie dürften noch während der Bauzeit der betreffenden Joche eingebaut worden sein: das ergibt sich aus der Beobachtung, daß zwar die Basen der südlichen Pfeiler von den zwischengezogenen Schranken überschnitten werden, daß aber die offenbar etwas späteren nördlichen Pfeiler auf die Schranken Rücksicht nehmen, dadurch, daß das Profil der Basis kurz vor ihnen abbricht und ein kleiner Eckklotz stehenbleibt.

Als Zeit ergeben sich damit die ersten beiden Jahrzehnte des 14. Jahrhunderts. In jedem Fall ist die Verwendung der Chorschranken höchst charakteristisch für das Wollen der Zeit. Ein eigener Raum wird innerhalb des Gesamtraumes abgesperrt, ein bestimmter Teil des Baues verunklärt. Hier ist die spätgotische Tendenz deutlicher, als in jedem anderen Teil des Baues, wo sie nirgends voll zur Auswirkung kommen kann, obgleich sie überall angeschlagen ist.

Der nächstfolgende Bau, die MÜHLHAUSENER Dominikanerkirche, steht dann, soweit sich nach den erhaltenen Abbildungen erkennen läßt, unter dem rückwirkenden Einfluß der niedersächsischen pseudo-basilikalen Hallen. Die Abbildung von 1790 bei *Altenburg*[82]) zeigt, daß das Mittelschiff erheblich höher war als die Seitenschiffe. Die Anlage ist hier um so auffälliger, als die sicher vor ihr begonnene Kirche ST. BLASII eine reine Hallenkirche ist, abhängig von hessischen Vorbildern. Die Anlage der Dominikanerkirche ist ohne niedersächsische Einwirkung nicht zu erklären. Der Bau — 10 Joche mit kurzem $^5/_8$-Chor ohne Vorjoch — war gewölbt, wie sich aus den Strebepfeilern ergibt; abgesehen davon gibt auch *Altenburg* die Notiz, daß „das Gewölbe 1583 abgetragen worden sei“. Über den Aufbau, vor allem über die Form der Pfeiler und das Aufsitzen der Gewölbe läßt sich nichts feststellen. Die Tatsache, daß das Satteldach über die drei Schiffe ging — also keine Querdächer über den Seitenschiffsjochen lagen, wie in der hessischen Schule (und auch in ST. BLASII) — wäre ein weiterer Beweis für die Herkunft aus Niedersachsen, wenn das Dach von 1790 alt war oder an das alte Dach sich anschloß. Sicher ist das wegen des Abbruchs der Gewölbe nicht.

Die Kirche dürfte, den Ablässen nach zu schließen, in der ersten Hälfte der neunziger Jahre begonnen sein. 1338 wird sie verlängert, für 1348 ist eine Weihe überliefert. Die stilkritische Kontrolle der Daten ist unmöglich.

Neben diesen Bauten, die eine eingehendere Behandlung dadurch rechtfertigen, daß sie entweder die wesentlichen Eigentümlichkeiten der Strömung, die vom 13. ins 14. Jahrhundert, von der Hochgotik in die Spätgotik führt, oder das Zurückgehen auf antiquierte Raumformen deutlich machen, entstehen um die gleiche Zeit in Thüringen eine Anzahl von Saalbauten der Orden. Da *Scheerer* sie mit der größten Genauigkeit untersucht hat, mag hier eine kurze Zusammenstellung genügen:

Der erste Bau der Franziskanerkirche in MÜHLHAUSEN war ein verhältnismäßig kurzer rechteckiger Saal (1: 2), flachgedeckt, die Fenster mit einfachstem Maßwerk. Ein Umbau von 1307 gibt ihr die jetzige ungewöhnliche Länge (das Verhältnis im Langhaus ist jetzt 1: 4,7), daran schließt sich der längsoblonge leicht eingezogene Chor. Das gleiche Verhältnis von Länge und Breite hat die Franziskanerkirche in ARNSTADT. Dem Maßwerk nach beginnt der Bau um 1300 im Osten und ist gegen die Mitte des Jahrhunderts vollendet. Das Maßwerk der mittleren Bauzeit findet seine Parallele in den östlichen Teilen der ERFURTER Predigerkirche.

Die Betonung der Länge wird als Neuerung in dem Umbau der MÜHLHAUSENER Kirche besonders kenntlich gemacht. Sie einzig darauf zurückzuführen, daß der Bau vergrößert werden sollte, während es doch unmöglich war, ihn wegen der Schwierigkeit der Überdeckung auch zu verbreitern, erscheint gewagt. Es hätte noch andere Mittel gegeben, um diesen Zweck zu erreichen — Anbau von Seitenschiffen z. B. — wenn die gestreckte Form unangenehm gewesen wäre. Im Gegenteil scheint es aber, daß man das

Bedürfnis empfand, dem Bau durch diese Betonung seiner Länge eine bestimmte Richtung zu geben, das unbestimmt Vage des kurzen Saales aufzuheben.

Der gleichen Absicht dient es, wenn die Saalkirche statt platt (mit der üblichen Dreifenstergruppe), im Polygon geschlossen wird. Die Dominikanerkirche in JENA gibt ein Beispiel. Das Seitenschiff ist ein Anbau des 15. Jahrhunderts, aus der gleichen Zeit stammen die jetzigen Gewölbe mit abgesetzten oder doppeltgekehlten Rippen, die die Fenster zum Teil überschneiden. Der nach Abzug dieser Veränderungen bleibende Bau ist ein langgestreckter Saal mit $^5/_8$-Schluß, vielleicht mit Flachdecke (aber sicher nicht in der von *Scheerer* vermuteten Weise, daß die Flachdecke 1,30 m tiefer lag als der Scheitel des heutigen Gewölbes, weil sonst auch sie mit den Fenstern in Konflikt käme). Der Chor war zum mindesten von Anfang an mit Gewölbe geplant, er hat Strebepfeiler, mit der merkwürdigen Eigenheit übrigens, daß auf ihnen eine Art Dienst, die Ecke des Polygons betonend, aufsteigt. Er schneidet in das doppelt hochgekehlte Dachgesims ein. Das Motiv erklärt sich vielleicht als Übernahme aus dem französischen Strebesystem, wo gerne der Strebebogen von einem kleinen Dienst an der Hochschiffsmauer unterfangen wird (STRASSBURG). Das Strebesystem der deutschen Bettelordenskirchen vermengt gelegentlich derartige Abkürzungen des französischen Systems mit seinem aus der Architektur der Zisterzienser stammenden Formenvorrat — vgl. auch die LANDSHUTER Dominikanerkirche.

Die Formen der Kirche weisen sie an das Ende des 13. Jahrhunderts: die Strebepfeilerlösung am Chor, die erhaltenen Maßwerkreste in Dreipaßform, das Dachgesims, machen es wahrscheinlich, daß der Bau bald nach der Rezeption des Konvents (1286) erfolgt ist.

Daß das Neue, das im Anschluß eines polygonalen Chors an einen gestreckten Saal bestand, von der Zeit erstrebt wurde, zeigt der Umbau der Franziskanerkirche in WEIDA: hier wird ein kurzer Saal (1: 2,5) der zweiten Hälfte des 13. Jahrhunderts durch Anfügung eines polygonalen Chors verlängert und gleichzeitig bis zur Höhe des neuen Chors hochgeführt. Dieser Umbau dürfte aus der Mitte des 14. Jahrhunderts stammen.

Die Kirchen in OSCHATZ und ZEITZ, ZITTAU und BAUTZEN scheinen im ersten Zustand sämtlich einfache platt geschlossene Saalkirchen gewesen zu sein, OSCHATZ und BAUTZEN flach gedeckt, die beiden anderen gewölbt. OSCHATZ ist im ersten Zustand ein völlig unpersönlicher und unzeitlicher Bau, — BAUTZEN, etwas reizvoller, ist in seinem ältesten Teile, dem Langhaus, kaum vor der Mitte des 14. Jahrhunderts entstanden. Die ZEITZER Kirche (ältester Teil das Langhaus) gewinnt dadurch Interesse, daß sie offensichtlich von Anfang an gewölbt war, — die Strebepfeiler sind nach innen gezogen, ihre geringen Reste, die auf der Außenwand lisenenartig stehen bleiben, sind zu spitzbogigen Blenden verbunden. Würde schon dieses Moment — es erinnert im Hereinziehen der Strebepfeiler an die Minoritenkirchen in DUISBURG und FRANKFURT, die auch in der Tatsache der Wölbung mit ZEITZ übereingehen — schlecht zu dem frühen überlieferten Datum von 1238 für den Kirchenbau passen, so wird die Vermutung einer späteren Erbauung durch die Reste eines Portals bestätigt: es ist nicht vor 1320 entstanden, wie die stark geschwungenen Kelche und die Form der Sockel zeigen. Die Verwendung von Gratgewölben spricht nicht dagegen; es kommt nicht darauf an, ob Grat oder Rippe verwendet sind, sondern auf die Art der Konstruktion der Gewölbe.

ZITTAU vertrat ursprünglich wie ZEITZ den nicht sehr häufigen Typ der gewölbten Saalkirchen, doch sind hier Rippengewölbe verwendet. Der Chor ist wohl erst nach 1300 entstanden, — trotz der spätromanischen Kämpferplatten, auf die man sich für eine frühere Datierung berufen könnte: sie geben nicht den Ausschlag, weil neben ihnen fortschrittliche Motive, wie die Konsolen mit Nasen und Spitzbogen, die man nicht gerne vor das 14. Jahrhundert setzen möchte, auftreten. Dem Grundriß nach (die Kirche ist mir nicht durch Augenschein bekannt) ist es unwahrscheinlich, daß das Langhaus aus der ersten Bauzeit stammt, — es wurde später zweimal überarbeitet, im 15. Jahrhundert zur zweischiffigen Halle umgebaut, wie auch die Kirche in OSCHATZ; später wurden (1658) nochmals eingreifende Änderungen, vor allem am Triumphbogen (auch das östliche Gewölbe der zweischiffigen Halle scheint damals erneuert worden zu sein) vorgenommen.

Die letztgenannten Kirchen liegen zum größeren Teil schon außerhalb Thüringens im Gebiet des Freistaats Sachsen. Hier taucht in der ersten Hälfte des 14. Jahrhunderts ein Bau auf, der, obgleich er zeitlich vielleicht nicht mehr in das von uns behandelte Gebiet gehört, deshalb erwähnt werden soll, weil er einen völlig neuen Zug in die Entwicklung hineinbringt, neue Möglichkeiten bietet. Es handelt sich um die Dominikanerkirche in PIRNA: eine zweischiffige Halle, platt geschlossen, mit 6 Jochen, so daß sich 12 quadratische Felder ergeben; die Pfeiler sind achteckig, die Gewölbeglieder wachsen direkt aus ihnen heraus (der später angebaute Chor mag unberücksichtigt bleiben). Die Konstruktion der Gewölbe — spitzbogige Kappen mit geradem Scheitel — macht einen verhältnismäßig frühen Ansatz zum mindesten möglich (die Konstruktion von Gewölben ergibt stets nur einen terminus post quem); die Formen der Schlußsteine und Konsolen, soweit sie mir aus Abbildungen bekannt sind, sprechen für die dreißiger Jahre des 14. Jahrhunderts, auch die Gewölbeglieder sprechen zum mindesten nicht dagegen.

Die Probleme der zweischiffigen Halle im allgemeinen, wie die ihrer Aufnahme bei den Bettelorden, sind oben erörtert worden. Ihre Herleitung aus dem Profanbau scheint sicher; die zweischiffige Halle ist die bei allen Orden seit langem gewohnte Form für Kapitelsäle und Refektorien. Die Ähnlichkeit mit Südfrankreich würde dann aus der Gemeinsamkeit der Quelle sich herschreiben. Die Franziskanerkirche in DRESDEN arbeitet dann in der Mitte des Jahrhunderts den Typus um: jedes der beiden Schiffe bekommt seinen eigenen Chor; die Form der zweischiffigen Halle, die auf Erzwingung der Schrägsicht angelegt war, ist gründlich mißverstanden: jedes Schiff kann jetzt wieder für sich gesehen werden[83]) (Abbildung 16).

*

Es fügen sich hier noch zwei Bauten an, die in ihrer ganzen Raumgestaltung von den Bettelordenskirchen völlig abweichen, oder sie nur in Einzelheiten durchblicken lassen: die Franziskanerkirchen in ERFURT und BERLIN.

Die Lösung von ERFURT (Figur 13, Abbildung 42, 43) erinnert in ihrer jetzigen Fassung auf den ersten Blick an das Langhaus des MAGDEBURGER Doms. Es ist eine dreischiffige Basilika mit 6 Arkaden, auf jede Arkade treffen 2 Joche im Gewölbe.

Wesentlich unterschieden von MAGDEBURG ist nur die Wölbung der Seitenschiffe, wo nicht ein fünfteiliges Gewölbe über dem sich ergebenden längsoblongen Joch sitzt, sondern dem gebundenen System gemäß zwei quadratische vierteilige Gewölbe. Die beiden der Arkade anliegenden und die beiden am mittleren Gurt zusammenstoßenden Kappen müssen dementsprechend nach der Arkade zu steigen.

Schon damit ist eine Möglichkeit gegeben, den bestehenden Bau einzureihen: der ERFURTER Architekt muß MAGDEBURG gekannt haben — der jetzige Bau kann demnach nicht vor 1300/10 entstanden sein, als der Magdeburger Hochschiffsplan festlag (vgl. Anm. 71). Das verknitterte kleinteilige, zum Teil schon gebeulte Laubwerk der Pfeiler und Hochschiffsdienste fixiert ihn genauer auf das 2. Viertel des Jahrhunderts.

Zu dieser Festlegung stehen die Stützen des Langhauses in scharfem Gegensatz: es sind kreuzförmige Pfeiler mit 8 Diensten, die Sockel sind zwar achteckig, die Basis aber

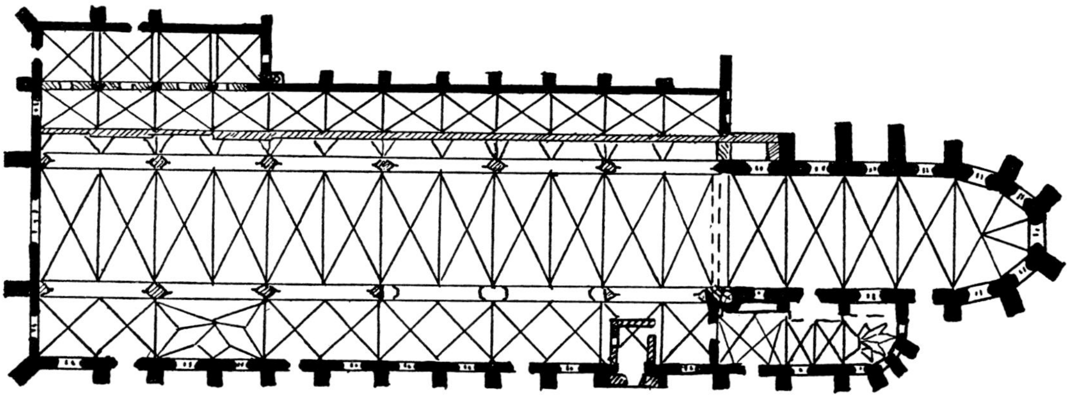

Figur 13. ERFURT. Barfüßerkirche. Grundriß von 1829.

ist steil profiliert mit höchst altertümlicher starker Kehle zwischen zwei Wülsten. Dieser romanische Pfeiler sitzt auf einer über Eck gestellten Sockelplatte mit abgeschrägten Ecken. Die Mischung von alten und neuen Formen — d. h. solchen, die der Mitte des 13. und anderen, die dem 14. Jahrhundert erst angehören können — wird hier augenfällig. Die Form des Pfeilers steht der des Sockels und des Laubwerks gegenüber.

Die drei östlichen Stützen der Südseite wichen von diesem Formenapparat ab[84]). Sie sind zuletzt entstanden, als längsoblonge Pfeiler mit abgeschrägten Ecken — als Basis verwenden sie die einfache Schräge, das Kapitell ist kaum herausgehoben. Hier tritt auch an Stelle des vielgliedrigen Arkadenprofils aus Birnstäben und Kehlen — die Einzelform des Birnstabs spätes, die Vielgliedrigkeit frühes Motiv — die einfache Abfasung der Scheidbogen. Diese Pfeilerform und die Form der Arkaden entspricht der eigentlich bettelordensmäßigen Einstellung: die Schiffe sind miteinander verbunden, die Pfeilerform macht ein Hinübergehen möglich, das Vielgliedrige ist verschwunden, die Teile zusammengezogen.

Daraus aber, daß die östlichste Arkade auch auf der Südseite die alte Form aufweist, ergibt sich, daß diese ältere Form jünger ausgeführt sein muß als der Chorbau, wenn es nicht schon aus den Laub- und Maßwerkformen folgte. Auch der fehlende Verband zwischen dem Ostfenster des nördlichen Seitenschiffes und dem Treppenturm weist auf die spätere Bauzeit des Langhauses. Diese Art zu bauen — zwei Ostarkaden und dann die eine Langhausseite nach Westen, die andere zurück nach Osten, hat nur dann Sinn, wenn ein schon bestehender Chor abgestützt werden soll. Der Chor aber — über seine Formen ist wenig zu sagen, außer vielleicht, daß auch hier eine gewisse Kleinteiligkeit der Formen (Deckplatten) auffällt — ist 1316 geweiht worden. So muß also das ganze Langhaus erst nach diesem Termin in Angriff genommen sein. Das bisher genannte Datum — 1285 gew. oder gar 1232 beg. — wird hinfällig, der Formenapparat läßt die Ausführung vor 1330 nicht zu.

Eine Brandnachricht von 1291 gibt vielleicht die Lösung für die archaischen Formen des Langhauses: man hat nach 1316 die Pfeiler eines ältesten Baues umgearbeitet (polygonaler Sockel, Sockelplatte, Laubwerk) oder ihrer Form nach reproduziert, als man das jetzige Langhaus aufführte. Daß man das eine oder das andere tat, beweist allein schon die hochgotische, noch romanisierende Baugesinnung, die hier herrschte. Sie wirkt sich dann weiter aus in der Form des Scheidbogenprofils, die zu der Pfeilerform nicht paßt — über den Eckdiensten sitzt eine Kehle. Dies Moment spricht eigentlich mehr für die Übernahme der Pfeilersubstanz selbst aus dem älteren Bau.

Im übrigen läßt sich vielleicht ein weiteres Moment für die Rekonstruktion dieses älteren Langhauses aus dem kleinen Fenster über dem Triumphbogen zwischen Chor und Langhaus gewinnen: das alte Langhaus sollte, noch als man mit dem Chorbau schon fertig war, erhalten bleiben — das Fensterchen dem Chor über den Mittelschiffsfirst weg Licht zuführen. Das alte Langhaus war demnach verhältnismäßig niedrig.

Damit würde sich für diesen ersten Bau aber eine engere Arkadenstellung als notwendig erweisen. Die jetzige Spannweite der Arkaden ergibt eine allzugroße Höhe für das Mittelschiff. Dann erklärt sich auch die höchst gezwungene Konstruktion der Seitenschiffsgewölbe als halbe Klostergewölbe mit 4 Stichkappen[85]) als Beibehaltung des alten Grundrisses mit quadratischen Seitenschiffsgewölben unter Weglassung jedes zweiten Pfeilers[86]).

Die erste wie die zweite Fassung des Langhauses entsprechen in jedem Fall nicht dem Charakter der Bettelordensarchitektur. Ihr fügen sich erst die Ostjoche — um 1360, nach Vollendung der anderen Arkaden — ein.

Der Eindruck des langgestreckten Außenbaues, in der durch keinen Dachreiter unterbrochenen Lagerung des Daches ist ganz groß. Die Strebepfeiler, im Motiv von ALTENBERG ins Dachgesims verkröpft, führen den Blick unaufhaltsam nach hinten. Freilich wird auch bei ihnen die merkwürdig rückständige, nicht dem Stil der Bettelorden gemäße Haltung fühlbar: sie sind ungewöhnlich tief, die Verkröpfung des Dachgesimses wirkt dadurch plastischer als gewöhnlich, die Fläche der Wand ist nicht eigentlich fühlbar. In dem Motive der Blendbogen, die zwischen den Chorstreben sich spannen, bricht eine typisch romanische Haltung — Aufbau der Wand aus Schichten — durch.

Auch die alten Teile der Franziskanerkirche in BERLIN sind durchaus der Bettelordensarchitektur fremd. Das Chorpolygon im $^7/_{10}$-Schluß, das in seinem Grundriß, in der Auflösung der Sockelwand durch Blendarkaden, in der starken Profilierung der Fensterleibungen, in der Größe der Fenster deutlich auf die Zeit um 1400 hinweist, kann dabei ebenso wie das gleichzeitige Portal der Westfassade außer acht gelassen werden. Der alte Schluß ist durch Grabungen als gerade festgelegt. Nach dieser Korrektur läßt sich die Kirche in folgenden Zügen kurz fassen: eine gewölbte dreischiffige Basilika, das Langhaus mit 4 Jochen, der Chor einschiffig mit zweien. Als erstes fällt die ungewöhnliche Weite der Arkaden auf. Sie erinnert an die weiten Joche romanischer Kirchen, insbesondere wieder an das Vorbild des MAGDEBURGER Doms. Ebenso ist die Form der Arkaden, rechtwinklig mit ebensolchem Unterzug, noch durchaus romanisch, völlig verschieden von der übergotischen Profilierung der Bettelordenskirchen, die den Zweck hat, die Oberwand zu erleichtern. Dazu paßt dann die Form des ersten und dritten Pfeilers auf der Nordseite, des zweiten auf der Südseite — ein quadratischer Pfeiler mit vier vorgelegten Halbsäulen. Die übrigen Pfeiler weichen von dieser Form ab. Es sind sternförmige Pfeiler mit acht eingelegten Diensten — eine durchaus hochgotische Bündelform. Die merkwürdige asymmetrische Pfeilerverteilung erklärt sich (nach *Hamann*[87]) als ein mißverstandener Stützenwechsel. Auch das wäre ein durchaus romanischer Gedanke. In seltsamem Gegensatz zu diesen Punkten steht die Gliederung der Hochwand mit schwachen Diensten. Ihre Ursprünglichkeit ergibt sich einwandfrei aus der Übereinstimmung ihrer Kapitelle mit denen der Pfeiler und aus dem Steinverband. Aber außer dieser schwachreliefierten Hochwand sind alle Teile nicht nur in ihrer Gesinnung romanisch, sie gehen auch in den Einzelformen durchaus auf spätromanische oder hochgotische romanisierende Bauten zurück: der sternförmige Bündelpfeiler findet sich in den östlichen Teilen des CHORINER Langhauses, ebenda treten die Kapitelle mit den einzelstehenden Blättern auf, die breiten sattelholzförmigen Kämpfer der Arkadenunterzüge an den Vorlagen der quadratischen Pfeiler haben ihre Parallelen in der Vorhalle von ST. EMMERAN und im Niedermünster zu REGENSBURG. Die Palmettenranken der Kapitelle erinnern an Formen aus dem 1. Viertel des Jahrhunderts in JERICHOW (*Hamann*). Auch die Kämpfer und Basen sind durchaus romanisch.

Der Bau ist durch eine Inschrift ziemlich sicher datiert — entweder 1271 oder 1290. Durch die Abhängigkeit von CHORIN, und zwar nicht von den allerersten Teilen (Querhaus) wird das zweite Datum wahrscheinlicher. Es liegt demnach in der Übernahme der romanischen Formen aus der 1. Hälfte des Jahrhunderts ein merkwürdiger Fall von Archaismus vor. Man muß sich vor Augen halten, daß um 1290 in NEU-RUPPIN und BRANDENBURG die ersten Hallen der Bettelorden in der Mark entstehen, die, wenn auch in der Grundhaltung noch hochgotisch, in einzelnen Punkten doch den Weg aus der Hochgotik in die Spätgotik hinein beschreiten. Die Berliner Kirche aber ist in ihrer Grundhaltung, wie in der Mehrzahl ihrer Formen romanisch — die einzelnen hochgotischen Formen wirken mißverstanden.

*

SCHLUSS

EINBAU IN DIE KULTURGESCHICHTE

Die Analyse der verschiedenen Typen der Bettelordenskirchen hat ihre eigentümliche Stellung innerhalb der mittelalterlichen Architektur aufgewiesen. Sie greifen nach rückwärts auf Vorromanisches zurück und weisen gleichzeitig voraus auf die Spätgotik. In der Vorbereitung der spätgotischen Architektur liegt ihre entwicklungsgeschichtliche Bedeutung.

Es steht noch in Frage, aus welchen inneren und äußeren Gründen heraus die Bettelorden befähigt waren, diese beiden architektonischen Typen, von denen der zweite den ersten zur Voraussetzung hat — die (vorromanische) Flachdeck-Basilika und die (vorspätgotische) Gewölbe-Basilika —, zu schaffen. — Es gibt dafür die Tatsache eine teilweise Erklärung, daß die Bettelorden eine Neuerscheinung sind, daß Tradition sie also viel weniger bindet als die übrigen Bauherren der gleichen Zeit. Aus dieser Traditionslosigkeit ergibt sich, daß sie alles, was sich ihnen nur irgend als Substrat bietet, verwenden können, soweit es ihnen nur gelegen kommt. Daß sie zweitens aber auch das Substrat umbilden können, bis es ihren Zwecken entspricht, ohne von Hemmungen aus der Tradition heraus irgend gehindert zu sein. Ein Kirchenfürst ist in der Übernahme fremder Bautypen gebunden: er muß, selbst wenn er das Modernste, wie es eben in der französischen Hochgotik geschaffen wird, bauen will, insofern wenigstens konservativ sein, als ihm die Erhaltung des übernommenen Typus aus Gründen der Repräsentation und, wichtiger, der inneren Verpflichtung, der Achtung vor der baulichen Leistung des anderen notwendig erscheint. Die Bettelorden kennen diese Hemmungen nicht. Sie haben als homines novi keine Verpflichtung dem Übernommenen gegenüber, können es nach Belieben umbilden, einzelne Teile verwenden, Neues mit seiner Hilfe schaffen. Das ist der Grund, warum sie eher und leichter zu neuen Lösungen kommen als die alten festverwurzelten und an die Tradition gebundenen Mächte. In dem Augenblick, in dem sie selber eine Tradition bekommen, im Anfang des 14. Jahrhunderts nimmt die Leichtigkeit ihres Schöpfervermögens ab. Verpflichtung schwächt die Originalität. Sie treten dann in der begonnenen Bahn weiter und werden von der Bewegung, die sie selbst eingeleitet haben, überholt.

Aus der Traditionslosigkeit erklärt sich manche Eigentümlichkeit ihrer Kirchen: mit ihr hängt die Häufigkeit des Vorkommens rudimentärer Anlagen zusammen, — von Bauten also, an denen ein Teil, ein Seitenschiff etwa, fehlt oder, wie in FREIBURG und sonst oft, schief geraten ist[88]).

Diese rudimentär dreischiffigen Anlagen mögen sich zum Teil aus äußeren Gründen erklären lassen. In den schon ziemlich entwickelten und vollbesetzten Städten des späten 13. Jahrhunderts, in welche die Bettelorden kommen, war der Bauplatz tatsächlich knapper geworden, als er es zur Zeit der Niederlassung der älteren benedektinischen Mönchsorden gewesen war. Das den Bettelmönchen überlassene Grundstück konnte durch umgebende Wohnhäuser oder auch durch die Stadtmauer so eingeengt sein, daß für eine vollausgebaute Kirche kein Raum mehr blieb. In den vielfach noch unbefestigten Städten früherer Jahrhunderte mit den isoliert liegenden Gehöften der Ackerbürger kam diese Schwierigkeit noch nicht in Frage. Erst gleichzeitig mit dem Eindringen der Bettelorden verändern sich auch die Wirtschaftsbedingungen, die Geldwirtschaft tritt immer entschiedener an Stelle der Naturalwirtschaft, es entwickelt sich eine eigene städtische Wirtschaftsordnung, und im Zusammenhang damit erste Ansätze einer Grundstückspolitik. Boden ist nicht mehr nur Ackerland, er bekommt, wenn innerhalb der Stadt gelegen, höheren Wert als Bauplatz, wie der vor den Toren gelegene, so daß man mit ihm sparen muß.

Diese wirtschaftliche Seite ist äußerst wichtig. Wesentlicher aber erscheint ein anderes: daß die Bettelorden sich mit dieser gegebenen Tatsache ohne weiteres abfinden, daß sie eben die Kirche dem Grundstück anpassen, statt es, koste es was es wolle, so zu erweitern, daß dem früher geforderten Schema des Kirchengebäudes vollständig entsprochen werden kann, ist etwas vollständig Neues.

Zum Teil erklärt es sich aus der fehlenden Tradition der Orden: sie kennen auch dem Bau selbst gegenüber keine Verpflichtung, — es liegt kein Grund für sie vor, ihn vollständig in allen althergebrachten Teilen zu wahren. Die überlieferte Form sagt ihnen nichts — sie ist aus einem anderen Geist erwachsen, aus anderen kirchlichen Forderungen.

Und doch erklärt diese Traditionslosigkeit nicht alles: auch die Zisterzienser, die Cluniazenser, hatten mit Überliefertem gebrochen, und neue Raumformen, die ihren Bedürfnissen angemessen waren, geschaffen: an die Grundform des Kirchengebäudes zu rühren, zu dem eine bestimmte Anzahl von Teilen in bestimmter Anordnung gehört — Langhaus, zwei Seitenschiffe, Querhaus, Chor, Vierung —, hatten sie nicht gewagt. — So müssen bei den Bettelorden noch andere Dinge hereinspielen.

Hier tritt die Profanierungsabsicht wieder in Erscheinung, die gleiche Absicht, die auch den einfachen Saalbau als möglich gelten läßt. Vollständigkeit gehört notwendig zum Wesen des Feierlichen, über das Profane Hinausgehobenen. Der Ablauf einer feierlichen Handlung muß in allen seinen Teilen wohlabgerundet sein, ein Ding, eine Architektur alle ihre Teile haben. Sonst verliert sich das „Hinausgehobene". Ein Bürgerhaus muß nicht soundso, in ganz bestimmt vorgeschriebenen Teilen erbaut sein. Es kann abweichen von der üblichen Regel, weil eben für Profanes die Regel nicht in gleichem Maße bindende Kraft besitzt wie für Sakrales. Verzichtet ein Sakralbau auf Vollständigkeit, so liegt darin ein Bekenntnis, daß er sich nicht allzusehr hinausheben will über den Profanbau, daß er sich nicht höher fühlt als die übrigen Bauten in seiner Nähe: nicht Herrscher ist, sondern ihnen gleichgestellt. Der Herrscher darf sich nicht gehen lassen. Laxheit widerspricht seinem Wesen: der Gleichgestellte darf es. Es ist ein Verzicht auf die Sonderstellung der Kirche, wie er auch gleichermaßen im Verzicht auf den Turm ausgesprochen liegt. Die Kirche der Bettelorden reiht sich den umgebenden Wohnhäusern ein. Sie hebt sich nicht sonderlich heraus: zumal aus nächster Nähe, wo auch die große durchgehende Linie des Daches weniger betont ist als aus größerer Entfernung im Gesamtbilde der Stadt.

Es gehört hierher, daß das Kloster der Bettelorden meist an wenig bevorzugter Stelle liegt, häufig am Fluß, wenn die Stadt durch ihn in zwei Teile zerfällt (BRANDENBURG, NÜRNBERG, ERFURT). Das ist das Armeleuteviertel der mittelalterlichen Städte, hier, wo der Bauplatz wegen der häufigen Überschwemmungen wenig gesucht ist, hier sammelt sich das Proletariat, soweit man den Ausdruck, der eigentlich die ganz bestimmte wirtschaftliche Lage des 19. und 20. Jahrhunderts zur Voraussetzung hat, auf das spätere Mittelalter anwenden will.

Ein zweites Armenviertel bildet sich auch gern an der Stadtmauer. Die mittelalterliche Stadt hat häufig den Mauerring nicht von Anfang an ausgefüllt, um die im Zentrum gelegenen Häuserblocks zieht sich ein Kranz von Gärten. In ihnen, als den gegebenen Bauplätzen, siedeln sich die Neuhinzuziehenden an, — und diese Neuen sind meist Arme (weil natürlich der Wohlhabende keinen Grund zur Landflucht hat). Durch die Lage des Bauplatzmarktes veranlaßt, lassen sich hier denn auch die neuen Orden nieder. In solchen Fällen ist die Ortswahl der Niederlassung nicht frei.

Erfolgt die Niederlassung aber am Fluß, so handelt es sich ganz offensichtlich um eine Äußerung des Hinuntersteigenwollens, um eine bewußte Armeleutepolitik, — und es ist anzunehmen, daß auch bei der Niederlassung in der Nähe der Stadtmauer diese soziale Einstellung neben der Billigkeit der dort gelegenen Bauplätze, die Wahl des Ortes bestimmt. An Stelle des Ideals vornehmer Isolierung, wie sie die alten Orden pflegen, die sich folgerichtig auch der Landwirtschaft widmen, tritt der Wille, aufzugehen in einem großen Zusammenhang der Massen. Die Absicht, die Menge, der gepredigt werden soll, um sich zu wissen, einen größeren Aktionsradius zu haben, ist der Grund für die Niederlassung innerhalb der Stadt und hier in dem am dichtesten besiedelten Viertel. Daß ein solcher Gedanke überhaupt ausschlaggebend werden kann, bezeugt eine vollkommen neue Einstellung zum Leben. Die Wertung der misera plebs in positivem Sinne ist etwas gänzlich Unerhörtes, — der Wunsch, nicht von ihr sich abzuschließen, sondern in ihr aufzugehen. Mit der Absicht, sich zu profanieren, verknüpft sich das Ideal der Armut.

All diese Momente — Traditionslosigkeit, Profanierungstendenz, Armutsideal — lagen noch in einer oberen Schicht. Es muß möglich sein, sie schärfer zu fassen, die tiefere Schicht aufzuzeigen, in der sie verwurzelt sind. Hier fügt sich die neue Einstellung der Orden zum Gottesdienst ein.

Die Messe verliert an Bedeutung: sie ist noch notwendiges Ingrediens des Gottesdienstes, aber sie beherrscht ihn nicht mehr in absoluter Ausschließlichkeit. Die Predigt nimmt immer mehr Raum ein, sie wird zum Kern der feiertäglichen Handlung, um den sich alle anderen Vorgänge — Messe, Chorgesang, unter Umständen Prozession — gruppieren. Das aber bezeichnet einen tiefgegründeten inneren Wandel: die Messe ist das Selbständige, in sich Geschlossene. Der Priester nimmt die heilige Handlung vor, unter seinen Händen opfert sich Christus in Gestalt der Hostie auf dem Altar der Kirche. Niemand anders — mit Ausnahme des Chorknaben — ist notwendig, damit die Handlung vor sich gehen kann. Der Priester kann die Messe allein lesen: wendet er sich an die Gemeinde, so ist es weniger die real vorhandene Gemeinde, als die unsichtbare Gemeinschaft der rechtgläubigen Christen. Die Messe ist der objektive Vorgang, unabhängig von der Anwesenheit von Hörern.

Anders die Predigt: der Prediger braucht seine Gemeinde. Ohne sie ist er ein Unding — eine Predigt ohne Zuhörer ist ein widersinniger Gedanke. Die Bindungen zwischen Prediger und Hörern sind ungleich stärker als die zwischen Priester und Gemeinde. Prediger und Hörer gehören zusammen, sind Einheit: Priester und Gläubige sind nicht notwendig verbunden; der Priester kann ohne die Gemeinde existieren. Er vertritt die

Ecclesia, ein Unpersönliches, objektiv Feststehendes, das den Angehörigen der Ecclesia, den Gläubigen, gegenübertritt.

Der neue Inhalt, der dem Raum innewohnt, die Predigt an Stelle der Messe, gestaltet den Raum um: die Masse der Laien wird gewertet, — die Kirche ist nicht mehr nur Schauplatz für die Handlung des Meßopfers, der die Laien beiwohnen können, ohne daß ihre Anwesenheit oder Abwesenheit irgend von Bedeutung wäre. Der Gedanke, daß die Bettelorden „Volkskirchen" bauten, nicht mehr „Priesterkirchen", ist schon mehr als einmal ausgesprochen worden[89]), und er trifft, wenn man ihn im Zusammenhang der gesamten Einstellung der Orden zu allen Beziehungen der Menschen untereinander und zu Gott sieht — und dann die beiden Ausdrücke cum grano salis nimmt, durchaus das Richtige. Nur genügt es nicht, auf das Weiterwerden der Arkaden (zum Zwecke besserer Akustik) hinzuweisen, zumal diese weiten Arkaden nur in einer ganz bestimmten Gruppe von Bauten auftreten, auf den Wegfall des Querhauses, der Chorkapellen, die jetzt unnütz werden. — Wesentlicher erscheint die innere Unmöglichkeit, den Raum, in dem gepredigt wird — in dem also alle Anwesenden um den Prediger sich gruppieren, nicht dem Priester gegenüber, — aus einzelnen Räumen zusammenzusetzen: der neue Gottesdienst verlangt, daß man den Raum als Einheit sehe, daß jeder Teil gleichmäßig dem einen Wertbetonten sich unterordne, keiner neben ihm sich geltend mache.

Mit der Klärung der religiösen Sphäre werden auch Traditionslosigkeit und Profanierungstendenz auf ihren gemeinsamen Nenner geführt. Es handelt sich, kurz gesagt, um die Umstellung von einer magischen Weltanschauung auf eine vernünftige[90]). Die Messe steht innerhalb eines magischen Weltbildes, wie jeder Opferkult. Alle seienden Dinge haben ihre geheime Bedeutung[91]). Und ebenso alle Gesten. Dinge wie Gesten wirken: Schritt und Wort sind dem Priester vorgeschrieben, Abweichungen können die heilige Handlung unwirksam machen. Deshalb muß der Gottesdienst zeremoniös und sakral ablaufen, — deshalb der Bau in allen Teilen vollständig sein — weil alle Dinge der Welt Vollständigkeit verlangen.

Anders liegt der Fall im vernünftigen Weltbild. Hier hat die Messe, eine Handlung voll geheimer Wirkungen und Kräfte, nichts mehr zu suchen. Die Dinge fordern Klärung — Erklärung der Schriften; das bloße Anhören genügt nicht, ist nicht mehr wirksam. Das ist tiefster Sinn der Verdrängung der Messe durch die Predigt. — Und diesen wesentlicheren Dingen baut sich der Verzicht auf die Überlieferung, auf die Vollständigkeit und die Feierlichkeit des Gotteshauses ein. Es ist nicht mehr so sehr wichtig, daß die Kirche aussieht, wie alle bisher, daß sie alle ihre Teile habe, es ist auch nicht nötig, daß sie überwältige. Der Begriff der Feierlichkeit schließt sich aus dem vernünftigen Weltbild aus — er würde die Wirksamkeit von Gesten voraussetzen. Der Gottesdienst verliert an Sakralität und damit der Bau. Die Gläubigen kommen feiertags in ein Haus, um dort den Prediger (der ihnen nahe steht) zu hören. Aus diesem Verzicht auf Sakrales folgt ein Teil der Dinge, die den Bauten der Orden charakteristisch sind: die Verwendung des Saales, des platten Chorschlusses, der Wölbungsverzicht, die Turmlosigkeit, die unbetonte Haltung des Außenbaues.

Aus der Umstellung auf ein vernünftiges Weltbild folgt weiter die Zweckhaftigkeit, die zur Anpassung des Baues an den gegebenen Platz führt, zur Unterordnung sakraler (magisch unterbauter) Forderungen also unter ein Gegebenes. Hieraus wird auch die soziale und organisatorische Gliederung der Orden verständlich.

Es erscheint wesentlich, daß der Aufbau der Bettelorden straffer ist als bei den älteren Orden. Dort waren die Mönche des einzelnen Klosters dem Abt unterworfen, dieser war selbständig, Selbstherrscher in seinem Bereich und nur bei den jüngeren Abzweigungen der Benediktiner, den Zisterziensern und Karthäusern, vermag das jährlich stattfindende Kapitel der Äbte über ihn hinweg Entscheidungen prinzipieller Art zu treffen. Jetzt ist die Selbständigkeit der Klosteroberen wesentlich eingeschränkt. An der Spitze des Ordens steht der Generalminister, ihm unterstehen direkt die Provinzgenerale, diesen die Kustoden, und diesen endlich die Prioren der einzelnen Klöster. Diese unbedingte Subordination, dieser pyramidenartige Aufbau ist das absolute Gegenteil der benediktinischen Koordination. Das neue System kann nur verstanden werden als Exponent einer ganz neuen Einschätzung menschlicher Beziehungen, menschlicher Bedeutung: der Mensch wird gewertet als Glied in einer Kette, als Teil der ungeheuren Maschine, die Organisation genannt wird.

Die Frage, ob dieser Aufbau absolutistischer oder demokratischer Natur gewesen sei — ein vielumstrittenes Problem — mag hier nur kurz angedeutet werden. Es scheint, daß die Entwicklung von der rein menschlichen — durchaus politisch nicht zu wertenden — Einstellung des Hl. Franz zum Aufbau im Sinne einer Bildungsaristokratie fortschreitet: Laienbrüder sind bei den Dominikanern von Anfang an, bei den Franziskanern seit 1242 vom aktiven und passiven Wahlrecht ausgeschlossen. Bis ins 14. Jahrhundert hinein bleibt dies Verhältnis — das Provinzkapitel, nur aus literatis bestehend, wählt die Oberen, die Brüder sind, da ihre Vertrauensleute (discreti) in der Minderzahl bleiben — faktisch rechtlos. Erst seit dem Anfang des neuen Jahrhunderts bekommen sie die Wahlen ihrer Oberen in die Hand. Gleichzeitig wird die Gewalt des Generalministers durch Beigabe zweier Vertrauensleute eingeschränkt.

Der neuen Zweckhaftigkeit fügt sich eine andere Erscheinung im Aufbau der Orden ein: der Verzicht auf die stabilitas loci. Bei den alten Orden tritt der Novize in ein bestimmtes Kloster ein, dem er von nun an angehört. Seine Gelübde legt er in die Hände des Abtes, als seines alleinigen Vorgesetzten ab. Bei den Bettelorden vertritt der jeweilige Obere nur den Generalminister, dem der Mönch Gehorsam verspricht, die Rezeptionsformel betont das ausdrücklich. Damit erklärt es sich dann auch, daß der Mönch nicht mehr an sein Kloster gebunden ist, daß er sich auch nicht durch Übernahme der Seelsorge an Pfarrkirchen an einen bestimmten Ort binden darf (Constit. ord. pred. 1228). Er kann in jedes beliebige Kloster des Ordens versetzt werden, auch außerhalb seiner Heimatprovinz. Das einzelne Kloster ist nicht mehr die fest abgegrenzte Einheit, die es früher war — es ist nur Glied des ganzen Ordens, und diese größere Einheit ist es, der alle niedrigen Einheiten (Kloster, Kustodie, Provinz) unterstellt sind.

Von größerer Bedeutung als der bloße Aufbau ist die Unterordnung der mönchischen Regel unter einen bestimmten Zweck, die besonders bei den Dominikanern deutlich wird. Ihre ganze Verfassung ist getragen von dem einen leitenden Gedanken, daß der Zweck des Ordens die Festlegung des Glaubens durch die Predigt, die notwendige Vorbereitung auf sie das theologische Studium sei. Alle anderen Dinge werden dieser Aufgabe untergeordnet. Auch die Armut ist ihnen nur Mittel zum Zweck besserer Vorbereitung des Studiums (Besitz lenkt ab, fordert Verwaltung) nicht Selbstzweck, wie bei den älteren Franziskanern. Zum Zweck des Studiums ist sogar Dispens von den Fasten und den nächtlichen Horen möglich. Die strikte Einhaltung ritueller Vorschriften wird als unwesentlich dem leitenden Gesichtspunkt geopfert.

Diese neue Einstellung auf die Fassung und Klärung des Weltbildes ist freilich nur ein Strom in der großen Bewegung der Bettelorden. Das ganze Problem ist unendlich viel komplexer. Zum ersten leben natürlich Momente, die der alten Religiosität entstammen, noch weiter. Die Orden bleiben innerhalb der katholischen Kirche, sie bauen sich ihr ein. Damit aber verknüpft sich die Beibehaltung der Messe — die katholische Kirche ist in ihren Dogmen sowohl wie im Volksglauben noch heute durchaus magisch orientiert. Die Bettelmönche bleiben neben ihrer Eigenschaft als Prediger noch immer Priester, sie lesen die Messe vor der Predigt — vertreten doch die unpersönliche Ecclesia den Gläubigen gegenüber. Ein Mehr, ein völlig konsequentes Durchführen der Gedanken, die ihrer neuen Religiosität zugrunde liegen, mußte zum Laienpriestertum der Ketzerbewegungen führen, aus denen der Hl. Franz hervorgegangen ist. Diese Konsequenz wird nicht gezogen.

Dies äußert sich denn auch im Architektonischen. Notwendige Folge aus der Betonung des rein Zweckhaften, des Profanen und Unfeierlichen müßte eigentlich die weißgekalkte Scheune protestantischer Sekten sein. Der Saalbau der Bettelorden, der diesem Gedanken sehr nahe kommt, ist doch nicht die Regel. Der Versuch künstlerischer Gestaltung bricht von Anfang an immer wieder durch. Damit ist ein feierlich-pathetisches Moment zum wenigsten angeschlagen. Und innerhalb der sämtlichen Raumformen mit Ausnahme des Saales — und auch hier gelegentlich — fällt dann die Verwendung eines eigenen langgestreckten Chores völlig in den der Messe adäquaten Raumgedanken zurück. Dieses Auseinanderfallen der völlig auf Raumeinheit zielenden Gestaltung des Langhauses und des isolierten Chors fügt sich der Divergenz im Liturgischen und Religiösen ein.

Unendlich viel schwieriger als die Erklärung dieser Momente — jedes alte Weltbild hinterläßt, gerade in der religiösen Sphäre, derartige Restbestände — gestaltet sich der Einbau der mystischen Strömungen in die neue Weltanschauung der Bettelorden. Der Versuch, das vernünftige, amagische Weltbild mit der Mystik auf gemeinsame Wurzel zurückzuführen, ist aussichtslos. Freilich, beide wachsen aus der magischen Einstellung heraus — beide reaktiv gegen sie gerichtet: aber während die rationalistische Strömung durch Klärung der Dinge das magische Weltbild vernichtet — die unheimlichen, vom magischen Menschen gebannten Kräfte an sich heranzieht und mittels der Vernunft sie klärt — sucht der Mystiker diese Kräfte, die ihm durchaus ungeklärt bleiben, in sich hineinzuziehen. Es kommt zu keiner Aus-einander-setzung mit dem Seienden, — das Wort ist unendlich prägnant — sondern zu einem Sich-Hineinfühlen. Hier liegen Gegensätze schärfster Art.

Eigentümlicherweise nun vereinigen die Bettelorden beide Richtungen durchaus ungetrennt in sich; bisweilen stehen in der gleichen Person — Berthold von Regensburg — Mystik und Rationalismus beisammen. Darin wird ein weiterer Zug in ihnen deutlich, der durchaus wesentlich ist. Sie sind Romantiker: jeder Romantiker ist gleichzeitig mystisch und rationalistisch angelegt, vereinigt diese Gegensätze in sich. Aus der romantischen Haltung aber erklärt sich — innerhalb des Architekturgeschichtlichen — der Rückgriff auf die Vorromanik einerseits, der Griff nach der Spätgotik andererseits: wie er die Gegensätze des Mystischen und Rationalen in sich vereinigt, so stehen im Romantiker die Sehnsucht nach rückwärts und vorwärts stets beisammen. Es ist letztlich gleichgültig, ob er sein Ideal im Vergangenen oder im Zukünftigen sucht, wesentlich ist die Projektion aus der Gegenwart hinaus.

Freilich bringt dieser romantische Zug nur stärkere Komplizierung in das Bild, statt es zu klären. Das Problem, wie Mystik und Rationalismus nebeneinanderstehen, den gleichen Menschen gleichzeitig beherrschen, bleibt vorläufig ungelöst.

Es mag in unserem Zusammenhang aufgeschoben werden. Für die Erklärung der architekturgeschichtlichen Probleme ist in jedem Fall die rationalistische Strömung, aus der Profanierungstendenz, Zweckhaftigkeit, Unansehnlichkeit der Bauten herauswachsen, unendlich viel wichtiger als die mystische. Sie herauszuheben war gegenüber der starken — und wie mir scheint überstarken — Betonung der mystischen Elemente bei den Bettelorden notwendig.

Mit diesem Aufbau eines neuen vernünftigen Weltbildes werden die Bettelorden für das 14. Jahrhundert bestimmend. Die mystischen Strömungen sinken ihm gegenüber bald unter: die Bettelorden sind die ersten Menschen der Neuzeit — durchaus gotisch verwurzelt, aber nicht mehr mittelalterlich. Ist dies die Lösung des Problems der Spätgotik überhaupt?

*

ÜBERSICHTSTAFELN

SÜDDEUTSCHLAND

	Saal	Flachgedeckte Basilika	Gewölbte Basilika	Halle	Kirchen außerhalb des Ordensverbandes
1240	Gmünd Franz. (I. Bauzeit 1220/30 II. Bauzeit 1240/50)	Konstanz Domin. (nach 1236)	Regensburg (Domin.) Chor 1245/48 beg.	Frankfurt/M. (Domin.) 1238/45 beg.	Marburg Chor 1235 beg. Straßburg Joh. Kap. 1235/40
1250	Ulm Franz. um 1250 Lindau Franz. 1263	(Worms Domin. Weihe 1250) Würzburg Franz. 1250 beg.	Eßlingen Domin. 1250/55 beg. Straßburg Domin. 1254 beg.	—	Marburg 1249 Südkonche Straßburg Lghs. 1250/75
1260	Wimpfen Domin. 1264 gegr.	Freiburg Franz. Chor um 1265 beg. Regensburg Franz. um 1270 beg. Lghs.	Eßlingen Domin. Weihe 1268	—	Marburg Hallenplan um 1260 Freiburg Münster Lghs. O.-Joche um 1260
1270	Rottweil Domin. um 1270	Eßlingen Franz. nach 1270 beg. Würzburg Domin. Lghs. 1274 beg. Ingolstadt Franz. Lghs. 1275 beg. Rufach um 1280?	—	—	Freiburg Münster Lghs. 1280 voll. Regensburg Domin. Chor 1275 beg.
1280	—	Freiburg Lghs. um 1280 Würzburg Franz. Lghs. um 1280 voll. Kolmar Domin. 1283 Lghs. erweit. Rothenburg Franz. 1285 beg.	Regensburg Domin. Lghs. um 1275	Frankfurt M. (Domin.) Lghs.	Eßlingen Stadtkirche Lghs. um 1280 Straßburg Fass. Plan II, um 1280

	Saal	Flachgedeckte Basilika	Gewölbte Basilika	Halle	Kirchen außerhalb des Ordensverbandes
1290	Villingen Franz. Weihe 1292	Kolmar Franz. 1292 beg.	—	—	—
		München Franz. 1294 Weihe			
		München Aug. 1294 Weihe			
		Ulm Domin. Lghs. um 1290 beg.			
1300	—	Eßlingen Franz. Lghs. voll. um 1300			—
		Schlettstadt um 1300?	Wimpfen Domin. Chor 1300/10		
		Landshut Domin. um 1300 beg.	Ulm Franz. Chor um 1300		
		Ulm Domin. Lghs. Weihe 1305	Würzburg Domin. Chor 1308/12	Straßburg Domin. Umbau 1307 beg.	
		Gebweiler Franz. beg. 1306	Eßlingen Franz. Chor um 1310 beg.		
		Rothenburg Franz. Chor 1309			
1310	—	—	Regensburg Domin. Fass. 1310/20	Worms Chor Weihe 1313	Heilbronn Lghs. 1300/30
			Gebweiler Chor 1312		Regensburg Domin. 1313 Querhaus
1320	—	Limburg Franz. um 1320	Ulm Domin. Chor Weihe 1321		
					Straßburg Kath. Kapelle um 1330
				Straßburg Domin. Umbau 1345 voll.	

★

RHEINLAND

	Saal	Flachgedeckte Basilika	Gewölbte Basilika	Halle	Kirchen außerhalb des Ordensverbandes
1230	—	—	Köln Sion Franz. um 1235	—	Köln Kunibert 1210—47 Trier Liebfr. vor 1242
1240	—	Koblenz Domin. Lghs. Ostjoche 1239/45 Seligenthal Franz. vor 1247 beg.	Köln Min. Chor + 2 O.-Ark. 1245/48 beg. Koblenz Domin. Lghs. O.-Wölb. 1246?	—	Münster-Maifeld Vierung, um 1240 Querhs. vor 1250 Köln Domchor 1248 beg.
1250	—	Seligenthal 1256 voll.	Koblenz Domin. Lghs. 5. Joch um 1255 Köln Min. Lghs. Ost. seit 1257	—	Münster-Maifeld Lghs. Ostjoch 1250/60
1260	—	—	Koblenz Domin. Chor 1270/80	—	Tholey Lghs. 1260/70
1270	Frankfurt Franz. 1271 beg.? Duisburg Franz. 1272 beg. (od. 1289?)	—	Bonn Min. Chor 1275 beg.	—	—
1280	—	—	—	—	—
1290	—	—	—	Trier Min. beg.	—
1300	—	—	—	—	—
1310	—	—	Köln Min. Fass. 1310/30	—	—
1320	—	—	Bonn Min. 1317 Weihe (Chor?)	—	Köln Dom 1322 Chorweihe

NORDDEUTSCHE TIEFEBENE

	Saal	Flachged. Basilika	Gewölbte Basilika	Halle	Pseudo-basilikale Halle	Kirchen außerhalb des Ordensverbandes
1240	Neuruppin I 1246	—	—	—	—	—
1250	Prenzlau Franz. um 1253	—	—	—	—	—
1260	Salzwedel I Franz. 2. H. 13. Brandenburg I Franz. 2. H. 13.	—	—	—	—	Marburg Lghs. 1260 beg.
1270	Angermünde I vor 1292?	—	—	Münster Min. 1270 beg. (1280/90)	—	Chorin 1273 Querhaus ?
1280	—	—	—	Neu-Ruppin Lghs. um 1280 (Chor 1290)	Höxter nach 1281 (od. 1300 bis 1320?)	—
1290	—	—	Berlin Franz. 1290 (1271?)	Brandenburg Domin. Chor nach 1286		—
1300	Frankfurt/O. Chor. 1300/10	—	—	Angermünde II. um 1300 Frankfurt/O. Lghs. 1300/10	Göttingen um 1300 beg.	Chorin Chor um 1300?
1310	—	—	—	Brandenburg Lghs. Ostj. 1311 Soest Min. Chor 1310/20 Halle Domin. 1310/20 beg.	Halberstadt Franz. Chor 1310/20	Magdeburg Lghs. Hochsch. 1300/10
1320	—	—	—	Prenzlau Domin. Chor 1310/20	—	Münster Mart. 1300/30
1330	—	—	—	Soest Min. Lghs. um 1330 Halle 1330/40 voll. Brandenburg Lghs. 1330/40 voll.	Göttingen 1331 Weihe Halberstadt Franz. Lghs. 1330/40	Chorin Lghs. 1334 Weihe
1340	—	—	—	Prenzlau Lghs. 1343 Weihe Trier Min. 1340/50 voll. Angermünde III 1340/50	Hildesheim um 1350 Braunschweig Franz. 3. V. 14	Soest Wiesenk. 1343 Münster Überw. K. um 1350

THÜRINGEN UND SACHSEN

	Saal	Flachgedeckte Basilika	Gewölbte Basilika	Halle	Pseudo-basilikale Halle	Kirchen außerhalb des Ordensverbandes
1230	Eisenach Franz. nach 1227 (Unterk.!) Mühlhausen Franz. 1233?	Eisenach Domin. 1236 (Umbau)	—	—	—	Magdeburg Lghs. Ark. 2. V. 13
1240	—	—	—	—	—	—
1250	Weida I Mitte 13. Jht.	—	—	—	—	—
1260	—	—	(Erfurt Franz. I?)	—	—	Marburg Lghs. 1260/80 Mühlhausen St. Blasien um 1260 beg.?
1270	—	—	—	—	—	—
1280	Jena 1286?	Saalfeld Franz. 4.V. 13	—	—	—	Marburg Portal 1280
1290	Oschatz 2. H. 13?	—	Erfurt Franz. 1291 (Brand)	—	Mühlhausen Domin. 1290/95?	Marburg Mausoleum 1290/1300
1300	Arnstadt Franz. um 1300 Zittau I um 1300 Mühlhausen Franz. 1307 Umbau	—	Erfurt Domin. Chor I. Bauzeit 1290/1300 stetig weitergebaut	—	—	—
1310	—	—	Erfurt Franz. 1316 Chorw. Lghs. beg. Erfurt Dom.	—	—	—

	Saal	Flachgedeckte Basilika	Gewölbte Basilika	Halle	Pseudo-basilikale Halle	Kirchen außerhalb des Ordensverbandes
1320	Zeitz I 2. V. 14	—	Erfurt Domin. Lghs. Ostj. nach 1320 voll.	—	—	—
1330	—	—	—	Pirna Franz. 1330/40 Dresden Franz. 1350 beg.	—	Erfurt Domtriang. um 1330.
1340	Bautzen I Mitte 14 Weida Umbau Mitte 14	—	Erfurt Franz. Lghs. im Bau (um 1360 voll.)	—	—	—
1350	—	—	Erfurt Domin. Westjoche (Fassade 1370)	—	—	—

ANMERKUNGEN, NACHTRÄGE UND LITERATUR

ANMERKUNGEN UND NACHTRÄGE

[1]) Wir wählen hier den Terminus vorromanisch, weil die Stilstufe, die durch das „Zusammenstellen" der Raumteile und durch die Nichtbeziehung der Glieder aufeinander charakterisiert wird, mit dem Zeitalter der Karolinger durchaus nicht sich deckt. Es ist nicht recht einzusehen, warum spätere Bauten, die in dem unnotwendigen und unscharf abgegrenzten Aufbau des Raumes von karolingischer Baukunst sich nicht entfernt haben, — St. Pantaleon in Köln z. B. oder die Krypta des Konstanzer Münsters, wo bezeichnenderweise der Ersatz der Säule durch den quadratischen Pfeiler eingetreten ist (Mitte bzw. Anfang des 11. Jahrhunderts) — dem romanischen Stil nur ihrer zeitlichen Stellung wegen zugezählt werden sollen. Das Vorromanische in unserem Sinn umfaßt demnach die Zeit etwa vom 8. bis zum frühen 11. Jahrhundert, ohne daß Nachläufer ausgeschlossen sind.

[2]) Vgl. Frankl, Entwicklungsphasen der neueren Baukunst. Das dort als viertes genannte Element Zweck bleibt hier unberücksichtigt; ich kann in diesem Punkt aus wesentlichen Gründen, deren Erörterung hier zu weit führen würde, nicht unbedingt mit Frankl zusammengehen.

[3]) Dieses Fortschreiten zu immer stärkerer Bindung in der Architektur des Mittelalters hat m. W. Franz Kugler in einem seiner wundervoll klaren und konzisen Aufsätze (Kleine Schriften III, S. 385ff.) als Erster behandelt.

[4]) Es sei erwähnt, daß Gall (Normännische und niederrheinische Architektur im Zeitalter der Frühgotik. Berlin 1915) anderer Ansicht ist, ohne daß darauf näher eingegangen werden soll.

[5]) Diesen Wegfall der Vierung behandelt Gerstenberg (Deutsche Sondergotik S. 24) als charakteristisch für die späte Gotik.

[6]) Die hier als wesentlich festgestellten Charakteristika, wie die Unterscheidung von style flamboyant und eigentlicher Spätgotik, hat zuletzt Kurt Gerstenberg (Deutsche Sondergotik. München 1913) glänzend aufgewiesen. Sie behalten ihre Gültigkeit auch für denjenigen, der des Verfassers rein einfühlungsmäßige Ausdeutung nicht mitzumachen geneigt ist. Aus dem Titel schon geht hervor, daß Gerstenberg die eigentliche Spätgotik als der deutschen Rasse speziell eigentümlich auffassen möchte. Doch darf die Tatsache, daß der eine Weg in Frankreich, der andere in Deutschland vorzugsweise beschritten wird, nicht zu der Folgerung führen, daß sich hier die Rassen scheiden. Wenn bei diesem ganzen Problem Empirisches überhaupt mit hereingezogen werden darf, so wäre darauf hinzuweisen, daß die beiden Wege in beiden Ländern beschritten werden: daß Deutschland den Weg des style flamboyant gelegentlich auch geht und daß gerade Südfrankreich, — dem germanische Blutbestandteile doch gewiß fremd sind — in den zweischiffigen Dominikanerkirchen von Toulouse, Agen, Tours, aber auch in Albi und anderen Pfarrkirchen geradezu Typen für die zweite Art, die eigentlich spätgotischen Bauten geschaffen hat, deren wesentliches Charakteristikum die Unterteilung des nach außen geschlossenen Raumes ist. Für das Prinzipielle der Frage verweise ich auf Frankls Rezension im Repert. f. KW. 1918.

[7]) Mit der Raumgestaltung der Renaissance hat diese eigentliche Spätgotik nichts zu tun — die Bezeichnung Renaissancegotik erscheint höchst unglücklich gewählt. Sie involviert, daß es sich hier um einen Stil handelt, der von der Gotik zur Renaissance führt, von beiden etwas enthält, zum Teil noch Gotik, zum Teil schon Renaissance ist, — der also beispielsweise noch den Formenapparat der Gotik verwendet, in seiner Raumform aber Elemente der Renaissance aufgenommen hat, oder zum mindesten mit den Gedanken der Renaissance übereingeht. Daß die Morphologie grundsätzlich anderer Art ist, in der Spätgotik nämlich noch mit gotischen Formen arbeitet, wird auch von den Vertretern der Theorie von der Renaissancegotik (Schmarsow, Hamann) zugegeben, — wobei aber geltend gemacht wird, daß das eigentlich Stilistische, das in der Raumgestaltung liege, mit dem Formenapparat nichts zu tun habe. Ein rudimentäres Nachschleppen antiquierter Formen kommt selbstverständlich vor, — Brunelleschi verwendet in der Sakristei von S. Lorenzo und der Pazzi-Kapelle Rippen — aber man muß mit dieser Trennung von Stilistischem und Morphologischem vorsichtig sein: der Formenapparat ist für die architektonische Gestaltung auch des Raumes nicht durchaus

unerheblich: Rippen in einer Renaissancekuppel reißen sie doch auf, wirken uneinheitlich, nicht zusammengedacht mit dem Raum — die rückständige Form hemmt den fortschrittlichen Raum, sich auszuwirken, wie die vorgeschrittene Form den rückständigen Raum im Sinne des Raums, aus dem sie stammt, umgestaltet — das Beispiel bieten die flachgedeckten Basiliken der Bettelorden. Die Form birgt Stilistisches in sich, — sie ist Bazillenträger des fremden Stils, gestaltet den Raum, in dem sie verwendet wird, mit. Wenn also ein Raum nur gotische Formen gebraucht, so müßte sein Raumbild, selbst wenn es rein im Sinne der Renaissance gedacht wäre, wesentlich sich verändern. Es bietet aber auch der Raum der Spätgotik selbst — losgelöst vom Morphologischen, soweit das gedanklich möglich ist — keine Vergleichsmöglichkeiten mit dem der Renaissance.

In dem Wachsen des Gefühls für Raumschönheit gegenüber der nur organischen Schönheit der Gotik (Schmarsow) kann keine Gemeinsamkeit gefunden werden. Es liegt hier die Auffassung zugrunde, daß man Spätgotik und Renaissance als Raumstile auf der einen Seite — bei denen also die Massen dem Raum zuliebe gestaltet werden —, der Gotik als einem organischen Stil — bei dem der Organismus der Glieder das Wesenhafte enthalte — gegenüberstellen könne. Den von Burckhardt in dieser Schärfe aufgestellten Gedankengang hat schon Dehio (Kirchl. Baukunst II, 555ff.) widerlegt und geltend gemacht, daß auch „bei der Entstehung der Gotik das Raumbild das Primäre sei". Nur bleibt auch bei ihm Burckhardts Gedankengang übermächtig: er gibt doch zu, daß in der Gotik der Organismus der Bauglieder eine größere Rolle spiele als in der Renaissance, deren Raumgestaltung von „rein künstlerischen Erwägungen" ausgehe, und fällt damit selbst unter die Herrschaft des von ihm bekämpften Gedankens von der allbeherrschenden Logik der Konstruktion in der Gotik (die nach dem angeführten Zitat nicht von rein künstlerischen Erwägungen ausgeht). Daher ist auch seine Entgegnung an Schmarsow (die Kontroverse wurde 1900 in der Kunstchronik ausgetragen, eine Zusammenfassung bietet die Kirchl. Baukunst II, 361) nicht überzeugend, es liege in der Spätgotik gegenüber der Hochgotik „nicht eine Steigerung des Sinnes für Raumschönheit, sondern ein Sinken des Sinnes für organische Schönheit" vor. Die Spätgotik sei nicht mehr Raumstil, als es schon die hohe Gotik gewesen sei. Der zugrunde liegende Gedanke bleibt aber auch hier, daß die Renaissance mehr Raumstil sei, als die Gotik und Spätgotik ihrerseits, daß also bei der Gotik das Gewicht doch mehr nach der Seite der Körpergestaltung verlegt worden sei, während die Renaissance nur vom Raum ausgehe. Macht man sich aber die gesamte nachchristliche Entwicklung der Architektur Europas klar, so wird evident, daß für sie stets die Raumgestaltung der maßgebende Faktor gewesen ist und daß die Ausgestaltung des Körpers immer nur im Sinne und in der Absicht der Raumbegrenzung in Frage kam. Die Körpergestaltung der Gotik geht ebenso vom Raum aus wie die der Renaissance und die Gegenüberstellung von organischem Stil und Raumstil verliert für Europa ihre Bedeutung. Architektonische Gestaltung bedeutet hier stets die Gestaltung eines Stückes Raum aus dem unendlichen Freiraum, der Körper, der den Raum aus dem Freiraum herausschneidet, ist notwendiges Korrelat der Raumschöpfung: nur das Verhältnis von Freiraum und Binnenraum ist verschieden — der Körper schließt den Binnenraum das eine Mal fest ab, zieht das andere Mal nur eine lockere Grenze, durch die der Freiraum eindringen kann. Das Verhältnis ist stets so, daß der Binnenraum sich bläht und den Körper gleichsam hinausschiebt. In fremden Architekturen kommt auch die Bevorzugung der einen Komponente zugunsten der anderen vor: der griechische Tempel legt alles Gewicht auf die Ausgestaltung des Körpers unter völliger Vernachlässigung des Raumes, die armenischen Bauten arbeiten den Raum in den starren Block des Baukörpers hinein, der keine Gestaltung erfährt. [Hier liegt der tiefste Unterschied des Baugedankens des griechischen Peripteraltempels von dem des Pantheon (Baublock mit eingehöhltem Raum an Stelle des nur aus Körpern bestehenden Baues).]

Für Europa kommen diese Auffassungen vom Raum nicht in Betracht. Hier kann die Frage nicht lauten: „Raumstil oder organischer Stil" — auch wenn die Begriffe im Sinne Dehios abgeschwächt werden und nur die Betonung auf der einen oder anderen Seite des schöpferischen Aktes liegt. Es handelt sich vielmehr darum, wie der Raum, der das Primäre ist, ausgestaltet wird — und von hier aus gesehen beantwortet sich die Frage nach dem Verhältnis von Renaissance und Spätgotik von selbst. Der Raum der Renaissance setzt sich aus einer Vielheit von Raumkuben zusammen, die sich streng gegeneinander abschließen, unterstützt von der frontalen, raumtrennenden Ausbildung des Körpers. Der Raum der Spätgotik ist unterteilt, ist Einheit, entstanden aus der Zusammenziehung der in der Hochgotik noch getrennten Teilräume. Hier umspült der Raum den Körper, der in ihm steht, der Körper selbst läßt eine Verbindung von jedem Raumteil nach dem andern zu, dort schließt er die einzelnen Teilräume gegeneinander ab, — es sei denn in den Basiliken der Frührenaissance, wo die Säule den Raum noch vorbeigleiten läßt, die Renaissance noch nicht klar ausgeprägt ist. Die grundsätzliche Einstellung ist völlig verschieden. Man könnte nur ein Moment anführen, das — scheinbar — der Renaissance und der Spätgotik gemeinsam ist: die Schließung des raumbegrenzenden Körpers gegen den Freiraum. Aber während die Wand der Renaissance, wie die der hohen Romanik starr geschlossen ist, — man beachte die rechtwinklig geschnittenen Fensterleibungen — ist die der Spätgotik elastisch gespannt. Der Freiraum prallt hart in die Winkel, die die vorspringenden Teile des Baukörpers der Renaissance mit dem Hauptkern bilden. Der Baukörper der Spätgotik läßt den Freiraum um sich herumspülen, er ist von innen gleichsam geschwellt, nicht nach außen gehämmert. (In der Spätgotik taucht auch bezeichnenderweise der Schluß aus einem stark gebrochenen Polygon, der bei den Bettelorden wegen der vielen aufreißenden Fenster verpönt gewesen war, wieder auf — er wirkt weicher, setzt sich dem Freiraum weniger schroff entgegen.)

Die Abschließung des Raumes ist in Renaissance und Spätgotik anderer Art; die Gründe liegen darin, daß die Abschließung, die Flächenhaftigkeit, die in der Renaissance aus dem Bestreben erwächst, den Raum (wie seine Teile) zu isolieren, in der Spätgotik aus der stärksten Auflösung der Wand herauswächst, die, zum teppichhaften Überspinnen sich wandelnd, zuletzt zur Schließung führt. Die Ähnlichkeit mit dem abgeschlossenen Raum der Renaissance ist rein äußerlicher Art.

[8]) Bonaventura gibt folgende Zusammenfassung der Bauvorschriften von Narbonne:

Ecclesiae autem nullo modo fiant testutinate, excepta maiori cappella. Campanile ecclesie admodum turris de cetero nusquam fiat. Item fenestre vitree ystoriate vel picturate de cetero nusquam fiant, excepto quod in principali vitrea post maius altare chori haberi possint imagines crucifixi, B. Virginis, B. Johannis, B. Francisci, et B. Antonii tantum. Et si de cetero facte fuerint, amoveantur per visitatores.

[9]) Es sei gleich bemerkt, daß ein Einfluß der italienischen Ordenskirchen auf die deutsche Architektur, wie auch auf die französische und, soweit ich bei dem mir zur Verfügung stehenden Material sehen kann, auch auf die böhmisch-polnische, dänische und spanische Architektur der Orden sich nicht feststellen läßt, Insbesondere kann ein Einfluß von seiten der Mutterkirche des Ordens in Assisi nur ausnahmsweise festgestellt werden (vielleicht in Eisenach-Franziskaner), wie denn dieser Bau auch auf die italienischen Bettelordenskirchen nur geringsten Einfluß geübt hat, vgl. dazu Biebrach und P. B. Kleinschmidt: Die Basilika San Francesco in Assisi. Berlin 1915. San Francesco steht überhaupt außerhalb der eigentlichen Bettelordensarchitektur: es ist ganz ausgesprochen von der Architektur des Anjou abhängig, schon Biebrach (a. a. O.) verweist auf St. Maurice in Angers, es wäre außerdem noch an St. Radegonde in Poitiers und an Notre Dame de la Couture in Le Mans zu erinnern.

[10]) Es folge eine kurze Zusammenstellung der Verhältnisse von Arkadenweite und -höhe in den flachgedeckten süddeutschen Kirchen:

	Arkaden- Weite		Arkaden- Höhe
Regensburg	6,0 m	(1:1,6)	9,40 m
Eßlingen	4,75 m	(1:2,21)	10,50 m
Konstanz	4,0 m	(1:1,77)	6,90 m
Würzburg, Ostjoche	5,40 m	(1:1,9)	10,0 m
Würzburg, Westjoche	6,7 m	(1:1,5)	10,0 m
Rothenburg	5,35 m	(1:1,7)	9,0 m
Freiburg	5,9 m	(1:1,87) :	11,0 m

Die Arkadenweite ist dabei stets von Pfeilermitte zu Pfeilermitte gemessen.

[11]) Es ist dabei anzumerken, daß nach Dehio (Kirchl. Baukunst I, 213) „selbst die Hirsauer Schule sich in Bayern zu Pfeilern bequemt", daß also die Bettelorden nicht die ersten sind, die eine sonst allgemein geübte Baugepflogenheit, die in ihrem Stil wohlbegründet ist, gegen die übermächtige bayrische traditionelle Starrköpfigkeit nicht durchsetzen können.

[12]) Stiehl, Das deutsche Rathaus im Mittelalter, Lpg. 1905, S. 14f. spricht zwar von Ersetzung des Holzwerks 1297, gleich darauf jedoch von Brandspuren am Holz.

[13]) Die Abwandlung des Rippenprofils vom einfachen Wulst über den Birnstab zur Kehle, wie sie die normale Entwicklung der gotischen Architektur vom 12. ins 15. Jahrhundert darbietet, hat Niemeyer, „Der Formenwandel der Spätgotik als das Werden der Renaissance", Diss. Leipzig 1904, freilich mit dem wenig glücklichen Ziel, dieses letzte Hohlkehlprofil als renaissancemäßig darzustellen, sehr anschaulich klargelegt.

[14]) Es ist hier natürlich die ursprüngliche Fassung gemeint, vor dem Umbau durch Bischof Julius Echter v. Mespelbrunn. Vgl. die Baugeschichte der Kirche im 5. Kapitel, S. 65f.

[15]) Es wären hier unter vielem anderen der Tempelgang Mariä von Taddeo Gaddi in der Cap. Baroncelli in Sa. Croce Florenz oder Spinello Aretinos Fresken in der Sakristei von San Miniato zu nennen.

[16]) Es handelt sich bei diesen Ostseekirchen um eine Gruppe von Bauten, die schon Dehio und vor ihm Kugler als zusammengehörig gefaßt haben: ihr hervorstechendstes Merkmal ist die eigentümliche Gestaltung des Kapellenkranzes in der Weise, daß die Kapellen mit den entsprechenden Jochen des Umgangs durch gemeinsame sechsteilige Gewölbe zusammengezogen sind. Nach außen werden die Kapellen durch ein gemeinsames Dach unter Überbrückung der einspringenden Winkel zusammengefaßt. Auch hier tritt also die Absicht heraus, die Teile des Innenraumes zur Einheit zusammenzufassen, gegen den Freiraum aber den Baukörper abzuschließen. Die Seitenschiffe werden gern mit dem Umgang zusammengezogen, das Querhaus fällt also weg, oder es wird zum wenigsten durch Einstellen eines Pfeilers in seine Öffnung entwertet. Die schmalrechteckigen Joche des Mittelschiffs laufen ohne Aufenthalt bis zum Chorschluß durch. Die Pfeiler werden gern achteckig gebildet, nur ihre Kanten durch Rundstäbe aufgelöst. Die Wand schließt sich, die grundsätzliche Verwendung des Backsteins leistet dieser Absicht Vorschub. Die Vorbereitung der Spätgotik, wie in den Kirchen der Bettelorden, wird deutlich.

Zur Herleitung der Gruppe verweist Dehio auf die Städte der französischen und belgischen Küste — Bordeaux, Uzeste, Brügge kommen u. a. in Frage. Daneben rückt wegen des Kapellenmotivs Soissons in den Kreis der Betrachtung, wo freilich das Querhaus stark entwickelt ist. In Deutschland wird die Gruppe eingeleitet durch St. Marien in Lübeck, — das Querhaus fällt weg, man denkt an Bauten in der Art von Mortain (Bull. monumental 1911, S. 313). In dem folgenden Bau (St. Marien-Rostock) ist das Querhaus wieder aufgenommen (Soissons, Noyon), in Doberan und St. Katharinen in Lübeck wird es entwertet, noch später (St. Nicolai-Wismar) als bloßer Anbau neben den Kirchenkörper hingesetzt, so daß es nur für die Außenwirkung Bedeutung hat. Diese in der überlieferten Form zu wahren, ist den späteren Bauten der Gruppe offenbar wichtig.

[17]) In der Kirchl. Baukunst II 282, 315, in der Geschichte der deutschen Kunst S. 18ff. und öfter im Handbuch.

[18]) Auf die Bedeutung des Arkadengesimses hat Rose in seiner „Baukunst der Zisterzienser" eingehend hingewiesen. — Übrigens taucht das Motiv auch im Kreis der Straßburger Hütte (Freiburg, Wimpfen) auf, hier aber mit dem Kämpfer nicht notwendig verknüpft, sondern mit der Sohlbank und nur schwach betont.

[19]) Es sei, ohne daraus auch nur den geringsten „Zusammenhang" ablesen zu wollen, erwähnt, daß auch die Oberkirche von S. Francesco in Assisi dieses abgekantete Rippenprofil verwendet.

[20]) Es gehört zu dem Gedanken der Raumunterteilung, wenn der Lettner in Regensburg (Minoriten) der Teilung des Langhauses in 3 Schiffe nicht folgt, so daß 2 seiner 7 Joche aus den Seitenschiffen ins Mittelschiff hineingreifen, Lettner und Schiffe sich verklammern. In Eßlingen und Ingolstadt ist das vermieden. Es fragt sich freilich, ob dies als unbewußte Lässigkeit im Sinne vorromanischer Gestaltung — es sei dabei auch an die Kapellenanordnung von Sa. Croce-Florenz erinnert — oder als bewußter Verzicht auf rational überschaubare Unterteilung im Sinne der Spätgotik zu deuten sei. Wahrscheinlich liegt hier wieder einer der Fälle vor, wo beide Strömungen in einer Bettelordenskirche sich verklammern. Ein eminent divisives Motiv ist es in jedem Fall, wobei auch in dieser Schicht die Möglichkeit vorromanischer und gotischer Division vorliegt. Vgl. dazu das in der Einleitung auf S. 7f. Gesagte.

[21]) Greischel (Die sächs.-thür. Lettner, Freiburg 1914) hat die beiden romanischen Lettnertypen behandelt, die durch den Lettner des Naumburger Ostchors und den Lettner von Wechselburg vertreten werden, ohne die Gesamtheit der Lettner, außer nach rein äußerlichen Gesichtspunkten (Verbindung mit Chorschranken oder mit Ambo), zu gruppieren.

[22]) Antizipationen spätgotischer Formen finden sich außer in der Johanniskapelle in Straßburg, noch in St. Agatha in Aschaffenburg, in St. Ulrich in Regensburg und in der sog. Krypta von St. Martin in Heiligenstadt (auf die letzte Kirche macht mich Dr. Giesau aufmerksam). Hier herrscht überall nur das abgefaste Profil, das also bloß eine Gotisierung des romanischen Rippenprofils darstellt. Das weiterweisende Hohlkehlprofil findet sich nur in der nördlichen Nebenapsis von Thalwimpfen. Charakteristischerweise verschwindet aber dieser Formenapparat (die abgefaste und die hohlkehlprofilierte Rippe) seit etwa 1270 überall wieder: die Bettelordensarchitektur pflegt ihn, bewahrt ihn auf, bis die Architektur im allgemeinen reif genug geworden ist.

[23]) Vgl. Gerstenberg a. a. O. S. 93f.

[24]) Vgl. dazu Giesau, Eine deutsche Bauhütte aus der ersten Hälfte des 13. Jahrhunderts, Halle 1912, S. 85/86. 1252—1266 werden Ablässe erteilt, die sich auf die ersten Teile des unter Reimser Einfluß stehenden Langhauses beziehen dürften.

[25]) Zu der Konstruktion der westfälischen Gewölbe vgl. Kömstedt, „Die Entwicklung des Gewölbebaues in Westfalen", Straßburg 1913.

[26]) Von kleinen Bauten halbprofaner Natur wird schon im 13. Jahrhundert gelegentlich das Walmdach verwendet. Für die Frauensynagoge in Worms erscheint es 1213 gesichert. Bei großen Bauten kommt es erst im 14. Jahrhundert vor — eines der ältesten Beispiele bietet ein älterer Zustand von St. Severi in Erfurt. Vgl. die Dissertation von Günther Rudolph-Leipzig. (In Vorbereitung.)

[27]) Vgl. Gerstenberg a. a. O. S. 47f.

[28]) Die Formulierung für diese der Spätgotik eigentümliche Gestaltung des zweischiffigen Raumes stammt von Frankl, m. W. aus einer Führung in der Augsburger Dominikanerkirche im S. S. 1920.

[29]) Vollständige oder doch nahezu vollständige Aufzählungen sämtlicher deutscher Bettelordenskirchen finden sich bei O. Döring, Deutschlands mittelalterliche Kunstdenkmäler als Geschichtsquelle und bei R. Abraham, Die St. Trinitatiskirche in Danzig, Diss. Danzig 1910 (hier nur Franziskanerkirchen).

[30]) Heute umgebaut zum Speisesaal des Inselhotels. — Die Angabe bei Scheerer und Dehio (Handbuch III, 1908) „mit Nebenchören" ist irrig. Es handelt sich bei den Bauteilen, die den Chor begleiten, offenbar um Sakristeien, wie ihre geringe Höhe und die Schließung der Ostwand der Seitenschiffe beweist.

[31]) Abb. siehe u. a. bei Ilse Hindenberg, Bischof Benno II. von Osnabrück, Heitz u. Mündel 1922.

[32]) Ein ähnlicher Fall von Beeinflussung einer frühen Bettelordenskirche durch einen bedeutenden Bau von großer lokaler Wirkung liegt in der Predigerkirche in Basel vor; sie ist in ihren ältesten Teilen durchaus romanisch, gehört in die Schule des Münsters, nicht in den Kreis der Bettelordensarchitektur. Die Pfeiler sind quadratisch, mit Hohlkehlkämpfer, die Scheidbogen rechtwinklig, in den Schildbogen stehen Okuli. Die Gewölbe stammen, ebenso wie das Langhaus und das Chorpolygon, aus dem 14. Jahrhundert. (Abb. bei Riggenbach-Burckhardt, Mitt. d. Ges. für vaterl. Altertümer in Basel, 1855.)

[33]) Walderdorff a. a. O. spricht davon, daß (nach 1904) die Obergadenfenster kein Maßwerk hätten. Zu der auffallenden Diskrepanz zwischen dem Maßwerk und dem übrigen Formenapparat des Langhauses würde das gut stimmen.

[34]) Dr. Graf, der die bayrischen Kirchen der Bettelorden in seiner Arbeit „Altbayrische Frühgotik" behandelt hat, datiert die Regensburger Minoritenkirche erst ins 14. Jahrhundert; wie er mir in einem Briefe mitzuteilen die Freundlichkeit hatte, in erster Linie auf Grund des entwickelten Birnstabprofils, welches das Portal der Westfassade umgibt. Die romanischen Formen eben dieses Portals würden seiner Ansicht nach in dem rückständigen bayrischen Gebiet nicht dagegen sprechen. Ich kann mich dieser Auffassung nicht anschließen: das Profil ist um 1270 durchaus möglich, besonders, wenn man die entwickelten Formen des wenig später begonnenen Erdgeschosses des Domchors vergleicht. Übrigens ist gerade die Kehle mit Ablauf, die zu innerst im Gewände des Portals auftritt, eine typisch spätromanische Form.

Vielleicht löst sich die ganze Schwierigkeit bei der Annahme, daß die Kapelle ein kleines Oratorium ist, das die Brüder nach Niederlegung der vorhergehenden Kirche St. Salvator hier errichteten, daß sie aber verhältnismäßig bald nach seiner Vollendung den Bau der Kirche von Westen her — mit dem Portal — in Angriff nahmen. Der Birnstab könnte erst nachträglich ausgehauen sein.

[35]) Die Rekonstruktion der Kirche ist durch Renner erfolgt (vgl. Lit.-Verz.), durch zahlreiche Abbildungen, vor allem nach alten Aufnahmen und Plänen, belegt. Zweifelhaft erscheint nur Renners Datierung — er möchte den Baubeginn auf 1246, die Vollendung, auch des Chores, auf 1275 setzen. Ein Vergleich mit der Dominikanerkirche führt ungefähr in die richtige Zeit.

[36]) Für das Verhältnis der Franziskanerkirche in Eßlingen zur Dominikanerkirche muß, abgesehen von der Form der Rundpfeiler, die bei einer Flachdeckbasilika weniger ins Gewicht fällt, auf das Scheidbogenprofil, das völlig identisch ist, verwiesen werden. Auch die Kapitellform war nach den Angaben Heideloffs und den Bauzeichnungen von 1840 offenbar gleich. Die Portale der Franziskanerkirche in der Westfassade und das Lettner-Portal sind eine Weiterentwicklung des kleinen Portals in der Westhälfte des nördlichen Seitenschiffs der Dominikanerkirche: die Nasen haben sich von dem rahmenden Spitzbogen gelöst, schweben frei über der Portalöffnung (vgl. Regensburg, Dominikanerkirche, Nordportal). Das Fenstermaßwerk der Franziskanerkirche geht mit der Verwendung von Nasen weit über das der Dominikanerkirche hinaus.

[37]) Das Material für Worms ist bei Kranzbühler, Verschwundene Wormser Bauten, Worms 1905, zusammengestellt und durchgesprochen.

[38]) Der Liebenswürdigkeit des Herrn Baurat Wächter (Ulmer M. B.-Hütte) verdanke ich die Übermittlung einer Pause der einschlägigen Stadtpläne und eines Grundrisses.

[39]) Abgebildet in Bau- und Kunstdenkmäler Bayern, Stadt Würzburg.

[40]) Die Bauuntersuchungen sowie das Urkundenmaterial für diese Gruppe finden sich bei Graf (a. a. O.). Das Regensburger Urkundenmaterial auch bei Waldersdorff. Bei Graf auch einzelne (zeichnerische) Abbildungen.

[41]) Auch die Franziskanerkirche in Nürnberg (heute völlig verbaut — Bayrische Diskontobank — das Langhaus abgerissen), obwohl außerhalb des eigentlichen bayrischen Gebietes liegend, gehört hierher. Der bayrische Einfluß ist hier um so auffälliger, als die Gegend sonst durchaus von Schwaben bzw. dem Elsaß (St. Lorenz) abhängig ist. Die Kirche war flachgedeckt, mit quadratischen Pfeilern, die Arkaden nicht abgefast, die Seitenschiffe, wenn die Abbildungen nicht trügen, mit offenem Sparrenfach; der gewölbte Chor stammte wohl erst aus dem frühen 14. Jahrhundert. Mit einiger Sicherheit läßt sich das Fenster der Westfassade auf das 2. Viertel des 14. Jahrhunderts datieren. Vielleicht läßt sich hier ausnahmsweise die ungewöhnliche Erscheinung des landfremden Einflusses durch die Zugehörigkeit zur gleichen Ordenskustodie erklären.

[42]) Bullen v. 27. IV., 18. V., 21. VII. 1250 (Eubel a. a. O.).

Das Chorgewölbe ist anscheinend etwas später eingezogen; die südliche Konsole des Triumphbogens kommt mit der Arkadenfassung in Konflikt. Ihr Profil, stark gewellt, wie das der Rippenkonsolen, muß aber noch aus dem 3. Viertel des 13. Jahrhunderts stammen. Dafür spricht auch die Konstruktion der Gewölbe mit geringem Stich.

Der Bauvorgang, der von Osten nach Westen fortschreitet und mit den westlichen Jochen der Südseite schließt, läßt sich an der Entwicklung der Einzelformen verfolgen: die Basen der Rundpfeiler werden nach Westen zu etwas flacher gekehlt, schließen an ihrem oberen Rand mit einer kleinen Schräge, statt horizontal an den Schaft. Das Maßwerk, von dem am Chor freilich nur Reste vorhanden sind, bekommt an der Westfassade größere Leichtigkeit, wird stärker durchbrochen, um in den Südjochen mit hohlgekehltem Gewände und ebensolchen Pfosten, mit durchaus hochgotischen Formen also, zu schließen (der rundblättrige Sechspaß in diesen Fenstern ist neu). Auch das Dachgesims, das an den Seitenschiffen einfach hohlgekehlt war (es wurde bei dem Umbau von 1614 nach oben versetzt), bekommt am Chor und am Hochschiff (unter Dach sichtbar) ein Profil aus Birnstäben und Kehlen.

Die im Bayrischen Nationalmuseum stehenden beiden spätromanischen Säulen, die angeblich aus dem Kreuzgang des Franziskanerklosters stammen, müßten einem Kreuzgang angehören, der schon im späten 13. Jahrhundert durch den jetzigen ersetzt wurde.

[43]) Beweisend für das Notdach sind die Konsolen in halber Mittelschiffshöhe. Ein analoges Auskunftsmittel wurde für den Zwischenzustand des Halberstädter Doms verwendet.

[44]) Heideloff zeichnet (Mittelalt. Baudenkm. Schwabens) eine 2 Joche umfassende nördliche Abseite, wie auch Dehio in der „Kirchlichen Baukunst". Die verbindende Tür ist in beiden Fällen erst im östlichen Joch eingetragen. Vielleicht ist der westliche Teil der Mauer erst im 19. Jahrhundert abgetragen worden. Ich habe bei der Untersuchung des Baues vergessen, darauf zu achten.

[45]) Diese burgundischen Einflüsse in Freiburg sind m. W. zuerst von Dr. Noack-Freiburg festgestellt, ohne daß ich mich erinnern könnte, wo veröffentlicht.

[46]) Die Urkunde (Eßl. Urk. Bch. Nr. 104) nennt sämtliche 6 Altäre als geweiht — am 29. IV., 8. IX., 9. IX. 1268.

[47]) Durch diese Tatsache, daß nämlich die Eßlinger Dominikanerkirche mit ihren Gewölben vor den datierbaren flachgedeckten Basiliken der Bettelorden liegt, scheint auch Dehio stutzig geworden zu sein, so daß er in seiner „Deutschen Kunst" (II, S. 49) die im Handbuch 1907 und 1920 gegebene bestimmte Datierung auf 1233 zugunsten der These aufgibt, es sei bei der Altarweihe 1268 der „Chor eben erst begonnen" gewesen. Im Abbildungsband gibt er 1240/60 an.

[48]) Abbildung des Grundsteins von Straßburg im Bull. de la Société pour la conserv. des monuments historiques de l'Alsace. 1876. Dort auch Abbildungen der Einzelformen der Kirche.

[49]) Dehio setzt im Handbuch IV, 1911, die Johanniskapelle 1 bis $1^1/_2$ Jahrzehnte vor den Engelspfeiler (also 1230) im „Straßburger Münster" (1922) gegen 1250.

[50]) Von Graf a. a. O. behandelt, dort auch das Urk.-Material.

[51]) Zum Zusammenhang von St. Emmeram und Bamberg vgl. Hamann, Südfranzösische Protorenaissance, Marburg 1922.

[52]) Den ersten Zustand bezeichnet das primitive Knospenkapitell neben dem südlichen Ansatz des Triumphbogens. Die Rippen sollten hier etwas tiefer anfangen als im Chor. Dieses Projekt dürfte dem Chorbau etwa gleichzeitig sein. Es folgt der zweite Plan wenig später: an den breiten Triumphbogen mit seitlichen Kehlen und mittlerem Kehlenansatz, der mit Sternblüten ausgesetzt ist (vgl. u. a. Weinsberg-Chor 1240), schließen sich, im Süden eine menschenköpfige, im Norden eine hundsköpfige Konsole mit dem Ansatz einer abgefasten Rippe an (beiderseits im Verband). Das Knospenkapitell des ersten Planes erhält einen hohen Aufsatz, welcher der Konsole des zweiten Planes als Auflager dient. Die dritte Bauperiode erst setzt den neuen Triumphbogen auf diesen Aufsatz — an der Nordwand auf eine rechteckige, stark profilierte Konsole, so daß der Scheitel im Seitenschiff wesentlich höher zu liegen kommt, als in der Abseite. Diese neue Proportionierung der Seitenschiffe entscheidet für den Gesamteindruck. Sie könnte eine etwas längere Bauunterbrechung bezeichnen. In diesem Zustand sitzt die Rippe an der Nordwand auf einer kleinen pyramidenförmigen Konsole, die in ihrem Formcharakter der des Gurtbogens entspricht. Wie die Rippe im Süden ansetzt, läßt sich nicht mehr erkennen. Der Arkadenbogen, etwas breiter als der jetzige, sollte über einem Kämpfergesims mit nicht mehr frühem Profil beginnen. Erst später ummantelt man dann den Ansatz der Rippe in Form einer abgefasten Pfeilerecke, gibt dem Scheidbogen das heutige Profil, — entscheidet sich also für die Form des Langhauses, die wirklich ausgeführt wurde. — Der Südchor könnte etwas später sein als der Nordchor.

[53]) Es fällt auf, daß die Strebepfeiler der Hochwand am Dachansatz des Seitenschiffes abbrechen, unter Dach also weder von Strebebogen noch von Strebemauern (wie in Eßlingen und Straßburg) aufgenommen werden. Konstruktiv hat der Strebepfeiler also nur noch den Sinn, die Hochwand an der betreffenden Stelle zu verstärken. Von einer Ableitung des Schubes kann nicht mehr die Rede sein.

[54]) Diese drei Bauabschnitte, Chor, Ostjoche und Westjoche des Langhauses hat, wie ich nachträglich bemerke, mit einer geringen Abweichung schon Hager (bei Aufleger, Regensburg und seine Bauten) festgelegt.

[55]) Die hängenden Nasenbogen des Portals sprechen durchaus nicht gegen diese zeitliche Ansetzung; sie erinnern an die um 1300 (mit dem Chor gleichzeitig) entstandene Sediliennische der Predigerkirche in Erfurt.

[56]) Es scheint, daß die Mainzer Dominikanerkirche zum wenigsten in einem ihrer Zustände — die Kirche ist offenbar mehrere Male umgebaut worden — dem Typ der gewöbten Basilika angehört hat. Der Bau ist heute zerstört. Das Werk von Friedrich Schneider, Mittelalterliche Ordensbauten in Mainz, Die Kirchen der Dominikaner und Karmeliten, Mainz 1879, konnte ich mir leider nicht beschaffen.

[57]) Das Bayrische Inventar (Würzburg-Stadt) setzt den Chor der Würzburger Dominikanerkirche früher als das Langhaus nach 1274. Der Baubefund läßt dies zweifelhaft erscheinen. Der alte West-Strebepfeiler des Chors hebt sich aus der jetzigen Langhaus-Ostwand (1746) heraus. So ist anzunehmen, daß der Chor dem Langhaus nachträglich angestoßen wurde: wäre das Umgekehrte der Fall gewesen, d. h. hätte zuerst der Chor gestanden, so hätte man den Triumphbogen seitlich nicht durch Strebepfeiler gestützt, sondern durch die Ostwand des Langhauses, das ja doch von Anfang an im Plane liegen mußte. Die Abbildung bei Merian, nach der das Langhaus auffallend niedrig war, stützt diese Feststellung: es ist unwahrscheinlich, daß man dem hohen Chor später das unbedeutende Langhaus angeschoben haben sollte. Die umgekehrte Annahme, die sich daraus erklären würde, daß die erste Planung des Ordens eben noch unbedeutend war, erst später die Geldmittel zu einem großen Chor reichlicher flossen, ist wesentlich wahrscheinlicher: die alte Langhausmauer war zu schwach, um den Triumphbogen abzustützen; deshalb konnte der Chor nicht eingebaut werden.

[58]) Zur Datierung des Chors in Frankfurt vgl. auch den der Kölner Minoritenkirche (1245/48 beg.) cf. S. 84.

[59]) Eine (leider nur zeichnerische) Abbildung der fraglichen Teile in Ramersdorf bei Dehio, Gesch. d. deutschen Kunst I, 133.

[60]) Im westlichen und südlichen Böhmen spielte die Halle schon im letzten Drittel des 13. Jahrhunderts auch in der Bettelordensarchitektur eine große Rolle: maßgebend ist hier wohl der Anschluß an die aus dem 12. Jahrhundert überkommene bayrisch-böhmische Hallengruppe; die kreuzförmigen bzw. quadratischen Pfeiler, die Ornamentik (Knospen- und Rankenkapitelle) weisen dorthin. Der Bettelordensarchitektur ent-

spricht nur der Grundriß ohne Querhaus und mit langgestrecktem, polygonal geschlossenen Chor. Beispiele in Eger (um 1280) und Iglau.

[61]) Herr Werner Groß, der eine Spezialarbeit über die Bettelordensarchitektur in Schwaben und Baden vorbereitet, ist so freundlich, mir einiges aus seinen Ergebnissen über Schwäbisch-Gmünd zur Verfügung zu stellen: darnach wäre der Bau nach 1220 unter dem Einfluß der Johanneskirche in Gmünd begonnen und wurde dann seit etwa 1230 unter spätem Maulbronner Einfluß weitergeführt. Die Vollendung fiele in die vierziger Jahre.

[62]) Für die rheinischen Ordenskirchen einzelne Bemerkungen und Zeichnungen bei Kugler (Lit. V. 79a.)

[63]) Die im Mittelrheinischen Urkundenbuch (Goertz-Eltester) III, unter Nr. 828, 846 und 1483 veröffentlichten Urkunden fügen sich in die Baugeschichte ein: 1245 ist von der Erbauung der Kirche die Rede, 1246 von einer Wiedererbauung der durch Brand zerstörten Kirche: vielleicht erklärt sich durch diesen Brand (wenn er wirklich 1245/46 stattfand und die Urkunde von 1245 den Brand nicht nur verschweigt) die Unterbrechung des Baues der Basilika mit flachgedecktem Mittelschiff und der Übergang zum Gewölbebau in den Ostjochen. 1269 wird von einer bevorstehenden Weihe gesprochen.

[64]) Die fraglichen Teile dürften kaum vor 1340 liegen. — Die Datierung des Inventars — 1318 vollendet — stimmt sicher nicht.

[65]) K. Wilhelm-Kästner, St. Elisabeth in Marburg, Diss. Marburg 1921 im zweiten Abschnitt, wo die westfälischen Hallen in einem Exkurs behandelt sind.

[66]) Sicher nicht 1314, wie Kömstedt annimmt: vgl. die über Eck gestellten Pfeilersockel und den Wegfall der Kämpfer.

[67]) Sämtliche auf die Bettelordenskirchen Westfalens bezüglichen Urkunden finden sich im Westf. Urk.-Buch, Münster 1874/94. Für Höxter lautet der Ausdruck in dem Ablaß vom 23. VIII. 1281 „construitur a fundamentis".

[68]) Schenkungen von Grundstücken erfolgen 1284 und 1308. Eine „Ecclesia fratrum minorum" wird 1307 beiläufig genannt. (Urk.-Buch d. Stadt Halberstadt 190, 321, 324.)

[69]) Von den niedersächsischen pseudo-basilikalen Hallen gehen offenbar die dänischen Bettelordenskirchen aus. Sie sind von Vilhelm Lorenzen, De Danske Franziscaner Klostres bygnings-historie ,Kjöbnhavn 1914 behandelt und aufs Ausführlichste aufgenommen worden. Als Vertreter der Gruppe ist mir durch Augenschein nur die Kirche in Kiel bekannt. Eigentümlich erscheint das Aussparen von Blendnischen in den Schildbögen über den Arkadenscheiteln, in die dann noch blinde Fenster eingelassen sind. Der Gewölbeansatz liegt auffallend niedrig zwischen den Arkadenbogen, die Gewölbe sitzen auf einer segmentbogigen Rücklage mit vorgelegtem halbrunden Konsoldienst, wohl einem mißverstandenen Dienstbündel. Die Kirchen in Dänemark weichen wenig ab.

[70]) Einzelne der Konsolen im W. des Langhauses dürften doch wohl erst aus dem 16. Jahrhundert stammen. Im übrigen aber hat der Kardinal bei dem vielbesprochenen Umbau von 1521 nur die Giebel errichtet und das Dach verändert — dazu im Innern Emporen und Portale eingebaut und die Seitenschiffsgewölbe erneuert. (Die jetzigen Emporen entstammen natürlich erst dem 17. Jahrhundert, wo das Dach seine jetzige Form erhielt.) Vgl. schon Hildebrand und Sauerlandt a. a. O.

[71]) Das Maßwerk der Hallenser Dominikanerkirche läßt Beziehungen zu den ungefähr gleichzeitigen Teilen des Magdeburger Doms erkennen: der Grundgedanke ist der gleiche: drei Kreise sind pyramidal über der dreifachen Unterteilung der Fenster angeordnet; nur scheint in Magdeburg die Form insofern weiter entwickelt, als an Stelle der tragenden Spitzbogen Nasen treten. Mit dieser Anordnung geht Magdeburg auf das Chorpolygon von Chorin zurück — zurück deshalb, weil (nach den Zeichnungen Adlers) dort noch Rundstäbe vorgelegt waren. Am Langhaus von Chorin (Weihe 1334) werden die Formen spitzer und die Rundstäbe fehlen. Das Magdeburger Maßwerk würde sich demnach zwischen den dortigen Chor und das Langhaus einschieben.

Es erscheint für die nähere Fixierung wesentlich, daß die Magdeburger Hochschiffsfenster durchweg die in Halle erst in den jüngeren Teilen (3. Bauzeit) auftretende Eigentümlichkeit zeigen, daß der mittlere Spitzbogen in Form eines Eselsrückens zwischen die beiden unteren Kreise hereingezogen ist. Das Maßwerk von Magdeburg zum wenigsten scheint also jünger zu sein als Halle.

Die Schwierigkeit liegt nun darin, daß auf der anderen Seite das Laubwerk der ältesten Hallenser Teile (Chor und östliche Seitenschiffsjoche im Süden) mit den jüngeren Teilen des Magdeburger Hochschiffs (1. bis 3. Dienst der Nordseite von Westen) überein geht: es treten in beiden Fällen „Blumenkapitelle" auf, eine Form, die entstanden ist aus dem Fleischigwerden des Blattbüschelkapitells (der letztere Ausdruck ist auch von Hamann [„Magdeburger Dom"] gebraucht worden). Das Magdeburger Hochschiff läßt die Entwicklung vom Knospenkapitell mit Knollenendigung (Vierungspfeiler) zum Blattbüschelkapitell, an dem die Knolle sich in ein Blattbüschel auflöst, der Stengel feiner sich spaltet, und schließlich zum Blumenkapitell, an dem das Büschel zum Blumenkelch sich schließt, schön verfolgen. —— Da nun für die Form des Blattbüschelkapitells die Zeit um die Jahrhundertwende in Frage kommt (Beispiele u. a. am Marburger Mausoleum 1290) und die Magdeburger Blumenkapitelle aus den Blattbüscheln unmittelbar erwachsen, da außerdem schon die Kapitelle der Hochschiffdienste am Turmjoch, die den Blumenkapitellen folgen, das zerknitterte Laubwerk der Zeit um 1330 tragen (Beispiele: Predigerkirche Erfurt — Westjoche, Domtriangel Inneres), muß die Form des Blumenkapitells in Magdeburg vor Halle, aber in beiden Fällen zwischen 1310/20 liegen. Das Magdeburger Maßwerk, das offenbar später ist als das der östlichen Teile in Halle, mag nachträglich eingesetzt sein.

[72]) Müller (Die Kirchen und Klosterbauten der Dominikanernation Brandenburg, Charlottenb. Diss. 1915) möchte den Ausbau des Chors von Neu-Ruppin erst ins späte 14. Jahrhundert setzen, das Langhaus dagegen ins 13. So weit können diese beiden Bauteile nicht auseinanderliegen: das Langhaus mag etwas früher sein, als die karniesförmigen Kapitelle hier, gegenüber den Kelchkapitellen dort und die Abwandlung des Profils des Hauptgesimses wahrscheinlich machen. Aber die Knospenkapitelle des Chorpolygons, die Knaufkonsolen des Vorchors, die runden Sockel der Fensterdienste gehören noch ins 13. Jahrhundert, und die Besetzung des Fenstermaßwerks mit Rundpfosten, die Kelchkapitelle tragen, schiebt Chor und Langhaus nahe zusammen. Noch nicht einmal ein Abstand von etwa 30 Jahren, den das Inventar anzunehmen scheint, ist begründet. Auch der Schluß in 7 Seiten des Zwölfecks ist eine frühe Form.

Schwierigkeiten bietet die Datierung der beiden Bauteile hinsichtlich des Gewölbes: die Glieder des Gewölbes haben im Langhaus die frühere Form — Gurten stärker als Rippen, die Konstruktion ist im Chor unentwickelter — mit rundbogigen Diagonalbogen, die Quergurten in flachem Spitzbogen, während im Langhaus alle Linien im Spitzbogen geführt sind. Die Seitenschiffsgewölbe haben fallenden Scheitel. An sich müßte man nach der Konstruktion datieren, da diese als eine Entwicklung technischer Art im eigentlichen Sinne Entwicklung ist, also geradlinig verläuft und die entwickelte Form auch notwendig die spätere sein müßte (während die Entwicklung künstlerischer Art nicht notwendig geradlinig vor sich gehen muß). Doch sprechen hier zu viele Momente für die Priorität des Langhauses, nicht zuletzt die Geschichte des Bauwerks: ein Chor war ja in dem alten Saalbau schon vorhanden: man wird also zuerst bedacht sein, ein Langhaus anzubauen. Sicher aber folgen sich die beiden Bauvornahmen rasch.

[73]) Das inschriftliche Datum von Prenzlau (1275) kann sich nicht auf die jetzige Kirche beziehen, für sie gilt vielmehr das Weihedatum 1343 und da die Ostteile von den Westteilen im Formenapparat nicht allzuweit sich entfernen, ist eine Bauzeit von fast 70 Jahren ausgeschlossen.

[74]) Brandenburg, Prenzlau, Frankfurt a. d. Oder und Angermünde III stellen sich hinsichtlich des Formenapparates in einen Kreis märkischer Bauten ein, der Beziehungen zu Chorin auf der einen Seite, zu Magdeburg auf der anderen Seite aufweist. Auf Zusammenhänge zwischen Magdeburg und Prenzlau hat schon Hamann (Magdeburger Dom S. 118 Anm.) hingewiesen: das Portal könnte von Magdeburg hergeleitet sein; die von Hamann angezogene Maßwerkform (die Scheitel der beiden unterteilten Spitzbogen durch einen Nasenbogen verbunden) kommt zwar am Magdeburger Hochchor, aber nicht in der Prenzlauer Dominikanerkirche vor. Magdeburg selbst steht aber gar nicht unmittelbar im Zentrum der Bewegung: es ist selbst von Chorin abhängig, strahlt dann freilich wieder zurück. Am Chorpolygon von Chorin tauchen eine Anzahl von französisch-rheinischen Maßwerkformen auf (der Weg nach der Mark geht dabei offenbar von Amiens über Köln und Minden nach Chorin), die nach Magdeburg (Langhaus) und den märkischen Bettelordenskirchen übertragen und dort (durch den Wegfall der vorgelegten Rundstäbe) weiterentwickelt werden. (Für den späten Ansatz des Choriner Chorpolygons auf ungefähr 1300 sprechen u. a. die polygonalen Sockel der Dienste, die hier an Stelle der im Querhause durchweg verwendeten runden auftreten. Noch Neu-Ruppin (Langhaus um 1290) verwendet durchweg die runden Sockel. Das für Chorin überlieferte Datum des Baubeginns, 1273, mag auf das Querhaus zutreffen). Andererseits findet sich das beschriebene Maßwerk des Magdeburger Hochchors (1330?) im Langhaus von Chorin (1334), dort deshalb später, weil die in Magdeburg ins Gewände eingestellten Dienste (ein seiner Vielteiligkeit wegen frühes Motiv) fehlen. Auf Beziehungen zwischen Magdeburg und den Westjochen der Dominikanerkirche in Brandenburg im Maßwerk mag hingewiesen werden.

[75]) Flachdecke kann nach der Beobachtung des Inventars, daß die Zwickel zwischen den Gewölben unter Dach nie verputzt waren, nicht vorhanden gewesen sein. Der Ansatz der jetzigen Gewölbe auf ca. 1250, den die Verfasser des Inventars annehmen, ist wegen der starken Busung der Kappen und wegen des weichen rundlich verzogenen Rippenprofils, in dem der einzelne Teil sich nicht mehr heraushebt, ausgeschlossen.

[76]) Für dies Kapitel dient die Untersuchung von Scheerer, Die Kirchen und Klöster der Dominikaner und Franziskaner in Thüringen, in den Einzeluntersuchungen meist verläßlich, als Grundlage. Dort auch Angaben über das Urkundenmaterial.

[77]) Dehios Angaben im Handbuch I, 1914: „Achteckige Pfeiler, Fenster des Obergadens mit Maßwerk des 14. Jahrhunderts" müssen auf einer Verwechslung beruhen.

Das nördliche Seitenschiff der Kirche ist jetzt abgetragen, seine Flachdecke wird gesichert durch einen Absatz über den Scheiteln der Arkaden.

[78]) Von den überlieferten Daten — 1238 für den Baubeginn, 1279 für die Stiftung des Altars „St. Jakobs vor dem Chor" (nach Zacke, Totenbuch des Predigerklosters in E.) — könnte höchstens die zweite mit dem jetzigen Bau in einigen Zusammenhang (Grundsteinlegung?) gebracht werden. Beweisend ist auch dies letzte Datum für die Fertigstellung des Chors schon deshalb nicht, weil der Altar, von dessen Stiftung das Totenbuch um 1580 spricht, ursprünglich dem Hl. Jakob nicht geweiht sein kann; seine Reliquie kam, ebenfalls nach Ausweis des Totenbuches, erst 1356 nach Erfurt. Der Brand von 1291 mag einen schon bestehenden Bau zerstört oder zum wenigsten den begonnenen Bau unterbrochen haben.

[79]) Die Sediliennische an der Südseite des Chors mit ihren freihängenden Nasenbogen scheint diesem Ansatz zu widersprechen. An sich würde man geneigt sein, sie später zu setzen. Doch steht sie völlig im Verband der Dienste — Basen und Sitzbank sind aus einem Stück gearbeitet — und den Chor später zu setzen, geht nicht an. Die Veränderung, die das Laubwerk nach 1320 durchmacht, ist zu charakteristisch. So wird man hier die freihängenden Nasenbogen als besonders frühen Fall verzeichnen.

Das Maßwerk der Fenster mag in der Tat erst nach Vollendung des Chors eingesetzt worden sein. Seine Formen gehen eng mit den am Triangel auftretenden zusammen.

[80]) Unerklärt bleibt vorläufig eine Mauer, die sich ohne Anschluß an beide Hochwände zwischen dem 5. und 6. Joch über den Gewölben hinzieht. Sollte man ursprünglich nur bis hierhin haben wölben und dann mit Flachdecke fortfahren wollen?

[81]) Diese späte Datierung hat auf Grund der Tracht bei den Konsolfigürchen der Leibung zuerst Dr. Passarge-Erfurt gegeben. Nach ihm und Dr. Herbert Kunze-Erfurt sind auch die Maria und der Johannes aus dem Tympanon der Predigerkirche nicht vor 1370 einzureihen. Mir selbst wäre freilich wegen gewisser Laubwerkformen, zu denen sich Parallelen in St. Lorenz-Nürnberg finden, eine Datierung nach 1370 nicht sehr einleuchtend.

[82]) Christian Altenburg, Topographische Beschreibung der Stadt Mühlhausen in Thüringen, Mühlhausen 1824.

[83]) Zeichnungen der Dresdener Kirche vor dem neugotischen Umbau, von Arnold aufgenommen, befinden sich auf der Dresdener Stadtbibliothek (Neues Rathaus). Robert Bruck, Die Sophienkirche in Dresden, hat sie zum Teil abgebildet.

[84]) Im Jahre 1838 stürzte die Nordseite der Kirche in den 3 Ostjochen ein, sie wurde dann wieder aufgebaut, und zwar mit den Pfeilern von längsoblongem, achtseitig abgeschrägtem Grundriß. Nun wären nach einer Notiz von Kruspe (in der Bibliothek des Erfurter Städt. Museums) die südlichen Pfeiler, um sie den nördlichen anzugleichen, ummantelt worden, sie wären demnach früher, den westlichen entsprechend, kreuzförmig mit acht Diensten gewesen. Diese Ansicht, daß die Pfeiler ursprünglich den westlichen geglichen hätten, teilt auch Scheerer — er nimmt an, die östliche Hälfte des östlichen Pfeilers der Südreihe sei ganz neu, die übrigen Pfeiler der Südreihe seien ummantelt. Dagegen spricht nun, daß Hartung (Häuserchronik der Stadt Erfurt, E. 1878) ausdrücklich erzählt, daß „der Gleichmäßigkeit halber jene zusammengebrochenen den gegenüberstehenden älteren Pfeilern gleich gebaut werden" mußten (S. 330 a. a. O.). Freilich schreibt Hartung erst 40 Jahre nach dem Einsturz. Bestätigt wird er aber durch den Baubefund: der Pfeileransatz am Chorbeginn ist neu, ebenso die östliche Hälfte des mittleren Pfeilers; beim 4. und 5. Pfeiler aber läßt sich deutlich je eine Baufuge feststellen, die, senkrecht verlaufend, auch den Kämpfer noch teilt. Die östliche Hälfte des 5. und die westliche Hälfte des 4. Pfeilers sind sicher neu, wie sich aus der Scharrierung des Steins ergibt: die westliche Hälfte des 5. Pfeilers und die östliche des 4. sind alt. Die Scharrierung ist die ungleich-

mäßige des Mittelalters, der Stein ist verwittert und abgenutzt, ebenso wie der Stein des Scheidbogens. Die 5. Arkade ist also in ihrer heutigen Gestalt bestimmt alt.

Dieser Befund wird schließlich bestätigt durch einen Plan von Pabst aus dem Jahre 1829 (aufbewahrt im Pfarrhaus): hier sind die Bündelpfeiler als gleichseitige, die andern als längsoblonge Achtecke verzeichnet; diese letzte Form ist für die 4. und 5. Arkade angegeben. In der östlichen waren demnach Bündelpfeiler; das wird auch aus der Lithographie Püttrichs ersichtlich. Die Vorlagen am östlichen Halbpfeiler waren abgekragt.

Unter Dach hat Prof. Frankl, worauf er mich aufmerksam machte, die Anfänge von Strebebogen im Süden festgestellt. Sie sind nie ausgeführt worden.

85) Die Bestimmung der verwendeten Gewölbekonstruktion verdanke ich Prof. Frankl.

86) Dies hat schon Scheerer a. a. O. vermutet.

87) Hamann hat in den Übungen des S.-S. 21 den Bau gelegentlich der Untersuchung der Lehniner Bauschule behandelt.

88) Diese Kirchen zweischiffig zu nennen, wie es häufig geschieht, geht nicht an. Das Wesen der zweischiffigen Kirche besteht in der gleichmäßigen Unterteilung eines Gesamtraums in zwei Schiffe, während es sich hier um den bloßen Wegfall eines Bauteils handelt, der den Raum nur unvollständig erscheinen läßt, ohne seinen Charakter eigentlich zu verändern.

89) Vor allem von Gurlitt und seiner Schule, cf. Scheerer a. a. O., S. 40ff.

90) Der Ausdruck vernünftig scheint brauchbarer als das herkömmliche rational. Er bringt besser heraus, daß es sich um ein mit Hilfe der Vernunft, nicht des Verstandes geklärtes Weltbild handelt.

91) Vgl. Schlossers Ausführungen in „Die Kunst des Mittelalters", Berlin-Neubabelsberg 1922, S. 72ff.

★

Berichtigung

Seite 67, Zeile 17 v. u. statt „sphärische Vierecke" lies „kielbogige Spitzbogen".

LITERATUR

I. Zur Geschichte der Bettelorden.

1. Denifle: Die Konstitutionen des Predigerordens, im Archiv f. Lit.- u. Kunstgesch. d. Mittelalters, 1885—1888.
2. Eubel, Konr.: Geschichte der Kölnischen Minoritenprovinz, Köln 1906.
3. Eubel, Konr.: Geschichte der oberdeutschen Minoritenprovinz, Würzburg 1886.
4. Glaser, Fr.: Die franziskanische Bewegung, in Münch. volksw. Studien, Bd. 59, Stuttgart 1903.
5. Harnack, Ad.: Dogmengeschichte, 1890.
6. Hauck, Fr.: Kirchengeschichte von Deutschland, Artikel: Franziskaner bzw. Dominikaner.
7. Holzapfel, Heribert: Handbuch der Geschichte des Franziskanerordens, Freiburg 1909.
8. Jordanus von Giano: Hsg. von Heinr. Boehmer: Collection d'études et de documents, Tome 6.
9. Linsenmeyer, A.: Geschichte der Predigt in Deutschland, 1886.
10. v. Loë-Reichert: Quellen und Forschungen zur Geschichte des Dominikanerordens, 1907—1910.
11. Matrod, Henri: Réfléxions sur la conquête de l'Allemagne par les Mineurs, in Etudes francisc., Bd. 30.
12. Sabatier, Paul: Vie de St. François d'Assise, Paris 1896.
13. Schlager, Patricius: Beiträge zur Geschichte der Kölnischen Franziskaner-Ordens-Provinz im Mittelalter, Köln 1904.
14. Wätzer-Welti: Kirchenlexikon.

II. Bettelordenskirchen in Italien.

15. Biebrach, Karl: Franziskaner- u. Dominikanerkirchen in Umbrien und Toskana, in Beitr. z. Bauwissensch., Berlin 1908/09.
16. Enlart, Camille: l'Architecture gothique en Italie, Paris 1894.
17. Thode, Henry: Franz von Assisi, 1885.

III. Mittelalterliche Architekturgeschichte.

18. Bergner: Handbuch der kirchlichen Kunstaltertümer, Leipzig 1905.
19. Dehio u. Bezold: Die kirchliche Baukunst des Abendlandes, II. Bd., Stuttgart 1901.
20. Dehio, Gg.: Geschichte der deutschen Kunst, II. Bd., Leipzig 1921.
21. Dehio, Gg.: Über die Grenzen der Renaissance gegen die Gotik, in: Kunstchronik 1900.
22. Doering, O.: Deutschlands mittelalterliche Kunstdenkmäler als Geschichtsquelle, Leipzig 1910.
23. Enlart, C.: Manuel d'archéologie, I., Paris 1902.
24. Fischer, O.: Die Kirchen der Bettelorden in Deutschland, in: Christliches Kunstblatt 1882.
25. Frankl: Die Baukunst des Mittelalters, Berlin 1916ff.
26. Gerstenberg, K.: Deutsche Sondergotik, München 1913.
27. Greischel, W.: Thüring.-Sächs. Lettner, Freiburg 1914.
28. Haenel, E.: Spätgotik und Renaissance, Stuttgart 1899.
29. Hoeber, F.: Repertorium für Kunstwissenschaft 1914.
30. Mohrmann-Ungewitter: Lehrbuch der gotischen Konstruktionen, Leipzig 1890/92.
31. Niemeyer, W.: Der Formenwandel der Spätgotik als das Werden der Renaissance. Leipziger Diss. 1904.
32. Otte: Handbuch der kirchl. Kunstarchäologie, 5. Aufl., Leipzig 1883/85.
33. Rose: Die Baukunst der Zisterzienser, München 1915.
34. Schwäbl: St. Emmeram in Regensburg, Regensburg 1919.

35. Schmarsow, A.: Kunstchronik 1900, Nr. 27.
36. Secker, Fr.: Die frühen Bauformen der Gotik in Schwaben, Straßburg 1911.
37. Viollet-le-Duc: Dictionnaire raisonné de l'architecture française. Paris 1858/68.

IV. Inventare.

38. Die Kunstdenkmale des Kgr. Bayern 1892ff. (Hsg. Hager, Mader, Bezold u. a.).
39. Die Kunst- u. Altertumsdenkmale d. Kgr. Württemberg, 1890 (Hsg. E. Paulus).
40. Baudenkmale in Frankfurt (Main), 1895ff. (Hsg. Wolff u. Jung).
41. Die Kunstdenkmäler des Großherzogtums Baden, Freiburg 1887ff. (Hsg. F. X. Kraus).
42. Freiburg und seine Bauten (hsg. vom Architekten- u. Ingenieurverein).
43. Kunst und Altertum in Elsaß-Lothringen, 1876 (hsg. von F. X. Kraus).
44. Straßburg und seine Bauten (hsg. vom Architekten- u. Ingenieurverein).
45. Bau- u. Kunstdenkmäler d. Rheinprov. Reg.-Bez. Koblenz, 1886 (hsg. v. Lehfeldt).
46. Die Kunstdenkmäler der Rheinprovinz, 1891ff. (hsg. v. P. Clemen).
47. Bau- u. Kunstdenkmäler der Prov. Westfalen, 1898ff. (hsg. v. Ludorff).
48. Die Kunstdenkmäler d. Prov. Hannover, 1899ff. (Hsg. Wolff, Zeller u. a.)
49. Beschreibende Darstellung der älteren Bau- u. Kunstdenkmäler der Prov. Sachsen, 1879ff. (Hsg. Bergner, Schönermarck u. a.)
50. Berlin und seine Bauten (hsg. v. Architekten- u. Ingenieurverein 1877).
51. Die Kunstdenkmäler d. Prov. Brandenburg (Hsg. Eichholz u. a.).
52. Bau- u. Kunstdenkmäler d. Prov. Brandenburg (hsg. v. Bergau 1885).
53. Beschreibende Darstellung d. älteren Bau- u. Kunstdenkmäler des Kgr. Sachsen, 1882ff. (hsg. v. Steche u. Gurlitt).
54. Bau- u. Kunstdenkmäler Thüringens, 1888ff. (hsg. v. Lehfeldt).
55. Lotz, W.: Statistik der deutschen Kunst, Kassel 1862/63.
56. Bau- u. Kunstdenkmäler im Reg.-Bez. Kassel, 1901ff. (hsg. v. Bickell u. a.).

V. Einzeluntersuchungen.

57. Abraham, R.: Die Trinitatiskirche in Danzig, Danz. Diss. 1910.
58. Adler, Fr.: Mittelalterliche Backsteinbauwerke des preußischen Staates, Berlin 1862.
59. Altenburg, Chr.: Topographische Beschreibung der Stadt Mühlhausen in Thüringen, Mühlhausen 1824.
60. 50. Bericht des Hist. Ver. Bamberg 1885 (Bamberg, Dominikanerkirche).
61. Burckhardt, J. A. - Riggenbach, S.: Die Dominikanerkirche in Basel. In: Mitt. d. Ges. f. vaterl. Altertümer in Basel, 1855.
62. Boisserée, S.: Denkmale d. Baukunst am Niederrhein, München 1833.
63. Doering, O.: Braunschweig, in: Berühmte Kunststätten (Seemann) 1905.
64. Endriß: Neues zur alten Predigerkirche in Ulm, aus: Württemb. Vierteljahrshefte, N.F. 22, 1913.
65. Eubel, P. K.: Die 700jähr. Niederlassung der Franziskanerminoriten in Würzburg. Sonderdruck aus Franzisk. Studien 1921.
66. Fischer, J. C.: Ulm, in: Berühmte Kunststätten (Seemann) 1912.
67. Graf, H.: Altbayrische Frühgotik, München 1918.
68. Gröber, K.: Das Konstanzer Münster, Konstanz 1911.
69. Haehnel: Chronik d. Marienkirchengemeinde zu Angermünde, Angermünde 1912.
70. Hartung, B.: Häuserchronik der Stadt Erfurt, Erfurt 1878.
71. Heideloff, K.: Die Kunst des Mittelalters in Schwaben, Stuttgart 1855/64 und Supplement: Mittelalterliche Baudenkmale aus Schwaben, Stuttgart 1856ff./74.
72. Hildebrand, A.: Sächs. Renaissanceportale, Halle 1914.
73. Hildebrandt, H.: Regensburg, in: Berühmte Kunststätten (Seemann) 1910.
74. Kautzsch, R.: Die Kunstdenkmäler in Wimpfen a. Neckar, Wimpfen 1907.
75. Kömstedt, R.: Die Entwicklung des Gewölbebaues i. d. mittelalterlichen Landkirchen Westfalens, Straßburg (Heitz(1913.

76. Korrespondenzblatt des Gesamtvereins, 1878/79. (Besprechung v. Fr. Schneider, Mittelalt. Ordensbauten in Mainz, Mainz 1879.)
77. Kothe, R.: Die Klosterkirche in Berlin, in: Ztschr. f. Denkm.-Pfl. 1906.
78. Kranzbühler, E.: Verschwundene Wormser Bauten, Worms 1905.
79. Kruspe, H.: Erfurter Bilderchronik, Erfurt 1879.
80. Kugler, F.: Rheinreise, in: Kleine Schriften I, II.
81. Kurth, J.: Die Altertümer der Nikolai-, Marien- und Klosterkirche in Berlin, Berlin 1911.
82. Leitschuh, F.: Würzburg 1911.
83. Leitschuh, F.: Bamberg 1911ff.; beides in: Berühmte Kunstst. (Seemann).
84. Müller, Gottfr.: Die Dominikanerklöster der Ordensnation Brandenburg, Charlottenburger Diss. 1913.
85. Nawrowski: Die St. Nikolaikirche in Danzig, Danziger Diss. 1917.
86. Redlich, P.: Kardinal Albrecht zu Brandenburg und das neue Stift zu Halle, Mainz 1900.
87. Rein, W.: Das Dominikanerkloster in Eisenach. Jahresber. über das Großh. Karl Friedr.-Gymn. zu Eisenach von Ostern 1856/57.
88. Reiners, H.: Kölner Kirchen, Köln 1921.
89. Renard, E.: Köln, in: Berühmte Kunststätten (Seemann) 1907.
90. Sarasin, F.: Die Barfüßerkirche in Basel, in: Mitt. d. Ges. f. vaterl. Altertümer in Basel, Basel 1846.
91. Sauerlandt, M.: Halle, in: Stätten der Kultur, 1913.
92. Scheerer, F.: Kirchen und Klöster der Franziskaner und Dominikaner in Thüringen, Jena 1910.
93. Schleinitz, O. v.: Trier 1909, in: Berühmte Kunststätten (Seemann).
94. Salomon, E.: l'Eglise du temple neuf, in: Bull. de la Société pour la conservation des monuments historiques en Alsace 1876.
95. Schmidt, Chr. W.: Baudenkmale in Trier, Trier 1836—1845.
96. Schmitz, H.: Münster 1911, in: Berühmte Kunststätten (Seemann).
97. Schmitz, H.: Soest 1908, in: Berühmte Kunststätten (Seemann).
98. Verhandl. des Histor. Ver. von Oberpfalz u. Regensburg, Bd. XVII, XVIII, 1356/58 (Dominikanerkirche Regensburg).
99. Wackernagel, M.: Basel 1912, in: Berühmte Kunststätten (Seemann).
100. Graf Walderdorff, Hugo: Regensburg in seiner Vergangenheit und Gegenwart, Regensburg 1904.
101. Wilhelm-Kästner, K.: Die Elisabethkirche in Marburg, Marb. Diss. 1920.
102. Thalhofer, V.: Handbuch der katholischen Liturgik, 2. Aufl. (hsg. v. Eisenhofer), Freiburg 1912.

VI. Urkundenbücher.

103. Görz-Eltester: Mittelrheinisches Urkundenbuch, III, Koblenz 1874.
104. Westfälisches Urkundenbuch, hsg. v. Wilmans-Finke-Hoogeweg, Münster 1874/94.
105. Urkundenbuch der Stadt Eßlingen (Wttbg. Geschichtsquellen IV), Hsg. Dietzl u. Pfaff, Stuttg. 1899.
106. Urkundenbuch der Stadt Halberstadt (Gesch. Quell. d. Prov. Sachsen), Hsg. Schmidt, Halle 1878
107. Urkundenbuch der alten sächsischen Franziskanerprovinzen, Hsg. L. Lemmens, Düsseldorf 1913.

★

VERZEICHNIS DER ABBILDUNGEN

★

ABBILDUNGEN

1. PRENZLAU. FRANZISKANERKIRCHE. INNERES.

2. REGENSBURG. MINORITENKIRCHE. MITTELSCHIFF UND CHOR.

3. KONSTANZ. DOMINIKANERKIRCHE. LANGHAUS.
(Während des Umbaues.)

4. OBERZELL-REICHENAU. KIRCHE. LANGHAUS.

5. FREIBURG I. B. FRANZISKANERKIRCHE. LANGHAUS UND CHOR.

6. REGENSBURG. DOMINIKANERKIRCHE. LANGHAUS (NORDWAND).

7. ESSLINGEN. DOMINIKANERKIRCHE ST. PAUL. MITTELSCHIFF UND CHOR.

8. FREIBURG I. B. MÜNSTER. LANGHAUS.

9. SAN GALGANO. MITTELSCHIFF NACH OSTEN.

10. ERFURT. DOMINIKANER-(PREDIGER-)KIRCHE. LANGHAUS.

11. ESSLINGEN. FRANZISKANERKIRCHE.

DAS ÄUSSERE DER KIRCHE GEGEN WESTEN UND NORDEN.

(Nach Renner, „Die Barfüßerkirche in Eßlingen".)

12. ERFURT. DOMINIKANER-(PREDIGER-)KIRCHE. CHORSCHRANKEN NACH WESTEN.

13. ERFURT. FRANZISKANER-(BARFÜSSER-)KIRCHE.

14. MÜNSTER I. W. MINORITENKIRCHE. CHOR.

15. HALLE A. S. DOMINIKANERKIRCHE (DOM). LANGHAUS UND CHOR.

16. DRESDEN. FRANZISKANER-(SOPHIEN-)KIRCHE. NÖRDLICHES SCHIFF UND CHOR.

17. REGENSBURG. MINORITENKIRCHE. FASSADE VON SÜDWESTEN.

18. ESSLINGEN. FRANZISKANERKIRCHE. RUINE DES LANGHAUSES VOR 1840.

(Mit Erlaubnis des Altertumsvereins Eßlingen.)

19. WÜRZBURG. FRANZISKANERKIRCHE. CHOR VON OSTEN.

20. WÜRZBURG. FRANZISKANERKIRCHE. LANGHAUS.

21. ROTHENBURG OB DER TAUBER. FRANZISKANERKIRCHE. AUSSENANSICHT.

22. ROTHENBURG OB DER TAUBER. FRANZISKANERKIRCHE. INNERES.

23 ESSLINGEN. DOMINIKANERKIRCHE. CHORSÜDWAND.

24. REGENSBURG. DOMINIKANERKIRCHE. CHOR VON NORDOSTEN

25. REGENSBURG. DOMINIKANERKIRCHE. NÖRDLICHES SEITENSCHIFF.

26. REGENSBURG. DOMINIKANERKIRCHE. KAPITELL IM NÖRDLICHEN NEBENCHOR.

27. REGENSBURG. KAPITELL AUS DEM KREUZGANG VON ST. EMMERAM.

28. FRANKFURT A. M. DOMINIKANERKIRCHE. INNERES.

(Zeichnung von F. X. Vögelin. Ende des 18. Jahrhunderts.)

29. FRANKFURT A. M. DOMINIKANERKIRCHE. DIENST UND DIENSTBÜNDEL-ANSATZ IM CHOR (NORDSEITE)

30. FRANKFURT A. M. DOMINIKANERKIRCHE. DIENSTBÜNDEL AM CHORBEGINN (NORDSEITE).

31. BONN A. RH. RAMERSDORFER KAPELLE NACH WESTEN.

32. FRITZLAR. FRANZISKANERKIRCHE. LANGHAUS NACH SÜDWESTEN.

33. KÖLN. SIONSKIRCHE. AUFRISS DES MITTELSCHIFFS.
(Nach Boisserée.)

34. KÖLN. MINORITENKIRCHE. MITTELSCHIFF UND CHOR.

35. KÖLN. MINORITENKIRCHE. LANGHAUS. AUSSENANSICHT.

36. MÜNSTERMAIFELD. STIFTSKIRCHE. LANGHAUS NACH WESTEN.

37. SOEST. MINORITENKIRCHE. LANGHAUS NACH WESTEN.

38. MÜNSTER I. W. ÜBERWASSERKIRCHE. LANGHAUS.

39. NEU-RUPPIN. DOMINIKANERKIRCHE. LANGHAUS UND CHOR.

40. PRENZLAU. DOMINIKANERKIRCHE. LANGHAUS UND CHOR.

41. ANGERMÜNDE. FRANZISKANERKIRCHE. LANGHAUS VON SÜDWESTEN.

42. ERFURT. FRANZISKANER- (BARFÜSSER-) KIRCHE. LANGHAUS UND CHOR NACH OSTEN.

43. ERFURT. FRANZISKANER- (BARFÜSSER-) KIRCHE. AUSSENANSICHT VON SÜDOSTEN.

44. ERFURT. DOMINIKANER- (PREDIGER-) KIRCHE. WESTFASSADE.

45. BERLIN. FRANZISKANERKIRCHE. MITTELSCHIFF. NORDWAND UND CHOR.

Matthias Untermann

NACHWORT

Ungewöhnlichen Architekturschöpfungen steht gegenüber, wer die Dominikanerkirchen in Colmar oder Erfurt betritt. Der Außenbau hat die Wirkung des Inneren nicht angekündigt. Nüchtern und schmucklos war er, das Kirchengebäude ohnehin eingezwängt von anderen Bauten, eher unauffällig. Umso stärker überrascht der Innenraum. Äußerst dünne Stützen von rundem Querschnitt tragen in Colmar weite, hohe Arkaden. Die Bögen – deren Umriß durch tiefe Profilierung aufgelöst ist – wachsen ohne trennendes Bauglied aus den Stützen heraus. Hoch oben ein Stück Wand, glatt, ungegliedert, darüber die Balkendecke: horizontal im Mittelschiff, pultförmig abfallend über den Seitenschiffen. Eine nackte Wand schließt das Langhaus nach Osten, darin, auffallend niedrig, der Triumphbogen. Die Außenwände von Schiff und Chor bleiben glatt, durchbrochen von hohen Fenstern mit schlichten Laibungen. Erst in der Höhe beginnen im Chor kurze Dienste, die das Rippengewölbe tragen. Der Innenraum ist – wie an vielen anderen Kirchen der Bettelorden – erstaunlich leer und kühl. Freilich fehlt ihm nicht nur die Ausstattung der Erbauungszeit: Lettner, Chorgestühl, Glasfenster, Wandmalerei, Altäre. Auch vom „Leben und Treiben" in einer solchen Kirche, ja sogar vom liturgischen Geschehen läßt sich nur mühevoll ein Bild gewinnen. Aber das gilt ja für die Mehrzahl der Kirchen, die aus dem Mittelalter überkommen sind.

Ganz anders, aber ebenso ungewohnt ist Erfurt: eine unendlich erscheinende Folge zugleich schlanker wie dicht gestellter Achteckpfeiler reicht vom Westeingang bis zum Polygon des Sanktuariums; schmucklose Kapitellfriese tragen steile, vielteilig profilierte Arkadenbögen. Ohne Zäsur laufen die Gewölbe durch; eingespannt zwischen hoch ansetzenden, glatten Wänden; getragen von kurzen Diensten, die schon oberhalb der Pfeiler enden; mit tief herabreichenden Gurtbögen, deren Profil freilich den Rippen angeglichen ist. Licht fällt in die Gewölbekappen durch hochsitzende, im Längsblick kaum sichtbare Fenster. In Augenhöhe grenzt ein Lettner den Bereich der Laien ab – wie ein Möbelstück, ohne Einbindung in die architektonische Struktur des Bauwerks.

Diese Architektur bleibt besonders den Betrachtern fremdartig, die ihre Sehgewohnheiten an den „Hauptwerken" gotischer Architektur geschult haben. Auch einer von analytischen Begriffen geprägten Baubeschreibung kann sich ein solches Bauwerk entziehen: Ist die Colmarer Dominikanerkirche eine „Halle" – mit ihrer flachen Decke und ihren niedrigeren Seitenschiffen? Sind ihre Stützen „Rundpfeiler ohne Kapitell"? Diese Begriffe sind an andersartigen Bauten geprägt worden und bleiben unbefriedigend. Überraschend ist auch die Zeitstellung. Der Grundstein in Colmar war 1283 von Rudolf von Habsburg gelegt worden – das Bauwerk entstand also zeitgleich mit der feinteilig-reich strukturierten Westfassade des Straßburger Münsters, gerade eine Tagesreise entfernt. Die Erfurter Kirche ist ein wenig älter: 1279 waren die östlichen Joche fertig – das übrige Langhaus entstand ohne Wechsel der Formensprache erst 80–100 Jahre später.

Nicht nur in Colmar und Freiburg, auch in Regensburg und Esslingen, und vielerorts sonst zeigen Kirchen an den Stadtklöstern der Franziskaner und Dominikaner solch eigentümliche Bauformen. Vielfach fügen sie sich nicht ein in das System und in die stilistische Entwicklung gotischer Architektur, wie man sie aus Gestalt, Gliederung und Detailformen der Kirchen von Bischöfen, Stiftsherren und alten Mönchsorden erarbeitet hat. Die Bauten der „Bettelorden" gelten der deutschen Kunstgeschichtsschreibung erst seit dem späten 19. Jahrhundert als etwas Besonderes.[1]

Der wissenschaftliche Umgang mit „Bettelordensarchitektur" war und ist von mehreren Interessenlagen bestimmt. Ebenso wie für das 12. Jahrhundert die Zisterzienser, so treffen die Franziskaner und Dominikaner für das 13. Jahrhundert als „asketische Gegenbewegung" zur weltlich repräsentierenden „Amtskirche" auf die Sympathie eines Fachs, das im 19. Jahrhundert zunehmend von protestantisch-bürgerlichen Idealen getragen wurde. Die Baukunst der „Bettelorden" zeige die asketische Gesinnung der Bauherren und ihre Nähe zum „einfachen Volk" in einer bewußt ärmlichen, die Formensprachen der Kathedralen und Klöster reduzierenden Gestaltung. Ihre einfachen Kirchen entsprachen der neuen Hauptaufgabe der Predigt – auch hier werden die Bettelorden zu unmittelbaren Vorläufern der Reformation. Ins Bewußtsein dringen dabei vornehmlich Franziskaner und Dominikaner, nicht aber die – von der Kirchengeschichte ebenfalls zu den „Bettelorden" gezählten – Augustinereremiten (zu denen Martin Luther gehört hatte) und Karmeliter, in jedem Fall vornehmlich die Männerorden, nicht die weiblichen Ordenszweige. Die Architektur dieser Bettelorden gilt im späteren 19. Jahrhundert als „kunstfeindlich". Sie ist von vornehmlich kulturgeschichtlichem Interesse, entzieht sich einer Kunstgeschichte, die künstlerischen Höchstleistungen nachspürt. Eine erste, vollständige Zusammenstellung von Franziskaner- und Dominikanerkirchen (aber auch der anderen Bettelorden) findet sich folgerichtig 1910 in Otto Doerings Buch „Kunstdenkmäler als Geschichtsquelle".[2] Georg Dehio hatte mit seinem „Handbuch der Kunstdenkmäler" weite Akzeptanz für die antiquarische Betrachtung ästhetisch zunächst weniger ansprechender mittelalterlicher Bauten geschaffen, wie sie sich auch in den enzyklopädischen Kunstdenkmäler-Inventaren der neuentstehenden Denkmalpflege finden. Dennoch gelangte er 1901 nur zu einer knappen Darstellung der Bettelordensarchitektur unter dem Stichwort „Reduktion"; äußerst kurz ist auch 1921 der Abschnitt in seiner „Geschichte der deutschen Kunst" – die Orden hätten kein Verhältnis zum gotischen Stil gefunden.[3] Dehio sah allerdings bei der Bearbeitung des „Handbuchs" immer wieder, daß an Bettelordenskirchen erstaunlich progressive – in die Spätgotik vorausweisende – Elemente zu fassen sind.

---

[1] Fischer, O[tto]: Die Kirchen der Bettelorden in Deutschland. In: Christliches Kunstblatt für Kirche, Schule und Haus 24, 1882, 8–10, 20–23, 41–44; Dehio, Georg/von Bezold, Gustav: Die kirchliche Baukunst des Abendlandes, II. Stuttgart 1901, 284–288. Noch für Heinrich Otte (Handbuch der kirchlichen Kunst-Archälogie. [5]Leipzig 1884, II 262 f.) war lediglich der Wegfall des Querschiffs an den „für die Zwecke der Predigt berechneten Volkskirchen" der Bettelorden bemerkenswert.

[2] Doering, Otto: Deutschlands mittelalterliche Kunstdenkmäler als Geschichtsquelle (= Hiersemanns Handbücher 7). Leipzig 1910.

[3] Vgl. oben Anm. 1; Dehio, Georg: Geschichte der deutschen Kunst, II. Berlin/Leipzig 1921, 21–23.

Hier setzt Richard Krautheimer mit einer erstmals uneingeschränkt positiven Sicht auf die Bettelordensbauten an. Dem „Vor-Spätgotischen" dieser ungewöhnlichen Architektur galt seine 1923 an der Universität Halle eingereichte Dissertation „Die Kirchen der Bettelorden in Deutschland".

Nachdem er zunächst in München Heinrich Wölfflin und Paul Frankl, in Berlin Adolph Goldschmidt, in Marburg Richard Hamann gehört hatte,[4] ging er zum Examen wieder zu Paul Frankl, dessen Fragestellungen die Studie in höchstem Maße verpflichtet ist. Nicht beschreibende Darstellung der Bauten war das Ziel, sondern ihre Befragung als „Kunstwerke".[5]

In eindrücklicher Weise begann deshalb Krautheimer seine Studie *ex novo*. Nur am Rand findet sich eine Auseinandersetzung mit Georg Dehios Begriff der „Reduktionsgotik" und mit den damals aktuellen Thesen der Spätgotik-Forschung, für die das problematische „Deutsche Sondergotik"-Buch Kurt Gerstenbergs steht.[6] Gar nicht interessiert war er an den Diskussionen um die „französischen" oder „deutschen" Anteile des gotischen Stils, mit welchen im Ersten Weltkrieg und danach die deutsche Beschießung der Kathedrale von Reims „wissenschaftlich verarbeitet" wurde.

Krautheimer wendete – in geradezu experimenteller Weise – das von Paul Frankl entwickelte architekturhistorische Ordnungsschema („Grundbegriffe") auf die Gruppe der gotischen Bettelordenskirchen an. Frankl hatte an nachmittelalterlichen Bauten die Gegensatzpaare von „Addition" und „Division" des Raums, von „Bindung" und „Lokkerung" des Gefüges, von „Auflösung" und „Schließung" der Wand gefunden und diese in seinen Münchner Vorlesungen auf Romanik und Gotik angewendet.[7] In die Stilentwicklung gotischer Räume fügen sich allerdings die Kirchen der Bettelorden weder unmittelbar ein noch sind sie als „Reduktion" erklärbar, sondern zeigen eine eigentümliche, neugeschaffene Formensprache, die „Vorromanisches" wieder aufgreift und „Spätgotisches" vorausnimmt. Dies war die These von Krautheimers systematischer Untersuchung.

Richard Krautheimer selbst hat seine Dissertation später gering geschätzt: Als „einen begabten Essay" charakterisierte er 1988 dieses Buch, das nicht mehr seinen eigenen Ansprüchen an eine Dissertation genügte – „zu breit gegriffen, die schriftlichen

---

[4] Sauerländer, Willibald: Richard Krautheimer im weimarischen Deutschland; In: In Memoriam Richard Krautheimer. Relazioni della giornata di studi Roma, 20 febbraio 1995. Rom 1997, 13–26; ebenda 130f. die biographischen Daten.

[5] Krautheimer konnte deshalb die Darstellungen von Felix Scheerer (Kirchen und Klöster der Franziskaner und Dominikaner in Thüringen. Jena 1910) und Gottfried Müller (Die Dominikanerklöster der ehemaligen Ordensnation „Mark Brandenburg". Diss. TH Berlin-Charlottenburg 1914) nur als Materialsammlung akzeptieren und ging nicht weiter auf sie ein. Sehr deutlich wurde wenig später seine Kritik an der fehlenden Zielsetzung des fast zeitgleich mit seiner Dissertation erschienenen Buchs von Johannes Oberst (Die mittelalterliche Architektur der Dominikaner und Franziskaner in der Schweiz. Ein Beitrag zur schweizerischen Ordensbauweise. Zürich/Leipzig 1927), das er in der neuen Zeitschrift für Kunstgeschichte (1, 1932, 54–56) rezensierte. – Die ebenfalls nur sammelnd-beschreibende Dissertation von Werner Hunold (Die mittelalterlichen Kirchen und Klöster der Dominikaner und Franziskaner in Westfalen. Diss. TH Dresden 1918) wurde nicht gedruckt.

[6] Gerstenberg, Kurt: Deutsche Sondergotik. München 1913 (Nachdruck Darmstadt 1969).

[7] Frankl, Paul: Die Entwicklungsphasen der neueren Baukunst. Leipzig/Berlin 1914; ders.: Die Baukunst des Mittelalters (= Handbuch der Kunstwissenschaft [2]). Berlin 1918 (auch u. d. T.: Die frühmittelalterliche und romanische Baukunst).

und anderen Quellen nicht erforscht, alles nur am Bau abgelesen, rein von der Form her gesehen".[8] Frankls System und seine „Grundbegriffe" waren ihm schon längst fremd geworden.[9] Krautheimer hat sich bald nach Mitte der Zwanziger Jahre der nüchternen Akribie seines Lehrers Goldschmidt zugewandt – zuerst wohl in seiner von Richard Hamann betreuten Marburger Habilitationsschrift „Mittelalterliche Synagogen" von 1927. Diese Neuorientierung prägte dann vor allem die Anfänge des Corpuswerks zu den frühchristlichen Basiliken Roms (ab 1927) und integrierte Krautheimer, der als Jude 1933 zunächst ins römische Exil gehen mußte, nach 1935 in die Vereinigten Staaten, rasch in die Forschergemeinschaft der anglo-amerikanischen Kunstgeschichte. Man schätzte dort gerade seine spätere „Ablehnung von ‚Methode'" und seinen antiquarischen, Formbeschreibung und Quellenstudium von Auslegung trennenden Ansatz.[10] Das Thema der Bettelordensarchitektur hat er nicht wieder aufgegriffen.

Der „frühe" Krautheimer und seine Bettelordenskirchen sind nicht nur der angelsächsischen, sondern auch der deutschsprachigen Forschung fremd geworden. Obwohl Krautheimer viel Zustimmung fand,[11] prägte seine Typengliederung – nicht aber seine Stilanalyse – die Studie von Richard L. Donin,[12] vor allem aber den großen Artikel von Leopold Giese zu „Bettelordenskirchen" im Reallexikon zur deutschen Kunstgeschichte (1939).[13]

Nach dem Zweiten Weltkrieg ist nur noch die 1954 abgeschlossene Greifswalder Dissertation von Joachim Fait zu nennen,[14] die ungedruckt geblieben ist.

Zu Krautheimers und Frankls Gegenspieler in der deutschen Gotik-Forschung wurde Werner Groß, der seine 1930 bei Wilhelm Pinder in München abgeschlossene Dissertation 1933 nur partiell publizierten konnte und seine Vorstellungen in einem 1941 abgeschlossenen, 1948 gedruckten Buch breiter darlegte.[15] Er ordnet die Stilformen der Bettelordensbauten in einen breiten Strom deutscher gotischer Architektur ein und nimmt ihnen den Bezug auf die Spätgotik. Sie seien allgemeingültige Exponenten des deutschen gotischen Stils vor bzw. nach 1300 – einer geklärten, „klassischen" Gotik. In Auseinandersetzung mit Krautheimers Thesen nimmt Groß weniger die Raumgestalt als die Detailbildung und Anordnung der Architekturglieder in den Blick.

---

[8] Krautheimer, Richard: Anstatt eines Vorworts; in: ders.: Ausgewählte Aufsätze zur Kunstgeschichte. Köln 1988, 7–37, hier 9.

[9] Ebenda, 35.

[10] Ackerman, James S.: Richard Krautheimer's „method"; In: In Memoriam (wie Anm. 1) 67–71, hier 68 f.

[11] Vgl. die Rezensionen von [Lisa] Schürenberg, in: Die Kunstliteratur, Beilage zur Zeitschrift für Bildende Kunst 59, 1925/26, 103–105 und Dagobert Frey, in: Belvedere 8, 1929, 318–320. – Paul Frankls Zustimmung wird in seiner Rezension des Buchs von Donin (s. folgende Anm.) deutlich.

[12] Donin, Richard Ludwig: Die Bettelordenskirchen in Österreich. Zur Entwicklungsgeschichte der österreichischen Gotik. Baden 1935. Zu seinem Verhältnis zu Krautheimers Buch vgl. die Rezension von Paul Frankl, in: Kritische Berichte zur kunstgeschichtlichen Literatur 6, 1937, 21–25.

[13] Bd. 2, Lfg. 16 (1939). Stuttgart 1948, 394–444.

[14] Fait, Joachim: Die norddeutsche Bettelordensbaukunst zwischen Elbe und Oder. Diss. Greifswald 1954, Ms.

[15] Groß, Werner: Die Hochgotik im deutschen Kirchenbau. Der Stilwandel um das Jahr 1250; in: Marburger Jahrbuch für Kunstwissenschaft 7, 1933, 290–346; ders.: Die abendländische Architektur um 1300. Stuttgart 1948. – Ähnliche Einwände formulierte schon Heinz Rosemann in seiner Rezension in: Beiträge zur Geschichte der deutschen Kunst 2 (Hauptsachtitel: Buchner, Ernst/Feuchtmay, Karl [Hrsg.]: Augsburger Kunst der Spätgotik und Renaissance). Augsburg 1928. 466–472.

Beide Ansätze, die „expressionistisch" geprägte Raumbeschreibung von Krautheimer und die Betonung des Formalen bei Groß finden ihren Ort in der Mentalität, in den Tendenzen der Mittelalterforschung[16] und nicht zuletzt in der aktuellen Architekturdiskussion der zwanziger Jahre. Die nicht für die Geistlichkeit, sondern für das Volk gebauten Kirchen der Bettelorden, der Franziskaner und Dominikaner, wurden in diesem Kontext ein „Modethema" der deutschsprachigen Architekturgeschichte. Die Nachblüte von „Bauhaus"-Ideologie nach dem Zweiten Weltkrieg[17] macht es jedoch erklärbar, daß die deutsche Gotik- und Bettelordensforschung der fünfziger bis siebziger Jahre nur noch auf Groß rekurrierte.[18]

Krautheimers „System" und dessen teleologische Begrifflichkeit erscheinen (wie dasjenige Frankls) im Rückblick als ebenso irrational wie längst desavouierte, biologistische Entwicklungstheorien konservativer Kunsthistoriker:[19] „Die Bettelordensarchitektur" wird als handelndes Subjekt in der Geschichte der Kunst vorgestellt, sie befindet sich in ständiger Auseinandersetzung mit „ihren" künstlerischen Zielen. Krautheimers Blick auf die Bauten bleibt jedoch insofern neutral, als er weder von christlich-theologischem Rechtfertigungsdruck, noch von modernen Nationalismen oder gar von biologistisch-völkischer Stilentelechie geprägt wird, sondern allein von Denkstrukturen einer „autonomen" Kunstgeschichte. Die unüberwindbare Inkonsequenz liegt freilich darin, Bauten einer allein durch kirchliche und historische Kriterien definierbaren Gruppe von Bauherren und Nutzern – nämlich die Sakralarchitektur der Bettelorden – als „Stileinheit" zu untersuchen – ohne jede Rechtfertigung dieser Auswahl und ohne Rückbindung an die zugrundeliegenden, historischen und liturgischen Voraussetzungen.

Krautheimers Buch verleugnet deshalb in seinem systematischen Teil den Charakter eines „Laborversuchs" an keiner Stelle. Dieser „Laborversuch" wird sehr anschaulich exerziert und erlaubt wichtige Einblicke in eine „Werkstatt der Kunstgeschichtsschreibung" im Umkreis H. Wöfflins und P. Frankls.

---

[16] Ohne Blick auf die Kunstgeschichte (Erwin Panofsky ausgenommen): Cantor, Norman F.: Inventing the Middle Ages. The Lives, Works, and Ideas of the Great Medievalists of the Twentieth Century. Cambridge 1992.

[17] Hermand, Jost: Die restaurierte „Moderne". Zum Problem des Stilwandels in der bildenden Kunst der Bundesrepublik Deutschland um 1950; In: Möbius, Friedrich (Hrsg.): Stil und Gesellschaft. Ein Problemaufriß (= Fundus-Bücher 89/90). Dresden 1984, 279–302.

[18] Zuerst wohl in der 1939 bei Kurt Bauch in Freiburg abgeschlossenen Dissertation von Helma Konow (Die Baukunst der Bettelorden am Oberrhein. Berlin 1954); dann in den Dissertationen von Edgar Hertlein (Die Basilika San Francesco in Assisi. Diss. München 1964 [= Pocket library of Studies in Art 16]. Florenz 1964) und Herbert Dellwing (Studien zur Baukunst der Bettelorden im Veneto. Die Gotik der monumentalen Gewölbebasilikan Diss. Frankfurt 1966 [= Kunstwissenschaftliche Studien 43]. München 1970).

[19] Vgl. bereits die Kontroverse zwischen „Systematik" und „Geschichte", den Positionen von Frankl, Jantzen und Kautzsch, beginnend mit Rezensionen von Rudolf Kautsch, in: Kritische Berichte zur kunstwissenschaftlichen Literatur 1/2, 1927/29, 3–11, und Hans Jantzen: Zur Beurteilung der gotischen Architektur als Raumkunst; In: ebenda 12–18; Paul Frankl: Systematik und Erlebnis. Eine Erwiderung; In: ebenda 97–108; Rudolf Kautzsch: Noch einmal Systematik und Geschichte; In: ebenda 108–116; Paul Frankl: Synthese. Ein Nachwort; In: ebenda 129–132. Richard Krautheimer hat sich (obgleich betroffen) daran nicht mehr beteiligt. – Suckale, Robert: Die Unbrauchbarkeit der gängigen Stilbegriffe und Entwicklungsvorstellungen. Am Beispiel der französischen gotischen Architektur des 12. und 13. Jahrhunderts; In: Möbius, Friedrich/Sciurie, Helga (Hrsg.): Stil und Epoche. Periodisierungsfragen (= Fundus-Bücher 118/119). Dresden 1989, 231–250.

Krautheimer wendet im „systematischen Teil“ gezielt und konsequent die Frankl’sche Terminologie auf Bauten und Detailformen an, während er im „historischen Teil“ nüchterne Beschreibungen und Vergleiche bietet. Der vor allem an den flachgedeckten Langhäusern erkannte Rückbezug der Bettelordensbauten auf Gestaltungsprinzipien „vorromanischer“ Architektur hat ihm selbst wichtige, neue Forschungsansätze eröffnet. Eine vergleichbar „anachronistische“ Verbindung von Gestaltung und Grundtypen kennzeichnet auch den „Carolingian revival“ der frühchristlichen Architektur;[20] das Auseinanderklaffen von Strukturen und Formen prägt insgesamt die Vergegenwärtigung älterer Bauwerke in ihren mittelalterlichen „Kopien“.[21] Im Buch über die Bettelorden klingt die Frage nach den „Bedeutungen“ der archaischen Stilformen noch kaum an, eher ihre Zugehörigkeit zu einer für Franziskaner und Dominikaner eigentümlichen Formen-„Sprache“. Die Traditionslosigkeit der Orden habe es ihnen ermöglicht, ältere Gestaltungsweisen wiederaufzunehmen.

Ein letzter Ansatz wird nur angedeutet. Krautheimers Aussagen zur Stilentwicklung bleiben nicht „im Raum stehen“, sondern werden in die „Kulturgeschichte“ eingebunden. Er fragt nach dem historischen und intellektuellen Kontext dieser Architektur, nach den Ansprüchen von Bauherrn und Nutzern. Dabei verharrt er nicht bei vordergründigen Deutungen und Funktionszuweisungen (Kleefisch-Jobst: „Predigtscheunen“)[22]. Er stellt zwar die seit dem 19. Jahrhundert betonte, „vorreformatorische“ Hinwendung der Bettelorden zu Predigt und Volk (gegenüber der Zelebration der Messe) nicht in Frage, das Chorgebet der Kleriker fehlt nicht nur bei Krautheimer ganz. Seine Sympathie für die Intellektualität der Bettelorden hebt sich allzudeutlich ab von der Vereinnahmung ihrer Kirchen als höchst effektiv gestaltete Räume zur Versammlung großer Volksmengen. Die Architektur spiegelt für ihn den Wechsel vom magischen Weltbild der Amtskirche zur rationalen Weltsicht der Bettelorden. Hier sind Fragestellungen vorgeprägt, die mehr als zwanzig Jahre später erst, nun durch Panofskys Studien, in die angelsächsische Gotik-Forschung in breiter Front Eingang fanden.

Beide Ansätze lassen freilich die Aspekte des christlichen Kults selbst aus dem Blick, die neuen Formen für Meßliturgie, Memoria und Chorgebet, die gerade an den Bettelordenskirchen abzulesen sind. Der Versuch, mittelalterliche Kirchenbauten letztlich ohne Beziehung zu ihrer Funktion als „künstlerische Schöpfungen“ zu verstehen, prägte allerdings schon seit vielen Jahrzehnten sowohl die deutsche wie die französische Forschung. Daß diese Kirchenräume auch mit Farbfassung, Wandmalerei und besonders mit Glasfenstern auf den Besucher wirken sollten, ist erst viel später ins Blickfeld der Kunstgeschichte getreten.[23]

---

[20] Krautheimer, Richard: The Carolingian Revival of Early Christian Architecture; in: The Art Bulletin 24, 1–38; deutsch, mit Nachworten von 1969 und 1987: Die karolingische Wiederbelebung der frühchristlichen Architektur; in: Krautheimer, Ausgewählte Aufsätze (wie Anm. 8) 198–276.

[21] Krautheimer, Richard: Introduction to an ‘Iconography of Mediaeval Architecture’; in: Journal of the Warburg and Courtauld Institutes 5, 1–33; deutsch, mit Nachworten von 1969 und 1987: Einführung zu einer Ikonographie der mittelalterlichen Architektur, in: Krautheimer, Ausgewählte Aufsätze (wie Anm. 8), 142–197.

[22] Kleefisch-Jobst (wie unten Anm. 32), 107.

[23] Vgl. z. B. Belting, Hans; Die Oberkirche von San Francesco in Assisi. Ihre Dekoration als Aufgabe und die Genese einer neuen Wandmalerei. Berlin 1977; Becksmann, Rüdiger: Die Bettelorden an Rhein, Main und Nek-

Eine Erklärung der Bettelordensarchitektur, die über die Beschreibung der Abfolge von Bautypen und der fortschreitenden Reduktion des Formenapparats hinausgeht, ist immer noch ein Desiderat. Für die Hauptkirchen der Dominikaner in Frankreich und Italien versuchte Wolfgang Schenkluhn in seiner 1983 abgeschlossenen Marburger Dissertation herauszuarbeiten, daß die „Ordines studentes" nicht „an einer Profanierung oder Entsakralisierung des mittelalterlichen Kirchenraums beteiligt" waren, sondern durch „Aufnahme und Nobilitierung profanarchitektonischer Strukturen" die Bedeutungen des Kirchenraums veränderten.[24] Darüberhinaus müssen die Bettelordensbauten augenscheinlich im Kontext mit den oft erstaunlich schlichten Stadtpfarrkirchen des 13.–14. Jahrhunderts gesehen werden; diese Beziehungen sind aber noch nirgends überzeugend analysiert worden.[25] Grundlegend dafür wäre jedoch nicht eine Verengung des Blicks auf einzelne Motive oder „Zitate", sondern eine vertiefte, vergleichende Beschreibung und Analyse von Baugestalt und Raumformen. Krautheimers Studie bietet für Fragestellungen der „Rezeptionsästhetik" weit wichtigere Anregungen als viele feintypologische Untersuchungen. Aber auch seine Hinweise auf den intellektuellen Hintergrund der dominikanischen und franziskanischen Theologen sind längst nicht ausgeschöpft.

Krautheimer hat sich auf das Langhaus der Bettelordenskirchen konzentriert, dessen vier Grundtypen die Gliederung des systematischen Teils bilden. Er folgt darin älteren Fragestellungen der Spätgotik-Forschung und setzt die Bettelorden ab von den traditionellen Mönchsorden: an Benediktinerkirchen und besonders an der Zisterzienserbaukunst galt das Interesse immer den Ostteilen, der Struktur des Sanktuariums und seiner Nebenräume, allenfalls noch der Vierung (als Ort des Chorgestühls) und ihrer Einbindung in das Querschiff. Das Langhaus galt und gilt an älteren Kloster- und Stiftskirchen noch immer als Anhängsel des liturgischen Zentrums und verdient nur bei besonderer Raumgestaltung (z. B. als Halle) eigenes Interesse.[26] Die jüngere Bettelorden-Forschung hat folgerichtig den zunächst weniger beachteten Ostbau, besonders die neue Form des „Langchors" intensiv in den Blick genommen[27] – hier wird ja ein ganz neues, auch architektonisch hervorgehobenes Verhältnis faßbar zwischen den Chorstühlen der Mönche und dem Hochaltar einerseits, dem Raum des Kirchenvolks

---

kar und der höfische Stil der Pariser Kunst um 1300; In: Deutsche Glasmalerei des Mittelalters II: Bildprogramme, Auftraggeber, Werkstätten. Berlin 1992, 53–72; ders.: Von der Ordnung der Welt. Mittelalterliche Glasmalereien aus Esslinger Kirchen. Ausst.-Kat. Esslingen 1997, bes. 103–118.

[24] Schenkluhn, Wolfgang: Ordines studentes. Aspekte zur Kirchenarchitektur der Dominikaner und Franziskaner im 13. Jahrhundert. Diss. Marburg 1983. Berlin 1985.

[25] Philipp, Klaus Jan: Pfarrkirchen. Funktion, Motivation, Architektur. Eine Studie am Beispiel der Pfarrkirchen der schwäbischen Reichsstädte im Spätmittelalter. Diss. Marburg 1985 (= Studien zur Kunst- und Kulturgeschichte 4). Marburg 1987.

[26] Kubach, Hans Erich/Köhler-Schommer, Isolde: Romanische Hallenkirchen in Europa. Mainz 1997.

[27] Binding, Günther: Die Franziskaner-Baukunst im deutschen Sprachraum; In: Achthundert Jahre Franz von Assisi. Franziskanische Kunst und Kultur des Mittelalters. Ausst.-Kat. Krems 1982, 431–460; Grzybkowski, Andrzej: Das Problem der Langchöre in Bettelordens-Kirchen im östlichen Mitteleuropa des 13. Jahrhunderts; In: architectura 13, 1983, 152–168; Frank, Isnard Wilhelm: Bettelordenskirchen als multifunktionale Kulträume. Ein Beitrag zur Bettelordenskirchenforschung. In: Wissenschaft und Weisheit 59, 1996, 93–112.

andererseits. Die historischen Vorstufen zu dieser Bauform sind erst in den letzten Jahrzehnten durch Ausgrabungen faßbar geworden.[28]

Eine „Kunstgeschichte des Langhauses“ bleibt jedoch ein Desiderat. Für die Interpretation romanischer Klosterkirchen haben Hans Gerhard Evers („Die Breitrichtung in der Basilika“)[29] und Friedrich Möbius („Die dreischiffige Basilika als frühfeudale Massenversammlungsarchitektur“)[30] erste Aspekte zusammengetragen. Daß gerade an Dominikaner- und Franziskanerkirchen das Langhaus zum Objekt ungewöhnlicher Raumschöpfungen wird, sollte – mit Krautheimer – sehr ernst genommen werden. Auch wenn man den Topos des „Predigtraums“ beiseite läßt, ist nach der Rolle der Laien verstärkt zu fragen – erstmals im Mittelalter sieht sich das Kirchenvolk in der Stadt vor einem konkurrierenden Angebot kirchlicher Dienstleistung und Seelsorge: nicht nur zwischen Pfarrkirche und Klöstern, sondern meist sogar zwischen Konventen verschiedener Bettelorden.

Bevor man den Blick richtet auf Interessen von Stiftern, Bauherren, Ordensleuten und Stadtbürgerschaft – seien sie in Quellen belegt oder nur hypostasiert –, gleichberechtigt neben der Untersuchung von Liturgie oder historischen Verhältnissen, geht es um die bauhistorische und ästhetische Analyse der Bauten selbst, um ihre künstlerische Gestaltung, um ihr Verhältnis zur umgebenden und älteren Architektur. Das Interesse Krautheimers am Langhaus, an den Eigenschaften des „Raums“ und seiner Wechselwirkung mit Wand und Stützenform, Fenstern und Gewölben, bleibt für Fragestellungen einer Rezeptionsästhetik weiter aktuell.

Nur ein Detail sei herausgegriffen: Krautheimer erklärt die ungewöhnlich frühe Travée-Bildung an der Regensburger Dominikanerkirche in Verbindung mit den dünnen Diensten und den weitgehend geschlossenen Wandflächen mit einem Verweis auf italienische Zisterzienserkirchen. Indirekt trifft dies sicher das Richtige. Gemeinsamer Bezugspunkt sind freilich burgundische Bauten dieses Ordens (Pontigny; Clairvaux), insgesamt aber die späte, burgundische Romanik von Vézélay und Avallon.[31] Sehr wichtig ist dieser Hinweis, weil die späten, italienischen Zisterzienserabteien diesen längst altmodisch gewordenen Wandaufriß in der Tat nicht einsetzten als „Stilmerkmal“, oder ihn allein durch „wandernde Ordensbauhütten“ vermittelt bekamen, sondern weil diese Jochbildung ein bewußt und planmäßig eingesetztes Element zisterziensischer Architektursprache war – neben dem Grundriß das aussagekräftigste Zeichen für die Einheit des Ordens und seiner Lebensformen. Dieser mit gotischen Detailformen sparsam modernisierte Wandaufriß konnte um 1230/40 dann aber auch als „Reduktion“ rayonanntgotischer Wandgliederung gelesen werden.

---

[28] Wild, Dölf: Das Predigerkloster in Zürich. Ein Beitrag zur Architektur der Bettelorden im 13. Jahrhundert (= Monographien der Kantonsarchäologie Zürich 32). Zürich/Egg 1999, bes. 177–211.

[29] Evers, Hans Gerhard: Tod, Macht und Raum als Bereiche der Architektur. München 1939 (Reprint München 1970), 109–167.

[30] Möbius, Friedrich/Sciurie, Helga: Symbolwerte mittelalterlicher Kunst. Leipzig 1984, 26–89.

[31] Dehio, Georg: Zwei Zisterzienserkirchen, Pontigny und Fossanova; in: Jahrbuch der Königlich Preussischen Kunstsammlungen 12, 1891, 91–103; Branner, Robert: Burgundian Gothic Architecture (= Studies in Architecture 3). London 1960, bes. 16–17.

Der Versuch, die ungewöhnlichen Formen deutscher Bettelordenskirchen auf dem Umweg über Bauten in der Heimat der Orden, d. h. in Aquitanien und in der Toskana, sowie in ihren frühen Hauptverbreitungsgebieten zu erklären, begann schon vor Krautheimer, wurde und wird in charakteristisch hohem Maße von der deutschsprachigen Forschung getragen.[32] In diesem Kontext ist in jüngerer Zeit die Orientierung der frühen italienischen Dominikaner- und Franziskanerarchitektur an zisterziensischen Vorbildern vielfältig diskutiert worden, besonders an San Domenico in Bologna[33] und an San Lorenzo in Neapel[34]. Insgesamt sind hier eine Vielzahl neuer Studien zu berücksichtigen.[35]

Der „historische Teil" von Krautheimers Bettelordens-Buch war zum Standardwerk geworden. Dies gilt bereits für seine regionale Gruppierung, aber – bis in jüngste Zeit – auch für die konzisen Charakterisierungen der einzelnen Kirchen. Sein erstaunlich sicheres Urteil ist, bei der geographischen Weite des Themas, freilich nur selten an den Bauten selbst, sondern auf Basis der Sekundärliteratur gebildet. Jüngere, für die Analyse der Dominikaner- und Franziskanerarchitektur des deutschen Raums wichtige Einzelstudien betreffen ihre Bau- und Planungsgeschichte, zugleich damit die Interpretation der meist schon lange bekannten schriftlichen und urkundlichen Nachrichten.

Anmerkungen zu einigen der Bauten sollen nur erste Hinweise auf neue Befunde und Daten geben – vornehmlich auf solche, die die Kunstgeschichtsforschung Forschungen an den Bauten selbst verdankt. Sie folgen der Gliederung Krautheimers.

Besonders zahlreich sind neue Ergebnisse zu süddeutschen Kirchen zu nennen. An der Regensburger Franziskaner-(Minoriten-)Kirche wurden 1980–94 umfangreiche Freskenzyklen gesichert und neu freigelegt; Mauerreste einer frühromanischen Kapelle und wichtige Lettnerbefunde sowie das Dachwerk sind untersucht, die umstrittene Datierung der frühen Bauabschnitte ist durch dendrochronologische Daten geklärt: das Chordach entstand 1347.[36] Auch die Esslinger Franziskanerkirche ist inzwischen

---

[32] Biebrach, Karl: Die holzgedeckten Franziskaner- und Dominikanerkirchen in Umbrien und Toskana. Diss. TH Dresden (= Beiträge zur Bauwissenschaft 11). Berlin 1908; Wagner-Rieger, Renate: Zur Typologie italienischer Bettelordenskirchen; In: Römische historische Mitteilungen 2, 1957/58, 266–298; Hertlein, Diss. München 1964 (wie Anm. 18); Dellwing, Diss. Frankfurt 1966 (wie Anm. 18); Schenkluhn, Wolfgang: San Francesco in Assisi. Ecclesia specialis. Die Vision Papst Gregors IX. von einer Erneuerung der Kirche. Habil.-Schr. Stuttgart 1989, Darmstadt 1991; Kleefisch-Jobst, Ursula: Die römische Dominikanerkirche Santa Maria sopra Minerva. Ein Beitrag zur Architektur der Bettelorden in Mittelitalien. Diss. Bonn 1986, Münster 1991.

[33] Dellwing (wie Anm. 18) 21–28; Schenkluhn (wie Anm. 24), 86–98.

[34] Krüger, Jürgen: S. Lorenzo Maggiore in Neapel. Eine Franziskanerkirche zwischen Ordensideal und Herrschaftsarchitektur. Diss. Würzburg 1983 (= Franziskanische Forschungen 31). Werl 1986. Berger-Dittscheid, Cornelia: S. Lorenzo Maggiore in Neapel. Das gotische „Ideal"-Projekt Karls I. und seine „franziskanischen" Modifikationen. In: Festschriften für Hartmut Biermann. Weinheim 1990, 41–64.

[35] Vgl. Cadei, Antonio: Si può scrivere una storia dell'architettura mendicante? Appunkti per l'area padano-veneta; in: Tommaso da Modena e il suo tempo. Atti del Convegno internazionale di studi per il 6° centenario della morte, Treviso 1979. Treviso 1980, 337–362; [Bonello, Renato (Hrsg.):] Lo Spazio dell'Umiltà. Atti del Convegno di studi sull'edilizia dell'Ordine dei Minori. Fara Sabina, 3–6 novembre 1982. Fara Sabina 1984.

[36] Binding, Güther: Das Dachwerk auf Kirchen im deutschen Sprachraum vom Mittelalter bis zum 18. Jahrhundert. München/Berlin 1991, 80 mit Abb. 87; Montgelas, Gotthard: Die Minoritenkirche St. Salvator. Neueste Ergebnisse zur Bauforschung; In: Denkmalpflege in Regensburg 5, 1994, 21–25; Fischer-Kohnert, Barbara:

durch das Dachwerk über dem allein erhaltenen Chor datiert (1276).[37] In Freiburg/Br. wurden 1974 Befunde zur frühen Baugeschichte der Franziskanerkirche ergraben, vermutlich ist hier ebenfalls ein Vorgängerbau erfaßt.[38] Die in Ansichten überlieferte Baugestalt der Ulmer Franziskanerkirche läßt sich seit 1988–93 mit dem ergrabenen Grundriß verbinden, der zwei Bauzustände zeigt.[39] In der Basler Predigerkirche erhellten 1975 Grabungen und Bauuntersuchungen den allmählichen Bau- und Entwurfsprozeß eines ersten Kirchenbaus (ab ca. 1233);[40] sie wurde früh durch einen größeren Neubau ersetzt, während die Innenraumgestalt des Langhauses auf eine Erneuerung nach dem Erdbeben von 1356 zurückgeht. Sehr eindrucksvoll waren auch die 1975–77 gewonnenen Grabungsbefunde unter der Basler Barfüsser-(Franziskaner-)Kirche.[41] Seitlich verschoben zum heutigen Kirchenbau kam die erste, kaum kleinere Kirche fast gleichen Grundrißtyps zum Vorschein. In Zürich haben Ausgrabungen von 1965–70 und 1990–96 unter dem gotischen Chor der Predigerkirche den um 1230 entstandenen, anspruchsvollen Gründungsbau der Dominikaner erschlossen, der vorromanisch-niedrige Querarme mit Apsiden aufwies – das zugehörige, flachgedeckte Langhaus in ungewöhnlich altertümlichen Bauformen war Krautheimer entgangen. Dies gilt auch für die ungewölbte Basilika der Französischen Kirche (Predigerkirche) in Bern, die 1988–90 detailliert untersucht werden konnte;[42] zum ersten Dachwerk des Chors gehören Balken von 1276, das Langhaus erhielt um 1310 sein Dach. Von großer Bedeutung ist der Nachweis, daß das Mittelschiff ursprünglich ein offenes Dachwerk aufwies und nicht mit Brettern flach geschlossen war; die Bretterdecke wurde erst um 1397 eingebaut.

Detailliert beschrieben, partiell auch archäologisch erforscht wurde 1992 die Esslinger Dominikanerkirche;[43] die wenig später erarbeitete Datierung des Dachwerks über dem Langhaus-Westteil (1262) zeigt, daß sie bei der Schlußweihe 1268 vollendet war – wie Krautheimer es dargelegt hat (S. 68–70). Ihre auffallend frühe Zeitstellung ist damit gesichert. Eine 1982 abgeschlossene Dissertation zur Regensburger Dominikaner-

---

Das mittelalterliche Dach als Quelle zur Bau- und Kunstgeschichte. Dominikanerkirche, Minoritenkirche, Dom, Rathaus und Alte Kapelle in Regensburg. Diss. TU Berlin 1992. Petersberg 1999, hier 58–66.

37 Michler, Jürgen: Neue Daten zur Hochgotik in Südwestdeutschland; In: Südwestdeutsche Beiträge zur historischen Bauforschung 4, 1999, 235–246, hier 243. – Krautheimer S. 62 f. mit Anm. 35–36.

38 Schmidt-Thomé, Peter: Zur mittelalterlichen Baugeschichte der ehemaligen Franziskanerklosterkirche St. Martin in Freiburg; in: St. Martin in Freiburg i. Br. Geschichte des Klosters, der Kirche und der Pfarrei. München/Zürich 1985, 125–137.

39 Bräuning, Andrea: Zum Abschluß der Untersuchungen auf dem Münsterplatz in Ulm; In. Archäologische Ausgrabungen in Baden-Württemberg 1993. Stuttgart 1994, 273–277.

40 Moosbrugger-Leu, Rudolf/Eggenberger, Peter/Stöckli, Werner: Die Predigerkirche in Basel (= Materialhefte zur Archäologie in Basel 2). Basel 1985.

41 Rippmann, Dorothee/Kaufmann, Bruno/Schibler, Jörg/Stopp, Barbara: Basel Barfüsserkirche [= Schweizer Beiträge zur Kulturgeschichte und Archäologie des Mittelalters 13]. Olten/Freiburg 1987, bes. 25–38.

42 Descœudres, Georges/Utz Tremp, Kathrin: Bern, Französische Kirche, ehemaliges Predigerkloster. Bern 1993.

43 Jaeger, Falk: Das Dominikanerkloster in Esslingen. Baumonographie von Kirche und Kloster. Diss. Hannover 1993 (= Esslinger Studien, Schriftenreihe 13). Esslingen 1994; ergänzende Grabungsbefunde: Weihs, Michael: Beobachtungen zur Baugeschichte der ehemaligen Dominikanerkirche St. Paul in Esslingen; In: Archäologische Ausgrabungen in Baden-Württemberg 1992. Stuttgart 1993, 300–303.

kirche hat im Ganzen Krautheimers baugeschichtliche Einordnung (S. 72–75: Chor vor 1246, Langhaus um 1260/80 bis Anfang 14. Jahrhundert) bestätigt.[44] Das Dachwerk über dem Polygon und den ersten fünf Chorgewölben konnte inzwischen jedoch auf 1279 datiert werden, über dem letzten Chorjoch und dem Mittelschiff-Ostteil wurden es erst 1370, über dem Mittelschiff-Westteil sogar erst 1384 aufgeschlagen; das Langhaus stand also lange Zeit allenfalls bis in Seitenschiffhöhe (provisorisch überdacht?), vielleicht waren allein die Chorräume nutzbar.[45] Neu zu prüfen ist auch die Einordnung der Frankfurter Dominikanerkirche: Krautheimer erschien hier zwar die Frühdatierung der Marburger Elisabethkirche (S. 77) notwendig, diskutierte sie aber gegen den damaligen Wissensstand nicht weiter. Inzwischen ist durch dendrochrologische Datierungen gesichert, daß das Marburger Langhaus deutlich vor 1243, dem Datum des Querhaus-Dachwerks, begonnen wurde.[46]

Im Rheinland sind nur wenige Bauten neu erforscht. Die Kriegszerstörungen an der Kölner Minoriten-(Franziskaner-)Kirche haben im Ansatz von Chor und Langhaus Befunde zutage gebracht, deren Deutung bis heute umstritten ist: A. Verbeek erschloß einen ersten Hallenplan, W. Schenkluhn ein Querhaus.[47] Auch die Duisburger Minoritenkirche konnte im Zuge des Wiederaufbaus eingehend untersucht werden; die von Krautheimer hervorgehobenen Wandpfeiler des Schiffs (S. 87) erwiesen sich dabei als Elemente einer nachträglichen, vielleicht erst 1856/58 ausgeführten Einwölbung.[48]

Die westfälischen Kirchen sind in der 1990 abgeschlossenen Dissertation von Roland Pieper neu diskutiert worden.[49]

Auch zu Thüringer Bauten gibt es neue Befunde. An erster Stelle zu nennen sind die neuen Rekonstruktionen und dendrochronologischen Datierungen verschiedener Dachwerke. In Saalfeld hat sich seine Datierung der Franziskanerkirche bestätigt (Dachwerk in zwei Bauabschnitten 1294 d und 1314 d), die neu nachgewiesene Überwölbung des einfachen Saalraums mit einer hölzernen Spitztonne muß jedoch zu neuen Einordnungen Anlaß geben.[50] Der Baubeginn der ungewöhnlichen, 15 Joche langen Dominikanerkirche in Erfurt (S. 105–108) war von Krautheimer erst nach 1279/91 ge-

---

[44] Kühl, Beatrice: Die Dominikanerkirche in Regensburg. Studien zur deutschen Bettelordensarchitektur im 13. Jahrhundert. Diss. Regensburg 1982; In: Beiträge zur Geschichte des Bistums Regensburg 20,1986, 75–211.

[45] Fischer-Kohnert (wie Anm. 36), 34–58.

[46] Klein Ulrich/Langenbrinck, Max: Das Dachwerk über dem Mittelschiff der Marburger Elisabethkirche; In: Zur Bauforschung über Spätmittelalter und frühe Neuzeit (= Berichte zur Haus- und Bauforschung 1). Marburg 1991, 139–154. – Frühdatierung des Langhauses bereits bei: Möbius, Friedrich, in ders./Sciurie, Helga (Hrsg.) Geschichte der deutschen Kunst [2] 1200–1350. Leipzig 1989, 223–225.

[47] Verbeek, Albert: Zur Baugeschichte der Minoritenkirche in Köln; In: Zimmermann, Walther (Hrsg.): Kölner Untersuchungen. Festgabe zur 1900-Jahrfeier der Stadtgründung (= Die Kunstdenkmäler im Landesteil Nordrhein, Beiheft 2). Ratingen 1950, 141–163; Schenkluhn (wie Anm. 24) 214–230.

[48] Verheyen, Egon: Die Minoritenkirche zu Duisburg. Neue Forschungen zu ihrer Geschichte (= Duisburger Forschungen, Beiheft 3). Duisburg-Ruhrort 1959, bes. 50f.

[49] Pieper, Roland: Die Kirchen der Bettelorden in Westfalen. Baukunst im Spannungsfeld zwischen Landespolitik, Stadt und Orden im 13. und frühen 14. Jahrhundert. Diss. Münster 1990 (= Franziskanische Forschungen 39). Werl 1993.

[50] Eißing, Thomas: Kirchendachwerke in Thüringen; In: Cramer, Johannes/Eißing, Thomas: Dächer in Thüringen (= Arbeitshefte des Thüringischen Landesamtes für Denkmalpflege 2/1996). Bad Homburg/Leipzig 1996. 21–60, hier 32–34.

setzt worden. Das Dachwerk über den ersten fünf östlichen Jochen – wo eine Baunaht und eine provisorische Abschlußwand existieren (S. 107 mit Anm. 80) – wurde jedoch schon 1272/73 aufgeschlagen;[51] die überlieferte Altarstiftung von 1279 gehört also zum bestehenden Bau. Alle übrigen Dachwerk-Abschnitte im Langhaus werden erst „um 1360“ bis „um 1380“ aufgeschlagen, fügen sich also zu Krautheimers Schlußdatum „um 1370“ und bezeugen zugleich eine längere Bauunterbrechung.

[51] Ebenda, 24–29.